노동의 새로운 봄

노동의

전국보건의료산업노동조합 · 기획
김형식 · 글

새 로 운

봄

보건의료노동자의 길

삶창

✛

발간사

✛

"희망은 두려움 뒤에 숨어 있습니다."

전략조직위원장 시절, 노동조합을 만들기 위해 찾아온 노동자에게 나는 항상 이렇게 말하곤 했다. 실제로 노동조합을 만드는 일에 많은 노동자가 두려움을 느낀다. 법적으로만 본다면 노동조합 설립은 두려운 일이 아니라 오히려 당당해야 할 권리다. 그런데 왜 그럴까? 그것은 우리 사회의 비정상에 뿌리를 두고 있다.

나는 그 뿌리를 파헤치고 싶지는 않다. 왜냐면 그 뿌리를 파헤치게 되면 어떤 이는 두려움에서 벗어나는 게 아니라 오히려 더 두려워하기도 하기 때문이다. 무엇인가를 알아내어 새로운 지혜를 얻고 미래의 희망을 꿈꾸는 것이 아니라 더 두려워질 수 있다는 것은 가슴 아픈 일이다. 생각하면 노동조합을 만드는 하나하나의 순간과 과정이 아팠다. 물론 그 순간이 가슴 벅참으로 교차하고 전이하기도 한다. 그러나 노동조합 활동으로 인하여 직장 내 괴롭힘을 겪고 해고를 당하거나 손해배상 가압류에 심지어 구속에 이르는 경우를 주변에서 이따금 들었던 당사자로서는 두려움을 떨칠 수 없을 것이다.

일반적으로 노동조합을 만들겠다는 이유는 소박하다. 일자리가 안정되고 일한 만큼 받을 수 있게 해달라는 것이다. 그러나 자본은 불안한 일자리에서 서로 경쟁하게 하고 가능한 한 최대의 이윤을 남기려 한다. 이 때문에 자본은 노동자가 단결하여 자신의 근로조건을 유지, 향상하려는 노동조합을 경계하고 불편하게 여길 수밖에 없다.

보다 나은 삶을 추구하는 것은 사람의 본성이며 순리. 노동조합을 만드는 것은 바로 그 길을 좇는 것이다. 그 길은 자신의 권리 실현에만 머물지 않는다. 노동조합은 더불어 함께하는 것이 생명이다. 즉, 자신뿐 아니라 함께하는 모든 사람의 이해를 대변하는 것이다. 그 이해 대변은 비단 노동조합 조합원에게만 국한하지 않는다.

노동조합 조직률이 바로 복지국가의 잣대가 되기 때문이다. 우리가 흔히 복지국가라 부르는 스웨덴 등 북유럽 국가의 노동조합 조직률은 대개 50%를 상회한다. 노동조합 조직률이 복지국가로 나아가는 발판 역할을 한 것이다. 이러한 복지국가에서는 사회연대를 토대로 사회 불평등이 낮다. 대기업과 중소기업의 임금 격차도 우리 사회보다 훨씬 작은 것으로 알려졌다. 즉, 노동조합 조직화는 평등 사회를 앞당기는 노동조합운동과 궤를 같이하는 것이다. 사실 조직화는 노동조합운동의 처음이자 끝이라고 해도 과언이 아니다. 노동조합운동이 노동자의 단결,

즉 조직화로부터 시작되기 때문이다.

1998년 우리나라 최초로 산별노조운동의 문을 연 보건의료노조는 사반세기 동안 숱한 고난 속에서 성장해왔다. 질적으로 사회적 영향력을 확대했고 양적으로 조합원이 배가됐다. 질의 성장이 양의 성장을 이끌었고, 양의 성장이 질의 성장을 이끌었다.

보건의료노조의 한 걸음 한 걸음은 노동 존중, 국민 건강 세상을 열어가는 도화선이 되어왔다. 2004년 주 5일제 실현을 위한 산별 총파업, 2007년 비정규직 문제 해결을 위한 아름다운 합의 등 일자리 혁명, 일터 혁명은 노동 존중 사회를 향한 끊임없는 도전이며 그 자체로 하나의 결실이다.

'돈보다 생명'을 내세우며 의료 민영화를 저지하고 의료의 공공성을 지키며 진주의료원 폐업 반대와 성남시의료원 설립 등 공공의료 확충을 위한 여정은 국민건강권의 보루였다. 기후 위기의 한가운데에서 발생하고 있는 코로나19, 메르스, 사스 등 감염병으로부터 국민을 지키고 보건의료노동자를 지키는 보건의료노조의 실천 활동은 모두의 희망이었다.

노동 존중 사회 건설과 모든 국민이 양질의 의료로부터 보호받을 수 있도록 줄기차게 달려온 발걸음마다 많은 보건의료노동자가 찾아와 어느덧 한식구가 되었다. 조합원은 1998년 산별노조 건설 당시 약 3만 5000여 명에서 2022년 현재 약 8만여 명으로 늘어났다. 사반세기 동안 2배 넘게 증가한 것이다. 그러나 성장하는 보건의료산업의 추세로 볼 때 전체 조직률은 여전히 답보 상태다. 여전히 가야 할 길이 멀다.

『노동의 새로운 봄 — 보건의료노동자의 길』은 보건의료노조가 설립한 몇몇 사업장의 조직화 과정이다. 기록한 사업장이 조직화 사업의 대표성을 갖는다고 할 수는 없다. 기록하지 못한 사업장도 기록한 사업장 이상의 아픔이 있다. 전체 사업장을 기록하겠다는 욕심이 없지는 않았지만, 시간적 한계가 뒤따랐다. 아쉬움이 크다.

흔히 조직화 사업은 정석이 없고 왕도가 없다고 한다. 조직화는 사람을 만나는 사업이다. 당연히 사람은 만날 때 예의를 갖추는 것은 기본이다. 그러나 그 이상의 사람의 깊은 내면에 들어가 두려움을 떨치고 당당한 권리의 세계로 이끄는 데 정석이 있을 수 없는 것은 당연하다.

이 기록은 연표(年表)로 정리하지 않았다. 노동조합에서 발간하는 대개의 기록, 백서 등이 연표로 정리돼 연구자가 아닌 한 흥미를 갖기 어렵다. 이 때문에 보통의 사람이 편하게 읽을 수 있는 방식을 고민했다. 기획의도대로 기록된 것인지는 이제 읽는 이의 몫이 됐다. 다만, 평등 사회로 나아가는 노동조합 조직화에 조금이나마 참조될 수 있으면 하는 바람뿐이다.

끝으로 조직화를 위해 헌신하고 이 기록을 만들어낸 사무처 간부들에게 감사를 전한다.

2022년 12월

나순자 • 보건의료노조 위원장

차
례

3부 새벽 어스름의 시간

국립중앙의료원 • 251

4부 터전을 만들다

동남권원자력의학원 • 313

5부 노동의 미래를 열어가다

서울시동부병원 • 365

1부

우리가 가는 길이
꽃길이야

가천대길병원

강수진 보건의료노조 가천대길병원지부 지부장

김상우 보건의료노조 가천대길병원지부 조직부장

나순자 보건의료노조 위원장

박춘만 가천대길병원 인력관리팀장

배진교 전 인천시 남동구청장

심성보 보건의료노조 가천대길병원지부 미디어소통부장

안병훈 보건의료노조 가천대길병원지부 수석부지부장

양영모 보건의료노조 가천대길병원지부 정책1부장

오명심 가천대길병원 99년 노동조합민주화추진위원회 대표

원종인 보건의료노조 인부천본부장

이왕희 보건의료노조 가천대길병원지부 일반 조합원, 예명 'MC THE 핵'

이정구 보건의료노조 가천대길병원지부 조직차장

이철행 보건의료노조 가천대길병원지부 부지부장

정영민 보건의료노조 가천대길병원지부 사무장

정욱일 가천대길병원 기업노조 위원장

정진희 보건의료노조 인부천본부 조직국장

천선호 가천대길병원 99년 기업노조 위원장

+

1. 3번째 '8월의 크리스마스'

몇 시간 후면 새해다. 24시간 불이 켜져 있어야 할 병동에 어둠이 드리운 지 벌써 열흘이 넘었다. 파업에 참여한 1000여 명의 조합원은 오전 프로그램을 마치고 귀가했다. 늦은 2시경 지방노동위원회에 참석한 교섭단은 몇 시간째 소식이 없다.

늦은 8시, 비상등만 켜진 어둑한 본관 병동 계단을 한 층 한 층 걸어 올라갔다. 한 걸음 한 걸음 여린 비상등 빛이 발걸음을 휘감다 지워지곤 했다. 7층 병동 복도에 들어서자 간호사들의 실루엣이 보였다. 무언가 바쁜 듯 눈길도 주지 않고 종종걸음으로 스쳐 다니는 실루엣은 느리게 느리게 밝아오다 불식간 페이드아웃이 반복됐다. 그 사이마다 귀가하던 동료들의 얼굴이 떠올랐다. "새해부턴 일하자!", 눈망울이 생생하다.

다시 한 걸음 한 걸음, 나에게 노조가 무엇인가 곰곰 생각했다. 지난 7월 새 노조를 만들고 1주일 만에 1052명의 조합원이 가입했을 때의 벅찬 환희가 밀려왔다. 3번째 맞이하는 '8월의 크리스마스'는 이전과 달랐다. 아니 달라야 했다. 꺾일 수 없다는 의지가 앞섰다. 그때였다. 지난 20년이 주마등처럼 스치다 순간 멈췄다. 그리고 전후좌우, 눈물이 영롱한 빛무리로 흩날렸다. 가슴이 벅찼다. 놓칠세라 몇 자 적어 내려갔다. 참 쉽고도 아프게 글이 저 스스로 흘러나왔다. 어디 나 하나뿐이겠는가 생각했다. 함께 나누자! 나도 모르게 '간부 텔레그램방' (이하 '텔레그램방')[1]을 열었다.

텔레그램방에 올린 글을 '체게바라'(카톡 닉네임)가 하루가 다르게 폭발적으로 가입하고 있는 카카오톡 '길병원 직원 모임 방'(이하 '카톡방')에 다시 올렸다. 응원의 댓글이 이어지고 어떤 이들은 1999년의 기사를 찾아 올리기도 했다.

텔레그램방에 올린 글이다.

보건의료노조 가천대길병원지부 부지부장 이철행입니다.

오래전 일입니다. 그동안 잊고 지냈다고 생각했습니다. 아니, 잊고 싶었는

---

1 가천대길병원지부와 직원들은 다양한 방법으로 사회관계망서비스(SNS) 소통을 했다. 주요 'SNS' 채널은 새 노조 간부들과의 소통을 위한 텔레그램방과 조합원 중심의 '네이버 밴드'(조합원이 감소하여 가입자가 많이 줄었으나 2022년 2월 23일 현재 기준 344명 가입되어 있다), 그리고 직원들 자체 운영으로 1500여 명이 익명으로 소통한 별도의 카톡방이 있다. 카톡방은 2019년 1월 초 '폭파'됐다. 카톡방에서 새 노조를 폄훼하여 선동하는 일부 집단의 악의적인 역작용을 경계한 것이다. 이후 다시 직원들이 '길병원 직원모임방'이라는 이름으로 운영하는 카톡방이 있으며 2022년 4월 현재 300여 명 내외가 참여하고 있다.

지도 모릅니다. 99년, 그날의 선택으로 받게 된 온갖 협박과 불이익. 순간의 선택으로 마주하게 된 현실의 벽. 한 여자의 남자로서, 두 아이의 아빠로서 아무것도 해줄 수 없는 저 자신이 너무나 비참했습니다. 치기와 용기로 선택한 그 순간을 되돌리고 싶습니다.

오늘 아침. 거울 속에서 99년의 제 모습을 발견했습니다. 그동안 잊고 지냈던 진짜 내 모습이 아직도 남아 있다는 사실에 감사하며 안도했습니다(아직 쌰라 있네~~~).

99년 '8월의 크리스마스'라는 이름으로 민주노조를 만들었습니다. 병원의 온갖 박해와 간섭 속 『희망의 길』이라는 소식지를 가슴속에 고이 품고 병원 관리자의 눈을 피해 직원분들에게 조심스레 전했습니다. 소식지를 받아들고 응원해주시는 직원분들의 참여와 관심에 감사의 눈물을 흘렸습니다.

당시 새로운 세상을 꿈꾸며 힘차게 시작했지만, 우리에게 돌아온 건 한 사람당 1000만 원의 가압류와 부당한 부서 이동이었습니다. 그리고 이어진 조합원들의 탈퇴, 병원의 협박과 회유에 우리와 멀어져가는 조합원들을 보며 슬픔의 눈물을 흘려야 했습니다.

10여 년이 흐른 어느 날, 다시 한번 기회가 찾아왔습니다. 우리가 걸었던 그 가시밭길을 걸으려 하는 친구들이 있는데 한번 만나보지 않겠냐는 제안을 받고 그 길이 얼마나 힘든 길인지 알기에 솔직히 망설였습니다. 첫 만남 이후 그들의 의지와 마음을 확인한 우리는 함께하기로 했고, 다시 한번 제2의 '8월의 크리스마스'를 마주했습니다. 하지만 병원은 여전히 99년의 행태를 반복합니다. 그리고 다시 한번 맛보게 된 실패의 쓴맛, 또다시 이어진 고통의 시간….

20년이 지난 지금, 저는 또 앞에 섰습니다. 머리는 이젠 그만하자고 했지만, 가슴속의 신념이 외치는 소리를 외면할 수 없었습니다.

여러분! 지난 20여 년의 시간이 흐를 동안 과연 이곳은 얼마나 변했을까요? 병원이 외적 성장을 추구하는 동안 우리 직원들의 삶은 얼마나 나아졌습니까? 여기서 한 걸음 물러서면 20년 전으로 다시 돌아가게 됩니다. 과거의 아프고 슬픈 시간을 되풀이하게 됩니다.

여러분! 우리의 사랑하는 후배!

눈에 넣어도 아프지 않을 우리 자식들에게 우리가 겪고 있는 이 고통을 대물림하시겠습니까? 부탁드립니다! 아니, 호소합니다. 병원의 부도덕한 처사에 병원 관리자들의 억압과 강요에 굴하지 마시기를 바랍니다. 비굴해지지 마시길 바랍니다.

여러분! 우리는 투사도 아니고 선구자도 아닙니다. 지금 여기 모인 우리는, 여러분의 글에 배시시 웃음 짓고 함께 눈물 흘리는 평범한 사람들입니다. 여러분의 옆에 있는 평범한 동료, 밥 잘 사주는 이쁜 선배, 애교쟁이 귀여운 후배입니다.

여러분! 우리와 함께 기쁨의 눈물을 나누지 않으시겠습니까? 여러분! 우리와 함께 가면을 벗고 광장에 모여 춤을 추지 않으시겠습니까?

그날이 오면 기쁨의 눈물을 흘리고 기쁨의 춤을 추겠습니다.

8층에 들어서자 스멀스멀 그날의 기억이 가로막았다.

1999년 8월 24일 퇴근 후 간석오거리 부근의 전국교직원노동조합(이하 '전교조') 인천지부 사무실로 향했다. 도착하자 동료 20여 명이 먼저 자리를 잡고 있었다. 인천중앙길병원 노동조합 발기인대회를 위해 모인 것이다. 하나둘 이따금 본 듯한 얼굴들이 계속 나타났다. 더운 날씨에 내처 왔는지 들어오는 사람마다 한결같이 발그스름히 상기됐다. 어느덧 30여 명 남짓한 듯했다. 참가자 가운데에는 누가 따라오는 건 아닌지 조마조마했다는 소리도 들렸다. 아닌 게 아니라 삼삼오오 하는 말들이 엇비슷했다. 그렇게 서로의 마음을 풀어내는 사이 자리를 정돈해 달라는 소리가 들려왔다. "지금부터 인천중앙길병원 노동조합 발기인 대회를 시작하겠습니다. 힘찬 박수 부탁드립니다." '따뜻한 공동체 건설'을 위한 첫 번째 '8월의 크리스마스'는 그렇게 시작했다. 박수 소리가 머리에 가득하고 가슴이 시리게 울렸다. 거기까지였다.

한 걸음 더 내딛자 주변이 하얗게 지워졌다. 그리고 잠겨 있던 병동의 자동문이 천천히 열리는가 싶더니 "빨갱이!"라 소리치며 구사대가 튀어나왔다. "병원 말아먹지 마!" 있는지조차 몰랐던 유령노조 천선호 위원장이다. 그 뒤로 조합원들의 얼굴이 선명했다. 철원길병원으로 발령받은 강수진, 약제팀에서 일하다 현관 안내로 전보된 장진선, 분만실에서 응급실로 발령받은 오명심, 그리고…. '민주노조 사수하자!' 외마디 소리에 매달렸던 수많은 얼굴들이 하나씩 하나씩 지워졌다.

그 끝에서 방파제를 넘어온 사나운 파도가 덮쳐왔다. 몇 개월 전보됐던 백령도 길병원, 풍랑 높던 밤바다였다. 돌연 으스스 몸이 떨려왔다.

2. 지금, 이 순간

새해가 밝았다. 새벽 5시 30분, 본관 2층 농성장에서 노루잠을 자고 있던 보건의료노조 가천대길병원지부 정책1부장 양영모의 핸드폰이 울렸다. 지방노동위원회 교섭단이 합의하고 농성장으로 오고 있다는 것이다. 곧바로 여원잠에 빠진 철야조를 깨웠다. 밤새도록 뒤척였을 간부들을 생각하며 텔레그램방에 교섭단이 합의하고 곧 농성장에 도착할 것이라는 사실을 짧게 알렸다.

철야조는 너나없이 빠르게 움직였다. 잠자리를 정돈하고 고양이 세수 후 1층 로비로 교섭단을 맞으러 내려갔다. 그 와중에도 심윤영 총무 분과장의 손에는 '14'라고 인쇄된 A4 종이가 들려 있었다.

현관 회전문 너머 건물 밖은 아직 어스름이 짙은지 형광등 불빛이 선명했다. A4지를 건네받은 보건의료노조 가천대길병원지부 조직부장 김상우가 접이식 사다리를 올라 현수막에 쓴 "총파업 투쟁"과 "일 차" 사이의 '13'을 뜯어내고, 그 자리에 '14'를 붙이고 내려오는 순간이었다. 박수 소리가 요란했다. 지방노동위원회에 참석했던 교섭단이 들어오고 있었다. 강수진 보건의료노조 가천대길병원지부 지부장은 1층 로비 "총파업 투쟁 14일 차" 현수막이 붙어 있는 무대로 발걸음을 옮기며 교섭단을 맞이하는 여성 간부들을 한 명씩 포옹했다. 강수진을 포옹하는 간부들 가운데 어떤 이는 눈물이 앞섰는지 얼굴을 훔치며 엉거주춤 안겼다. 또 어떤 이는 덤덤한 표정으로 다가와 서로 끌어안는 순간 이내 눈물을 흘리기도 했다. 또 다른 이는 포옹을 끝내자 등을 돌리고 우는 이들도 있었다. 간부들은 누구랄 것 없이 "갓수진! 갓수진!"을 외쳐댔다.

"결과, 궁금하지 않으세요? 자리 정돈합시다."

정진희 보건의료노조 인부천본부 조직국장이 나섰다.

오전 6시를 갓 넘긴 시간이었지만 어느새 병원 주변에 사는 간부들까지 합류해 30여 명이 모였다. 자리가 정돈되자 합의 내용부터 설명했다. 주요 사항이다.

총액 9.35%, 임금인상률이다. 세세하게는 기본급 2.5%, 추석 및 설 각 30만 원 수당 신설, 가족수당 배우자 2만 원 증액, 위험수당 5만5000원으로 통일, 교통보조비 3만 원 증액, 밤번 간호사 1.5시간 시간외근로 인정, 통상임금 산정 기준시간[2] 226에서 209로 변경 등이다. 노동조건에 대하여는 제도 개선 T/F(전담팀)를 통한 인사 및 직장 문화 개선과 인력 충원 방안 마련, 간호 인력 156명, 간호 보조

---

2 '통상임금 산정 기준시간'은, 근로시간과 유급휴일 등 유급으로 처리되는 월 단위 시간을 말한다. 통상임금 산정 기준시간에 대한 이해는 실제 계산을 해보는 것이 쉽다. 먼저 1개월이 평균 몇 주(週)인가 계산해야 한다. 계산식은 1년 365일을 1주 단위(7일)로 나누고 또 12개월 나누면 된다. 즉, $365 \div 7 \div 12 = 4.345 \cdots$(주)이다. 그 4.345주에 1주일의 유급시간을 곱하면 된다. 보통의 노동자는 주 40시간 일하고 1일 8시간을 유급휴일로 보장받는다. 즉 1주 유급시간이 48시간인 것이다. 이를 월 단위 유급시간으로 환산하려면 48시간×4.345주, 즉 48×4.345=208.56이다. 이를 소수점 아래에서 반올림하여 통상임금 월 단위 산정 기준시간 209가 된 것이다. 가천대길병원이 주장하는 226시간은 1주 40시간 근로에 유급휴일 보장 시간을 1일 8시간이 아니라 토요일 반나절까지 합해 12시간으로 간주한 것이다. 이렇게 되면 52×4.345=225.94이다. 마찬가지로 반올림하여 통상임금 산정 월 단위 기준시간 226이 된 것이다. 이렇게 산출된 월 통상임금 산정 기준시간은 통상시급을 산정할 때 쓰인다. 이 통상시급으로 연장, 야간, 휴일근로의 가산임금을 산출한다. 예를 들어 연장, 휴일, 야간근무 없이 주 40시간을 일하고 250만 원을 받는다고 가정할 때 월 통상임금 산정 기준시간이 209시간이면 2,500,000÷209시간=11961.72…, 즉 1만1962원, 226시간이면 2,500,000원÷226시간=11061.94… 즉 1만1062원이 통상시급이 된다. 209시간으로 나눌 때 900원이 더 높은 것이다. 당연히 연장, 야간, 휴일근로의 가산임금이 더 많아진다.

인력 28명 충원으로 간호 2등급 실시와 182병상 간호간병통합서비스 확대 시행 및 중환자실 1등급 운영, 기간제 비정규직 2년 계약 만료 후 정규직으로 공개채용 절차를 밟되, 특별한 결격 사유가 없는 한 우선권 부여 등이 합의됐다.

이어 정진희는 강수진, 나순자 보건의료노조 위원장 차례로 소회를 청했다.

"나순자 위원장님과 강수진 지부장님의 소감 한 말씀씩 듣겠습니다. 먼저 강수진 지부장님 모시겠습니다."

정진희의 또랑또랑한 목소리가 우레 같은 박수 소리와 "갓수진! 갓수진!" 연호에 묻혔다.

"합의 사항 잘 들으셨지요? 우리가 승리했습니다. 바로 여러분들이 만들어냈습니다. 우리는 가천대길병원의 역사를 새로 썼습니다. 올해가 가천대길병원 설립 60주년인데 그동안 찌들었던 과거를 벗고 새로운 역사를 만들어가게 됐습니다. 가천대길병원은 민주노조 이전과 이후로 분명히 나뉠 것입니다. 그 주인공이 바로 우리입니다. 여러분! 고맙습니다. 고맙습니다."

인사가 끝나자 다시 힘찬 박수와 "갓수진! 갓수진!" 달뜬 부름이 길게 이어졌다.

"여러분! 오늘의 승리는 산별노조가 있었기에 가능했던 것 맞지요?"

정진희의 목소리가 높아졌다. "네―" 하는 맞소리가 로비를 가득 메웠다.

"나순자 위원장님 모시겠습니다."

또 한 번 우렁찬 박수와 "나순자!"를 부르는 연호에 '총파업 투쟁' 현수막이 흔들렸다.

"자랑스럽습니다. 여러분의 투쟁이 오늘의 승리를 만들었습니다. 보건의료노조는 투쟁에 나서면 반드시 승리합니다. 왜냐면 우리는 이길 때까지 투쟁하기 때문입니다. 그 투쟁을 여러분들이 만들었습니다. 자랑스럽습니다. 아직 갈 길이 많이 있습니다. 사용자들은 민주노조가 없었던 시간으로 끊임없이 되돌리려 할 것입니다. 아무리 탄압해도 여러분들이 오늘처럼 단결하고 싸운다면 끝내 이길 것입니다. 여러분 곁에는 보건의료노조가 있고 여러분들의 투쟁에 기꺼이 함께하는 민주노총과 지역 시민사회단체가 있습니다. 오늘을 마음에 새기고 내일을 준비해나갑시다. 오늘이 있기까지 여러분들 정말 고생 많았습니다. 다 함께 서로를 격려하는 날이 되었으면 좋겠습니다."

강수진과 나순자의 인사가 마무리된 후 정진희가 다시 나섰다.

"오늘 일과를 알려드리겠습니다. 여기 농성장은 일단 그대로 두고 오전 11시 간부와 대의원을 소집하여 합의안 설명을 마치고 함께 정리하겠습니다. 그리고 오후 2시에는 조합원 설명회를 하고 오후 4시에 오늘의 승리를 위하여 물심양면 힘을 모아주신 분들과 함께 승리 보고대회를 갖도록 하겠습니다. 자, 그러면 병원 사거리 밑에 24시간 영업하는 곰설채 설렁탕집으로 이동하겠습니다. 아침 식사 후 조금 쉬었다 다시 모입니다. 아 참, 오늘 일정이 많습니다. 뒤풀이는 모든 일정을 끝내고 진행할 테니 음주는 안 됩니다."

합의 소식이 알려지자 1500여 명이 참여하고 있는 카톡방이 법석였다. 대부분은 간부들의 노고를 위로하고 앞으로 더 단결하자는 내용이었지만, 합의가 불만족스럽다는 글도 상당수 있었다. 악화가 양화를 구축하듯 순식간에 거친 말들이 올라오기 시작했다. 괜한 시비가 늘어갔다. 사실 직원들이 익명을 사용하여 자발적으로 운영하는 카톡방은 보건의료노조(이하 '새 노조') 조합원과 기존 노조(이하 '기업노조') 지지자, 그리고 병원 관리자와 외부인까지 누구나 자유롭게 참여할 수 있는 공간이었다. 밤샘의 피로가 밀려오는 속에서 카톡방의 논란에 응대하는 것은 힘겹기만 했다.

오후 4시 암센터 11층 강당 가천홀, "건물에 투자 말고 사람에게 투자하라!", 구호 소리가 쩌렁쩌렁 울렸다. 작은 산부인과에서 시작해 인천의 중심지 구월동에 17개의 크고 작은 건물로 군락을 이룬 길병원의 초고속 성장이 자신들의 땀을 빼앗아 이룬 것이라는 울분의 외침이었다.

한참을 이어간 외침이 잦아들 무렵, 잠깐의 암전 속에 〈우리는 가지요〉의 전주가 여리게 흘렀다. 이내 볼륨이 커지고 조명이 켜지자 율동패 '길을 열다'[3] 의 모습이 드러나는가 싶더니 율동이 시작됐다.

사회를 맡은 정영민 보건의료노조 가천대길병원지부 사무장의 "모두 일어나시지요" 한마디에 누구랄 것 없었다. 너도나도 따라 일어나 춤추는 물결에는 나순자와 이인화 민주노총 인천본부장, 원종인 보건의료노조 인부천본부장과 이정미 정의당 대표, 강수진과 배진교 전 인천시

---

3 가천대길병원지부 율동패 '길을 열다'는 조정 신청 보고대회를 앞두고 몇몇 간부를 중심으로 조합원들이 자발적으로 만들었다. 율동패는 유튜브 동영상 등을 통하여 당시에 병원 사업장 노동조합에서 많이 불리던 몇 곡의 율동을 연습하여 파업 프로그램의 한 부분을 담당했다. 율동패에는 강명주, 김묘선, 김병완, 이안나, 이상혁, 이주나, 진승희, 최희숙, 한혜성 등이 참여했다.

남동구청장이 각각 짝이 되어 조합원들의 열기에 젖었다. 노래와 율동은 〈아모르 파티〉를 개사한 〈4 아웃 파티〉와 〈인력법 로고송〉으로 이어져 모두 한마음으로 즐겼다.

"우리 인생의 새로운 역사가 시작되었다", 여는 말을 시작하는 강수진의 목소리에 기쁨과 떨림이 묻어났다. 그 한마디에 강당이 떠나갈 듯 박수가 터져 나왔다. 박수 소리가 잦아지자 그녀는 합의 결과가 시설관리팀의 문제를 완전하게 해결하지 못했다며 먼저 아쉬움을 토로했다. 그리고 카톡방의 논란을 의식했는지 다른 부분도 부족할 수 있다며, 오늘을 계기로 하나하나 채워나가겠다고 밝혔다. 다시 박수가 터져 나왔다. 그녀는 박수 소리에 말을 잇지 못하다 불현듯 고개를 외틀었다. 잠시 복받치는 기쁨과 아쉬움을 누르며 숨을 고르는 듯 보였다. 소리가 잦아지자, "감사합니다, 감사합니다", 연신 머리를 숙이는 말끝이 젖어 있었다. 뒤이어 나순자가 연단에 올랐다.

"축하합니다. 여러분이 만들었습니다. 연사흘 하루 열여섯 시간씩 교섭했습니다. 순간순간 자리를 박차고 나올까 치밀어 오른 게 한두 번이 아니었습니다. 그때마다 여러분이 그 자리에 다시 앉혔습니다. 그 힘이 다른 병원 노동조합이 30년 동안 만들어놓은 단체협약을 올 한 해에 이루게 한 것입니다. 다시 한번 축하드립니다."

박수 소리가 다시 떠나갈 듯 커졌다.

"여러분! 가천대길병원의 갑질은 상상 초월입니다. 노동조합이 만들어지면서 많이 바뀌었지만 여전히 갑질이 존재합니다. 오늘의 힘으로 갑질의 뿌리를 뽑아냅시다. 제가 많은 파업을 해봤지만, 길병원처럼 환

자가 지지하고 시민이 지지한 파업은 없었습니다. 여러분들을 그만큼 응원하고 있습니다. 힘내십시오."

끝으로 그녀는 병원에서 장식품처럼 붙여놓은 "가천 60년/ 100년을 넘어/ 새로운 길을 향하여!"라는 현수막 문구를 구호를 외치듯 읊으며 "그 길은 조합원들의 것"이라며 축사를 매듭지었다.

나순자에 이어 원종인, 이정미, 이인화가 연단에 섰다. 이인화는 축하한다며 케이크를 들고 왔다. 축사에 앞서 이왕희 보건의료노조 가천 대길병원 조합원이 받쳐 든 케이크를 대표자들이 자르며 승리의 기쁨을 나눴다.

"민주노총 전체 새해 첫 승리의 선물을 여러분이 주셨습니다. 저는 여러분의 투쟁에 거의 빠지지 않고 함께했는데 많은 것을 새롭게 느꼈습니다. 제일 크게 느낀 것은, 파업은 여러분처럼 즐겁게 해야 한다는 것입니다. 여러분 정말 즐겁고 위대하게 투쟁했습니다. 너무나 자랑스럽습니다. 틀에 매이지 않고 여러분이 외치는 스타일로 한번 외치겠습니다. 좋은 길!"

이인화의 외침에 조합원들이 "좋은 길!"을 다시 소리 높여 외쳤다. 그 외침은 "행복한 길!"에서 다시 만나고 "가자!"에서 굽이쳤다. 이인화는 다시 한번 "좋은 길!", "행복한 길!", "가자!"를 조합원들과 함께 외치고 격려사를 마무리했다.

격려사에 이어 조합원들의 재능이 한데 어우러졌다. 무대에 오른 조합원은 10B병동의 송상익이다. 질서유지대로 활동해온 그는 파업이 길어지면 한번 부르겠다는 마음으로 제야의 종소리를 들으며 '꽃'을 '돈'으로 바꿔 〈사람이 돈보다 아름다워〉를 준비했었다. 그런데 갑자기 파업이 끝나 못내 아쉬워했다. 오늘 이 자리에서 부르지 못하면 다시는 부를 일이 없을 것 같아 용기를 냈다고 했다. 미리 사회자를 찾아가 노래 한 곡 부르겠다고 말할 때는 뭔가 목에 걸린 듯 주저주저하기도 했다.

무대에 선 송상익은 첫 박자를 놓쳤다. 그는 화끈 달아오른 얼굴로 손사래를 쳐 연주를 멈추고 호흡을 가다듬었다. 다시 "음악 주세요"라는 말에는 떨림이 묻어났다. 반주 음악이 다시 흐르자 음계를 쫓는 안간힘이 느껴지기도 했다. 곧 음계를 밟아가는 그의 음색은 장대하고 한편으로 격했다. 그 목소리에 이내 조합원들이 하나가 됐다. 강당에 가득한 박수 소리는 박자가 되고 흥은 파도와 같이 어깨동무했다.

송상익이 뿜어낸 열기에 누구랄 것 없이 "한 번 더"를 외쳤다. 미처 예상하지 못했던 앙코르에 엉거주춤하는데 사회자가 선곡을 위한 시간을 주겠다고 했다. 그 사이 어느 조합원이 사무장의 노래도 들어보자고 큰소리로 외쳤다. 삽시간 "노래해! 노래해!", 외침이 커졌다.

당황한 것은 정영민이다. 목이 쉬어 노랠 부를 수 없다는 사절에도 아랑곳하지 않고 "노래해!"는 계속됐다. 하는 수 없이 그가 선택한 곡은 〈바위처럼〉이다. 한 소절을 넘기는데 아닌 게 아니라 파업 내내 사회를 도맡았던 그의 목은 사납게 갈라져 있었다. 목 끝까지 숨이 차오르는 듯 옥타브를 놓쳤다. 그때 정진희가 나섰다. 그녀의 도움에 음정을 다시 찾자 급조된 듀엣의 노랫소리는 거칠고 맑았다. 객석에서 엉덩이를 들썩이던 '길을 열다'의 김병완과 이상혁이 무대로 뛰어나와 율동으로 함께했다. 그렇게 모두 한바탕이었다.

다시 이어진 송상익의 노래는 〈지금 이 순간〉이었다. 그가 "마법처럼/ 날 묶어왔던 사슬을 벗어 던진다/ 지금 내겐/ 확신만 있을 뿐/ 남은 건 이제 승리뿐"이라며 음계를 여리게 건널 때 조합원들의 환호는 떠나갈 듯 높았다. 그리고 'MC THE 핵'이라는 예명으로 파업의 스타가 된 이왕희의 곡 〈투쟁〉이 이어졌다.

자유를 원해

권릴 찾길 원해

그럼 필요한 건

필요한 건(반복)

투쟁. 투쟁. 투쟁. 투쟁.

(…)

반복되는 짧은 후렴구와 멜로디. 파업에 참여한 조합원이라면 누구에게나 귀에 쟁쟁한 노래다. 앞으로 더 이상을 부를 일이 없을 것만 같은 '투쟁' 혹 송에 너와 내가 따로 없이 목청껏 외쳤다.

우리가 진짜

우리가 진짜

우리가 진짜

진짜 길. 진짜 길, 진짜 길

우리가 걷는 길

희, 망, 의, 길

진, 짜, 길

희, 망, 의, 길. 단속음(斷續音)을 이어가다 마지막 짧게 짧게 끊어내는 진, 짜, 길, 사이로 참가자 모두가 빨려드는 듯했다.

이왕희, 그는 누구보다도 노동조합 활동에 열성이었다. 그런데 간부를 맡는 것만큼은 한사코 거부했다. 가천대에서 방사선학 박사학위 논문 심사를 코앞에 두고 있었기 때문이다. 노동조합에 대한 극도의 거부증이 있는 병원이 사실상 같은 재단인 학교에 연계해 불이익을 주지 않을까 염려가 많았다. 그는 공식적인 간부는 아니었지만, 그 이상의 역할을 했다.

절정의 무대가 끝나갈 무렵 30여 명의 간부가 무대로 나왔다. 그들이

1000여 명의 대오를 이끌고 14일간의 파업을 이끌어왔다. 그들의 힘으로 1400여 병상은 불과 200 병상 운영도 힘들 지경이었다.

"우리는 노조를 만들 수 있다. 우리는 파업도 할 수 있다. 우리는 이제 찬밥 그만 먹고 따뜻한 밥 먹을 것이다."

어느 조합원이 집회장에 써 붙인 벽보 글이다. 간부들은 그 글을 읽어 내리며 머리를 숙였다. 잠시 후 고개를 드는데 몇몇 간부는 눈물을 떨구고 있었다.

세밑 29일부터 사흘간 40여 시간 진행된 마라톤 교섭과 승리 보고대회까지, 길고도 긴 여정이었지만 간부들은 지치지 않았다. 오히려 가슴은 더 뜨겁기만 했다. 뒤풀이 제안에 손사래를 칠 만도 한데 너나없이 흔쾌했다.

집으로 돌아가는 길, 허리를 곧추세웠다. 차가운 밤공기가 볼에 닿았다. 상쾌했다. 하늘을 우러러봤다.

"몇 개월 동안 사람을 만나 설득하고 고민을 나누며 사람을 세우는 길을 모두 한마음으로 걸어왔던 것 같아요. 노동조합, 이렇게 하는 거구나 여러분들과 함께 만들었어요."

정진희의 뒤풀이 말이, 별빛 가득 차올랐다. 새해 첫날이 저물어갔다.

3. 혼란, 야만의 시간

가천대길병원 본관 회전문을 통과하면 바로 오른편에 복층으로 만든 공간이 있는데 아래층에는 카페 '투썸플레이스'가 있고, 그 옆으로 위층으로 오르는 계단이 있다. 그 계단을 오르면 '바람개비'라는 대여섯 평 규모의 공간이 있다. 바람개비는 병원 설립자인 이길여가 어릴 적 삶의 표상으로 여겼다고 한다. 병원 홈페이지에 있는 설립자 이길여의 인사말(2022년 4월 12일 현재)은 "바람개비는 바람이 불지 않으면 돌지 않습니다. 바람이 강할수록 더욱 세차게 돌며 자신만의 세상을 열어갑니다"로 시작한다. 그녀는 어린 시절 바람이 불어오는 넓은 세상과 맞섰다고도 했다.

'바람개비'는 직원들이 잠깐 휴식을 취하거나 간단한 회의 또는 외부 손님을 맞이하는 다용도 공간이다. 냉난방이 중앙 공급인 관계로 여름엔 에어컨 냉기가 로비 바닥으로 가라앉고 겨울엔 난방기 온기가 상부에 머물러 항상 후터분하고 건조했다. 별도의 냉난방기가 있어야 할 듯도 한데 아무런 조치가 없다. 중앙 냉난방기를 한껏 가동하는 불볕더위와 강추위에는 한 시간도 안 돼 숨이 막힐 지경이다. 창문을 열 수 없으니 바람 한 점 없다. 무풍지대, 그곳이 '바람개비'라니, 아이러니다.

새 노조 설립 후 병원 측에 노조 사무실 제공을 요구했지만 거부됐다. 이 때문에 파업 이전엔 전교조 인천지부를 임시 사무실로, 파업 이후엔 '바람개비'를 상황실로 이용했다.

전교조 인천지부는 가천대길병원 본관과 도보로 10분 이내 거리에 있다. 일과를 마치고 잠깐 바람을 쐬며 걷기에 안성맞춤이었다. 새 노조는 그 사무실을 총회 다음 날인 7월 21일부터 파업에 돌입한 12월 19일까지 제집처럼 사용했다. 합의 이후에도 '바람개비'는 조합원 만남을 위한 임시 공간으로 활용했을 뿐 긴 시간 회의나 보안이 필요할 때는 전교조 인천지부를 이용했다. 전교조 인천지부는 노조 사무실이 제공된 2019년 4월경까지 가천대길병원 조직화의 전진기지, 베이스캠프였던 셈이다.

조정 합의 후 '바람개비'에는 수시로 조합원들이 찾아왔다. 업무 복귀 첫날엔 근무 배치를 받지 않은 조합원들이 주로 왔다. 어느 여성 조합원은 '난임·불임으로 인한 휴직을 원하는 경우 1년 이내 휴직을 주어야 한다'라는 단체협약 문구를 꼽으며 사실이냐며 눈물을 훔치기도 했다. 조항을 확인하고 간 그녀는 얼마 안 돼 임신 사실을 새 노조에 알려왔다.

좋은 일보다 암담한 일이 더 많았다. 수술실 전문간호사 서너 명은 임금인상률이 10%가 안 된다며 거세게 항의했다. 처음부터 노조 탈퇴를 작심하고 찾아온 듯했다. 1000여 명의 '무노동무임금'[4]을 계속 감당하기 쉽지 않고, 교섭은 상대방과 협상해야 하므로 노조가 요구한 100%를 다 얻을 수 없다는 설명에도 막무가내였다. 다른 노조도 마찬가지며 올해 임금인상 수준은 가천대길병원에서 유례없이 높은 수준이고 다른 병원보다 두 배 이상이라는 설득도 소용없었다. 이렇게 탈퇴하면 노동조합이 무너질 수 있다는 애원에도 끝내 등을 돌렸다. 사실 수술

---

4 일하지 않으면 임금을 주지 않는다는 노동법의 대표적인 독소 조항이다. 이에 따라 파업에 참여한 조합원은 그 기간 동안의 임금을 받을 수 없다.

실은 '필수유지업무'[5]로 파업에도 70% 인력을 배치해야 했다. 임금 손실이 있었어도 비례적으로 일을 했다면 100% 손실을 감당해야 하는 일반 부서와 달리 30% 정도인 셈이었다.

혼란은 병동 업무 복귀에 있었다. 노사는 지방노동위원회 사후 조정[6]에 합의하면서 업무 복귀 시점을 1월 2일 병동 아침번 근무가 시작되는 오전 7시로 구두 합의를 했다. 물론 전체가 한꺼번에 출근하지는 않는다. 병동 근무는 특성상 4, 5개 조로 나누어 교대한다. 새로운 단체협약에 따라서 아침(데이)은 오전 7시부터 오후 3시까지, 낮(이브닝)은 오후 2시부터 10시까지 밤(나이트)은 오후 9시 30분부터 다음 날 7시 30분까지 근무한다. 당일 근무가 없으면 휴일이다.

---

5 필수유지업무: '노동조합 및 노동관계조정법'에 따르면 업무가 정지되거나 폐지되는 경우 공중의 생명·건강 또는 신체의 안전이나 공중의 일상생활을 현저히 위태롭게 하는 업무를 쟁의행위(파업) 중에도 유지하도록 하고 있다. 병원 사업장은 응급, 중환자실 등의 업무를 유지해야 한다. 따라서 해당 부서와 이를 지원하는 부서에 대하여 유지 비율을 정해야 한다. 유지 비율은 노사가 자율 합의하거나 합의하지 못할 때 어느 일방이 노동위원회에 결정 신청을 할 수 있다. 결정 신청이 접수되면 노동위원회는 노사의 의견을 참고하여 직권으로 결정한다. 수술실의 경우는 보통 30~70% 수준이다.

6 노동법은 노사가 단체교섭을 진행하다 합의에 이르지 못할 때 노사 어느 일방이 노동위원회에 조정 신청을 할 수 있도록 하고 있다. 병원과 같은 필수공익사업은 15일간의 조정 기간을 가지며 조정위원 3명은 전원 공익위원이다. 조정 기간은 노사 합의로 15일까지 연장할 수 있다(일반 사업장의 경우 조정 기간은 10일이고 조정위원은 공익, 노동자, 사용자 3인 위원으로 구성). 조정 회의에서는 크게 세 가지 결정을 한다. 첫째는 노사 교섭이 미진한 경우 성실 교섭을 권유하는 행정지도 결정이다. 둘째는 노사 의견 차이가 커 조정할 수 없을 때 조정중지를 결정할 수 있다. 셋째는 노사의 의견을 들어 조정안을 제시할 수 있다. 조정안이 제시되는 경우 노사 각각은 수락 또는 거부할 수 있다. 조정중지 또는 조정안 제시에도 쌍방 또는 어느 일방이 거부했을 때, 노동조합은 재적 조합원 과반의 찬성으로 합법 쟁의행위(파업)를 할 수 있다. 사후 조정은 조정 절차를 걸쳐 합의에 이르지 못했을 경우 노사 쌍방의 합의로 다시 노동위원회에 조정을 요청하는 제도로 기간 등의 제한이 없으며, 언제든지 노사 일방이 취하할 수도 있다.

근무표가 나오지 않아 간호직 조합원의 병동 업무 복귀가 요원했다. 이에 오후 3시경 강수진은 간호본부장과 전화 통화로 간호사 조합원들이 업무 복귀를 기다리고 있으므로 근무표 공지를 요청했다. 그러나 간호본부장은 조합원 개개인이 직접 해당 병동 수간호사와 통화하라는 말뿐이었다. 결국 병동 간호사 대부분이 업무 복귀를 확정받지 못했다. 1000여 병상에 환자가 없는 상태에서 복귀해도 마땅히 할 일이 없다는 것은 예상했다. 그렇다고 해도 정상 출근을 하여 업무 준비 등 필요한 일을 찾으면 얼마든지 할 수 있었다. 처음 겪는 전면파업에 어찌할 바를 몰랐던 것인지 아니면 한번 당해보라는 것인지는 단정할 수는 없다. 다만, 병원 측에서 새 노조에 어떠한 상황 설명도 없었으며 병동 간호사의 들썩이는 불안감을 낮추려는 조치도 전혀 하지 않았던 것은 분명하다. 사실 14일간의 파업 끝에 합의에 이르며 원만한 노사관계를 위한 노력이 필요하다고 서로 인정했다. 그러나 상황은 악화되기만 했다. 병동 조합원 대부분이 업무에 복귀할 수 없게 된 것이다, 간혹 업무를 하는 병동에서는 파업에 참여하지 않은 간호사에게 4, 5일의 휴일을 부여한 근무표를 만들어 차별을 일삼았다.

"처음 겪은 파업, 병원 운영이 거의 마비됐을 정도였는데 상식이 있다면 어떻게 빨리 정상화할까 고민해야 하는 것 아니에요. 직원들 마음도 좀 풀어주고, 일이 없어 출근이 어려우면 언제부터 어떻게 하겠다, 이런 말을 하는 게 당연한데, 직원들은 불안에 떠는데, 그다음 날 병원 측은 로비에 시시티브이(CCTV) 설치하느라 바쁘더라고요. 이게 길병원이에요."

심성보 보건의료노조 가천대길병원지부 미디어소통부장의 회고다.

"병원이 감당하지 못하는 것은 알겠어요. 우리는 병원이 더 잘되자고 하는 거잖아요. 이제 병원이랑 잘 지내는 일만 남았나 했는데, 병동을 폐쇄했어요. 만약에 병원이 환자가 없어 병동 폐쇄를 하게 됐으면 입장을 명확하게 밝혔으면 문제는 훨씬 줄어들었을 거예요. 예를 들어서 현재는 환자가 없는 상태로 병동을 운영하는 게 어려우니까 휴업이든 뭐든… 그게 문제였어요."

이왕희의 회고다.

상근직의 경우는 달랐다. 환자 부족으로 병동 운영이 어려울 정도로 일이 없으면 상근지원부서도 마찬가지다. 그런데 상근지원부서는 파업 이전 상태로 근무했다. 일이 없으면 업무 준비를 하도록 했다. 그런데 병원 사업장에서 가장 많은 인력이, 많은 조합원이 있는 유독 병동 간호직에 가한 업무 복귀 지연 압박, 의도가 읽혔다.

병동으로 돌아가지 못한 조합원들은 이튿날 '바람개비'에 찾아와 언제부터 근무할 수 있느냐고 새 노조에 물어왔다. 특히 20대 중후반의 신규 간호사들은 날짜만 확정되면 여행을 가거나 고향 집에 내려가 있겠다는 이들도 있었다. 그러나 자칫 병원에서 파업 때 꼽아놨던 조합원에게 촉박하게 근무 지시를 내려놓고 이에 따르지 않으면 징계할 수 있다는 염려도 많았다.

업무 복귀와 관련한 혼란이 계속되자 1월 3일 강수진과 안병훈 보건의료노조 가천대길병원 수석부지부장은 김양우 병원장을 만났다. 강수진은 현재 상황이 "2018 임금 및 단체협약 체결을 위한 쟁의 활동을 이유로 참가자에게 어떠한 불이익을 주지 않는다"라는 협약 위반이라며 법적으로 문제 삼을 수 있음을 알렸다. 그리고 환자가 없다는 이유로 병동 간호사에게 휴가 사용을 강제하지 말 것과 평소 근무하던 대로 병동별 인원 배치를 당부했다. 아울러 파업 미참가자에게 시혜성 휴가 부여 금지에 대해서도 주의할 것을 요청했다. 그러나 병원장은 간호부의 세세한 부분까지 관여하기 어렵다며 묵묵부답이었다. 이에 노동조합은 병동의 중간관리자들이 단체협약을 이행하지 않을 때 어떤 문제가 일어날 수 있는지에 관련한 이해가 부족하다며 설명회 개최를 요구했다. 물론 노동조합이 직접 설명하겠다고도 했다. 병원장은 가부를 분명히 하지 않고 병원 정상화에 협조하라는 말만 반복했다. 더는 진전 없는 면담에 강수진은 간호본부장과 함께 이야기하자고 정리하며 마무리했다.

혼란이 계속되는 한편에서는 당분간 출근이 어렵다며 휴가원 제출을 강요하는 부서장이 속출했다. 노조의 계속된 항의에도 인력관리팀 담당은 뒷짐만 진 듯했다. 아니 오히려 부추기는 것 아닌가 의심스러웠다. 실제로 1월 4일 근무표를 제시하지 않은 병동을 파악한다는 노동조합의 공지에 현장에서 시시각각 올라오는 소리는 상황실을 압박해 왔다. 그 소리는 마치 드라마 자막에 타자되는 타음(打音)처럼 긴박했다.

1월 4일

오전 10시 7분 암 16층 근무표 없음. 암 12층 근무표 없음.

오전 10시 13분 암 16층 '쪽 듀티'.

오전 10시 24분 암 10층 근무표 있으나 실제 출근은 환자 수 보고 결정.

오전 10시 29분 본7, A158, 인공 14층, 9A.

…

'쪽 듀티(Duty)', 간호사들이 고개를 절로 흔드는 근무 형태다. 보통 병원의 3교대 근무자는 1개월의 근무표를 받아서 예측 가능한 계획을 갖고 근무한다. 그런데 2019년 1월 가천대길병원은 파업에 참여한 조합원 대부분에게 그날그날 하루치의 근무표를 배정했다. 간호사들은 이를 '쪽 듀티'라 부른다. '쪽 듀티'가 편성되면 근무하는 날이 언제인지 쉬는 날이 언제인지 전혀 예측할 수 없어 모두 대기 상태가 된다. 이렇게 되면 당연히 온전한 휴일 계획을 세울 수 없다. 게다가 환자 변동에 따른 긴급 호출이 있을 수 있다는 압박도 했다. 목줄을 채운 것이나 다름없었다. 어떤 부서는 환자가 적다는 이유로 1인 근무를 배정하기도 했다. 1인 근무를 하게 되면 식사도 거의 못 하고 생리현상에 응급 상황이라도 일어난다면 사고의 위험까지 있다. 근무 배치가 노조 탄압의 수단이 된 것이다.

제보가 끊이지 않는 가운데 정진희, 강수진, 안병훈은 병원장과 간호본부장을 만났다. 전날과 같은 대화가 오고 갔고, 병원은 정상화에 일주일의 시간이 필요하다고 했다. 일주일은 무작정 기다리기에는 결코 짧은 시간이 아니다. 강수진은 그 시간 동안 조합원들이 겪어야 할 불안감을 생각했다. 거듭 대책을 촉구했다. 병원 측은 같은 날 오후 3시에 열리는 전체 중간관리자 대책 회의에서 확실하게 정리하겠다고 밝혔다.

"제가 그때 간호본부장실을 처음 갔어요. 본관 12층이었는데 병원의 절대다수를 차지하는 간호부의 수장 사무실로는 생각보다 너무 보잘것 없이 허름하고 작더라고요. 간호부의 위상이 그만큼 낮았던 것 같아요."

정진희 회고다.

중간관리자 대책 회의가 끝났다는 소식을 듣고 간호본부장을 다시 만났다. 그러나 간호본부장은 그 자리에 병원장이 없어서 결정한 것이 없다는 말뿐이었다. 새 노조는 본인이 신청하지 않은 휴가와 앞으로 발생할 휴가를 미리 강제로 사용하게 하는 것은 법 위반임을 설명했다. 그러나 간호본부장은 아무런 응답이 없었다. 마냥 귓전으로만 듣는 듯 심드렁했다. 얼마 지나지 않아 갑자기 가슴이 아프다며 황급히 자리를 떴다.

다음 날은 토요일이다. 간호본부장이 줄행랑치듯 면담 도중 사라져 업무 미복귀 혼란을 주말 내내 아무 대책 없이 감수할 수밖에 없는 상황이었다. 대책 마련이 시급했다. 오후 8시 간호본부장 면담 결과를 공지하며, 본조 - 본부 - 지부[7] 긴급 대책 회의를 다음 날인 1월 5일 9시 30분에 소집했다.

회의 소집 이후 안병훈은 병원 인력관리팀에서 뜻밖의 전화를 받았다. 일과가 끝난 시간에 뭔 일일까, 탐탁지 않았다. 아닌 게 아니라 다음 날 아침부터 '바람개비'에 안마의자 설치를 위한 리모델링 공사를 한다며 노조 물품을 다 치우라는 것이었다. 금요일 밤 8시가 넘어 받은 전화로는 기가 막힐 지경이다. 새 노조 사무실 제공에 대한 협의가 끝나지 않았는데 도대체 뭐 하는 짓이지 속이 부글부글 끓었다. 곧바로 공사 사

---

7   본조 - 본부 - 지부: 2022년 4월 현재 8만여 명의 조합원이 가입한 보건의료노조는 중앙을 본조로 통칭하고 11개 지역에 지역 본부와 각 사업장 또는 지역에 지부를 두고 있다.

실을 텔레그램방에 올리고 회의를 한 시간 앞당겼다.

다음 날 간부 10여 명이 아침 일찍 '바람개비'에 모였다. 곧이어 서너 명의 리모델링 공사업체 인부들이 책상과 의자를 치우겠다며 찾아왔다. 그 순간 누구랄 것 없이 책상이며 의자, 소파에 걸터앉았다. 한쪽에선 안병훈이 누군가와 통화를 하고 있었다. 평소 자분자분하던 목소리가 점점 높아졌다. 한참을 통화하던 안병훈이 십장으로 보이는 인부에게 핸드폰을 건넸다. 그는 "네, 네", 연신 고개를 끄떡이다 전화기를 다시 건넸다.

"이 상황에 안마의자, 속 보인다, 속보여 이러니 '길스럽다'[8]하지, 에잇!"

누군가의 빈정거림을 뒤로 하고 인부들이 물러났다. 그 사이에도 업무 미복귀 조합원으로부터 병동 상황이 계속 들어오고 있었다.

오전 11시 34분 9A 당분간 미 오픈.

오전 11시 47분 A128, A148 통합 근무자 반으로 줄임.

오후 12시 7분 A88 폐쇄 3분의 1만 근무 공지.

오후 12시 15분 암 128 근무 연락 없음. I156 폐쇄. I177 '쪽 듀티'. C7A 폐쇄. CA70 폐쇄. 인공 15층 1인 근무.

…

곧바로 대책 회의가 열렸다. 1시간여 논의 끝에 1월 7일 월요일 아침

---

8 '길스럽다'는 길병원 직원들이 가천대길병원의 잘못된 관행을 빈정거릴 때 하는 말이었다.

7시 미복귀 조합원이 전원이 출근하는 것으로 결정했다. 만약 관리자들이 출근을 가로막는다면 본관 로비로 집결해 병원 정상화 촉구 집회를 하기로 했다. 월요일 낮번 출근에 대해 주말인 점을 고려하여 전화로 알리고 공문을 보냈다. 조합원에게는 문자를 비롯한 각종 SNS를 통해 공지했다. 해당 공문을 '네이버 밴드'(이하 '밴드')에 게시하자 반응이 뜨거웠다. "멋지다", "속이 다 시원하다", "사이다다" 등 응원 댓글이 계속 붙었다. 누군가는 오류백 명의 조합원이 한꺼번에 로비에 모이는 상황을 그렸을지 모를 일이다. 파업이 끝난 지 며칠 되지 않았지만, 병원의 행태에 맞서야 한다는 분노가 그만큼 컸다.

공문을 보내고 얼마 안 돼 또 다른 문제가 밴드에 게시됐다. 인공지능 병동에 근무하던 조합원 전원을 암센터로 뿔뿔이 나누어 배치하겠다는 것이다. 일단 기존 시스템을 신속하게 복원하여 하루라도 빨리 운영을 정상화해야 함에도 오히려 혼란을 키우는 조치였다. 게다가 병원 업무 특성에도 맞지 않았다. 가천대길병원과 같은 상급종합병원 간호사들은 질환과 중증도에 따라 나눠진 병동에서 수년 동안 각각의 특성에 맞게 업무를 수행한다. 이 때문에 업무를 전환하면 적응에 상당 시일이 필요하다. 서툰 업무 처리는 자칫 환자 생명에 위협이 될 수도 있다. 이후 인공지능 병동이 필요 없는 것도 아니다. 파업으로 인하여 환자가 없었지만, 곧 환자가 채워질 것은 불을 보듯 뻔했다. 그런데 단체협약으로 맺은 근무 조건을 충족시키기 위하여 어쩔 수 없이 병동을 폐쇄하겠다며 노조 핑계까지 들먹였다. 한술 더 떠 다시 병동을 열어도 해당 조합원들은 복귀시키지 않겠다고 으름장을 놓았다. 보복이었다.

게시된 글 밑에 "제발 도와주세요", 해당 조합원들의 댓글이 계속 쌓였다. "이렇게 힘들어지려고 파업한 것이 아닌데…", "당장 내일부터 출근하고, 출근 안 하면 사직시킨다고 하네요", 간부들은 피가 끓었다.

미복귀 조합원 전원 낮번 출근 통보에 대한 병원 측의 공문 답변이 왔다. 병동 복귀 업무 계획을 완료했으며 곧 공지한다는 것이다. 그런데 업무 효율을 고려하여 근무처가 변경될 수 있다는 내용이 포함돼 있었다. 노조도 공문으로 답변했다. 골자는 전원 출근 계획을 취소한다는 것이다. 또한 노무 제공 의사를 밝혔음에도 병동의 업무 계획에 의한 휴무는 유급이 되어야 함을 밝혔다. 아울러 근무처 변경은 단체협약에 근거하여 노동조합과 협의할 것을 강조했다. 관련한 협의를 위하여 1월 7일 오전 중 병원장 등과의 면담도 요청했다. 별도로 인력관리팀과의 통화를 통해 인공지능 조합원에 대한 일방적인 암센터 배치에 항의하고 협의가 있을 때까지 보류를 촉구하기도 했다.

인공지능 조합원 암센터 배치 보류 촉구에 대해 병원 측은 묵묵부답이었다. 그만큼 새 노조의 고민도 깊었다. 업무 지시에 따르자니 조합원이 겪어야 할 고충이, 따르지 않자니 해고 압박이 눈에 선했다. 진퇴양난이었다. 하는 수 없이 우선 업무 지시에 따르도록 했다.

짙은 연무 속에 1월 7일 차 한 주가 시작됐다. 일주일이 다 가도록 업무에 복귀하지 못한 조합원들의 심란함이 흐린 날씨 속에 떠다니는 듯했다. 병원장은 면담에 응하지 않았다. 사실 면담이 이루어지지 않았지만 대수롭지도 않았다. 몇 번의 면담, 아니 단체교섭을 하는 과정에서 알았지만, 병원장은 아무것도 결정하지 못했다. 권한도 결단력도 없는 듯 보였다. 하는 수 없이 단체교섭 실무 총괄을 맡아왔던 박춘만 인력관리팀장을 면담했다. 그는 인력이 부족한 상황에서 단체협약을 지키기 위해서 일부 병동을 폐쇄하겠다는 주장을 거듭했다. 노동조합에서 병동별 환자 수를 줄이자고 요청했지만 받아들여지지 않았다. 다만 현재 미복귀 조합원의 근무표를 9일까지 제시하겠다는 답변을 받았다. 인공지능 조합원에 대해서는 최대한 원하는 부서에서 근무하도록 조치하겠다고 했다.

면담 결과를 토대로 8일 인공지능 조합원과의 간담회를 열었다. 막상 간담회를 열었지만, 강수진에게도 별다른 도리가 있을 리 만무했다. 어느 정도 반영될 수 있을지 장담할 수 없는 그저 '최대한 원하는 부서'라는 말을 거듭할 수밖에 없었다. 강수진은 말끝을 흐리다 조합원들의 얼굴을 더는 못 보겠는지 눈시울이 붉어져 고개를 돌렸다. 그 모습에 조합원들의 눈망울도 촉촉했다.

"길병원이 워낙 탄압도 심하지만, 정말 아쉬웠던 것은 보건의료노조 차원에서 업무 복귀 지연을 예상하고 매뉴얼을 갖고 있어야 하는데, 없었다는 것이 문제였어요. 물론 병동 운영을 정상화하는 데 시간이 필요하다고 했다면 우리도 달리 방법을 세웠겠지만… 저도 그 부분까지는 예상하지 못했어요. 아무튼 그 부분은 전체 과정에서 제일 마음이 아팠어요. 파업이 끝나고 미복귀가 문제 된 것은 아마 보건의료노조 최초의 사례였던 것 같아요. 병동이 비어 있었으니까 아예 그냥 쭉 조합원 교육으로 복귀할 때까지 붙잡고 있어야 하지 않았나 이런 생각이 지금에서야 드네요. 단체협약 조항 하나하나 교육하는 것도 복귀해서 근무할 때

매우 좋았을 것 같아요."

강수진의 회고다.

"병동 폐쇄는 병원이 했잖아요. 그러면 노조와 같이 싸워야 하잖아요. 근데 그렇지 않아요. 폐쇄에 대한 원성과 비난은 노조가 다 들었죠. 저는 그게 가장 힘들고 안타까웠어요. 다른 일들도 마찬가지지만….".

안병훈의 말이다.

"조합원들이 노조에 미복귀 대처를 요구하는 건 당연한 거예요. 힘있게 대응했어야 하는데, 이때가 정말 아쉬워요."

이왕희의 말이다.

또 다른 쟁점이 있었다. 바로 업무 미복귀 기간의 임금이다. 파업 기간 '무노동무임금'에 업무 미복귀로 다시 급여를 받지 못한다면 조합원들이 받을 피해는 더 커질 수밖에 없는 상황이었다. 병원 측은 미복귀 조합원에게 연차휴가원 제출을 닦달했다. 연차휴가가 발생하지 않았거나 남지 않은 조합원에게는 향후 발생할 휴가를 미리 당겨서 사용하게도 했다. 새 노조는 거듭 조합원들에게 연차휴가원 제출 거부를 당부했다. 또한 병원 측에는 조합원들이 근로계약에 따라 근로 제공의 의사를 밝혔음에도 이를 거부했으므로 임금지급의무가 있다고 주장했다. 노동청에도 지도를 요청했다. 새 노조의 의견은 최종 받아들여졌다.

"미복귀 기간의 임금은 받긴 받았는데 휴업수당으로 받았어요. 그것도 계속 지급을 미루며 두세 달 애를 먹였어요. 그 기간 내내 힘들었지요. 한 가지 좋았던 것은 근로기준법의 휴업수당은 평균임금[9] 70%인데 단체협약을 80%로 맺어놓아 조금 나았던 것 같아요. 그리고 노동청에서 이 기간을 오프 처리하여 2억2500만여 원을 미지급했다며 시정조치까지 받았어요."

강수진의 회고다.

탄압은 집요했고 간호부에 집중됐다. 마구잡이로 '쪽 듀티'를 돌렸다. 게다가 1인 근무도 횡행했다. 전환 배치도 있었다. 특히 동료 사이에 친밀한 유대를 형성하고 있는 부서마다 이를 갈라놓으려는 방법으로 악용됐다. 친한 동료와 떨어지게 하고 외톨이로 만들어 관리자들이 괴롭히기도 했다. 전환 배치된 조합원들은 낯선 업무와 따돌림에 시달리다 결국 퇴사하는 사례가 속출했다. 중간 연차는 승진이 미끼였다. 조합비 원천 징수를 위한 조합원 명단이 병원 측에 통보되자 각 병동 수간호사들이 한 사람 한 사람 태움[10]과 갑질을 계속했다. 그들은 탈퇴자 수를 할당받은 듯 옆 병동과 비교하며 저쪽은 몇 명이 탈퇴했는데 우리 병동은 뭐냐는 식으로 압박하기도 했다. 어떤 관리자는 위협했고 또 어떤 관리자는 울며불며 읍소했다.

노골적이고 확연하게 드러난 갑질들, 현장의 조합원들이 버티기는 쉽지 않았다. 이들이 당하는 고통을 온몸으로 느끼고 있는 간부들은 애가 마르고 피가 끓었다. 병원장을 만나고 간호본부장에게 항의하고 병

---

9   평균임금: 지급 사유 발생일로부터 이전 3개월 동안 지급된 임금 총액을 총일수로 나눈 금액을 말한다.

10   간호사 사이에서 발생하는 직장 내 괴롭힘을 가리키는 은어.

동 수간호사에게 전화를 계속했지만, 그들은 막무가내였다. 어느 조합원은 인천광역시가 운영하는 '인천은소통e가득' 청원 사이트에 "가천대길병원을 아시나요?"라는 제목으로 합의 이후의 탄압 상황을 인천 시민에게 알리기도 했다. 조회 수 6078, 공감 446. 해당 글은 조회와 공감이 다른 글보다 월등했다.[11]

국회 기자회견도 있었다. 1월 21일 박민숙 보건의료노조 부위원장과 강수진을 비롯한 몇몇 조합원이 국회를 찾았다. "파업은 끝났다. 이제 짓뭉개자! 야만적 부당노동행위로 노조 파괴 광란 이어가는 가천대길병원, 이사장 및 부당노동행위자 구속과 특별근로감독 촉구 긴급 기자회견"이 그것이다. 기자회견은 국회의원 윤소하, 이정미와 보건의료노조가 공동 주최했다. 조합원들은 기자회견 이후 보복이 두려워 가면을 썼다. 사실 기자회견장에 가면 반입은 쉽지 않았다. 피켓, 현수막과 같은 소품이라며 반입을 시도했지만, 반입금지 물품이라며 국회 방호 담당이 한사코 저지했다. 한동안 개찰(改札) 출입구 앞에서 실랑이를 벌이다 의원실 보좌관에게 연락을 취했다. 방호 담당과 한참 이야기를 나눈 보좌관이 뒤로 물러섰다. 방호 담당의 눈길이 닿지 않을 정도의 거리에서 기자회견 참석자 일행을 불렀다. 앞에 다가가자 그는 가면을 가방에 넣고 자신이 멨다. 검색대에서 경보음이 울리지 않는 한 보좌관의 가방을 열어보지 않는다고 했다. 그날 기자회견은 JTBC 〈뉴스룸〉에서 상세히 보도했다.

11 "가천대 길병원을 아시나요?", 인천은소통e가득, 2022년 4월 14일 검색. 〈https://www.incheon.go.kr/cool/COOL010201/view?petitSn=2001200〉

　"탈퇴하지 않으면 부서 그냥 다 찢어 놓겠다. 그렇게 하고 싶지 않으면 탈퇴해라, 전부 다." 조합원의 증언이다. 탈퇴를 하지 않으면 승진에 불이익을 주겠다고 협박받았다는 증언도 있다. "부서장이 주는 점수 목록에 애사심이라는 부분이 있는데 그런 부분에서 너희들은 빵점이다." 조합원들이 수간호사와 나눈 녹취 파일도 공개했다. "(기업노조) 가입서를 쓰라고. 지금 열 번을 얘기하래, 지금. 아침, 점심, 저녁 와가지고 얘기하고." 기업노조 가입을 끈질기게 요구한 것이다. 불법이라는 조합원의 항의에 대해서는 "(그러니까 팀장이 직접 하지 않고, 수간호사는 관리자가 아니라 동료이니까) 수간호사만 족치는 거지"라며 말꼬리를 세우고 윽박지르기도 했다.[12]

　"국회 기자회견은 JTBC 말고도 다른 인터넷 방송에도 보도가 됐어

12　"'부서 찢겠다며…' 가천대 길병원 노조 탈퇴 강요 폭로", 2019. 1. 21. 〈https://news.jtbc.co.kr/article/article.aspx?news_id=NB11759737&fcode=PR10000403〉

요. 그런데 한 인터넷 방송에서 음성변조를 안 한 거예요. 가면을 쓴 당사자 조합원이 울며불며 전화를 해와 알게 됐어요. 그때 조합원이 많이 놀랐던 것 같아요. 동영상을 올린 곳마다 내려달라고 했지만, 방송사에서 지워야 한다는 거예요. 전화를 해봤지만, 방송사는 잘못된 게 아니라며 거절하더라고요. 어쩔 수 없이 날 밝기 전에 삭제해야 한다고 새벽에 정진희 국장 '모닝'을 몰고 판교에 있는 방송국에까지 찾아가 동영상 내려달라고 하소연했어요. 동영상은 내렸지만 이미 볼 사람은 다 봤고…."

강수진의 회고다.

"동영상 사건은 그만큼 우리 직원들이 억압받고 있었다는 증거지요."

안병훈의 말이다.

야만과 혼란의 시간, 간부들은 그 시간을 어떻게 견뎌냈을까?

"현장의 고충을 매일 듣잖아요. 듣다 보면 피가 거꾸로 솟는 일이 많은데 그때마다 흥분할 수는 없고, 울분을 삭이고 담대하게 처리해야 하잖아요. 어떤 마음으로 견뎠는지 지금은 웃고 지나치지만, 몹시 놀랐던 사건이 하나 있어요. 파업 끝나고 2월이었는데, 설 명절은 지났던 것 같아요. 지부장님이 전화를 한 통 받았는데 집에 불이 났다는 거예요. 그런 전화를 받으면 놀라서 뛰쳐나가잖아요, 근데 전화를 받은 지부장님이 '아, 네, 우리 집에 불이 났다고요, 네 알겠습니다, 감사합니다,' 이렇게 전화를 받는 거예요. 놀라지도 않은 것 같았어요. 그때 지부장님 성격 알겠더라고요. 매사 쉽게 흥분하지 않고 덤덤하구나! 생각했어요. 그 성격 때문에 혼란이 많았지만, 중심을 잡았던 것 같아요. 그때 간부들이 다 그렇지 않았나 생각해요. 다행인 것은 지부장님 집은 2층인데 3층에서 불이 시작되었데요. 천장만 그을리고 피해가 크지 않았다고 하더라고요."

안병훈의 말이다.

4. 이그나이터

정영민, 그가 보건의료노조를 찾은 것은 몇 해 전부터 시정을 요구한 '감시·단속적 업무'[13] 때문이었다.

---

13 '감시·단속적 업무'에서 '감시 업무'란 수위, 경비원, 물품 감시원 또는 계수기 감시원 등과 같이 감시 업무를 주 업무로 하며 상대적으로 정신적, 육체적 피로가 적은 업무이다. '단속적 업무'는

2017년 10월 19일 정영민이 동료 김수영, 박상준과 함께 보건의료노조 인부천본부를 방문했을 때 그의 손에는 두툼한 파일철이 들려 있었다. 최근 2~3년 동안의 작업일지였다. 그 파일철을 들고 노무사 사무소와 민주노총, 한국노총 노동상담소를 가리지 않고 찾아다녔지만 '감시·단속적 업무' 해제에 대한 뾰족한 방법을 찾지 못했다.

처음 상담에 나선 이는 당시 미조직위원장이었던 나순자와 유나리 보건의료노조 조직국장, 정진희다. 상담 후 나순자, 유나리, 정진희는 확실하게 담보할 수 없는 '감시·단속적 업무' 해제와 관련한 법률 지원을 넘어서 노동조합 설립의 계기를 만드는 것으로 방향을 바꿨다.

그런데 '감시·단속적 업무'로 지정된 부서는 시설관리팀이었다. 해당 업무 담당자는 병원 전체로 볼 때 극히 소수였다. 전체 3000여 명에 달하는 가천대길병원 직원 가운데 30명이 채 되지 않는다. 1%에 못 미치는 것이다. 병원 사업장은 직종별로 응집돼 있고 교류가 잦지 않다. 이 때문에 시설관리팀 중심으로 노조 설립을 추진하면 소수만이 참여할 수 있었다. 자칫 고립돼 아무런 영향력을 행사할 수 없는 것이다. 이런 까닭에 시설관리팀으로 노조 설립이 가능할까에 대해 의문이 많을 수밖에 없었다. 그리고 민주노조를 세우려 했던 99년 '8월의 크리스마스' 때 시설관리팀이 어떤 역할을 했는지도 궁금했다.

2017년 11월 15일 인부천본부에서 99년 '8월의 크리스마스'를 주도했

근로의 형태가 간헐적, 단속적 업무로, 평소의 업무는 한가하지만 기계의 고장이나 수리 등 돌발적인 사고 발생에 대비해 대기해야 해서 휴게시간 또는 대기 시간이 많은 업무이다. 그런데 노동 현장에서는 실제 '감시·단속적 업무'가 아님에도 이를 승인받아 운영하는 경우가 있다. 이렇게 되면 시간외근무 등이 인정되지 않아 임금 손실을 가져올 수 있다.

던 오명심을 만났다. 그때의 좌절은 당시 '1사 1노조'를 옥죈 노동법 때문이었다. 남동구청에 노동조합 설립을 신고했는데, 있는지조차 몰랐던 휴면 기업노조 때문에 설립을 허가할 수 없다는 행정 통보를 받은 것이다.

행정 통보를 받은 이후, 뜻을 함께한 동료들은 3교대 불규칙 근무를 하며 시도 때도 없이 머리를 맞댔다. 장소는 인천지역 보건의료 노동자들이 직장 생활의 애로를 나누던 '보건의료 노동자 직종협의회' 사무실을 자연스럽게 이용했다. 동암역 남광장 건너 오른쪽 저잣거리에서 한 뼘쯤 벗어나 작은 골목길로 접어든 '홍수숯불갈비' 건물 지하다. 인근 지대보다 낮고 지하인 탓에 비가 많은 날에는 물까지 스며 나오는 습한 공간이었다. 크기는 다섯 평 남짓했다. 그곳을 수시로 들락이다 상황실로 사용했다. 벽면엔 '따뜻한 공동체 건설'이란 글씨를 큼직하게 붙여 있었다. '따뜻한 공동체', 꿈꾸는 미래는 쉽게 오지 않았다.

오명심의 회고다.

"당시 '출산전후휴가'가 60일이었는데 50일만 주었어요. 나중에 문제가 되니까 시정하기는 했는데 이번에는 유급이었던 생리휴가를 문제 삼더라고요. 임신 중에는 생리를 안 한다면서 10일 치 급여를 깎았어요. 그리고 공휴일이나 일요일에 근무해도 휴일근로수당도 주지 않았어요. 게다가 근로 능력을 향상하겠다며 연봉제를 들고나오자 직원들 불만이 하늘을 찔렀지요. 직원들만 당하는 문제가 아녜요. 환자에게는… 아무튼 재료대는… 필요 없는… 진료비가 비싸지잖아요. 그런 분위기 속에서 자연스레 노동조합으로 뜻이 모였죠. 노조 설립 발기인대회에 참석

한 조합원들의 열기가 대단했어요.

혈서를 쓰자는 조합원도 있었으니까. 혈서는 지나치고 광목천에 '길병원 민주노조 승리'라고 써놓고 모두 손도장을 찍었어요. 그때의 그 각오는 현장의 분노를 그대로 담아낸 것 같아요. 바로 이튿날 직원식당에서 노조 설립 보고대회를 했는데 가입이 쇄도했어요. 단 3일 만에 500여 명이 가입한 거예요. 당시 병원 규모를 생각하면 2018년 새 노조가 1주일 만에 1000명을 가입시킨 것과 비슷해요. 노동조합 설립신고서를 냈는데 3일 후 반려됐어요. 듣도 보도 못한 노조가 89년에 설립돼 조합원 20명이 활동하고 있다는 거예요. 정식 규약도 있고 해마다 임금 협약을 맺고 있었다고 하니, 휴면노조라 항의했지요. 물론 소용없었지만…. 그런데 구청에서 위원장이라고 알려준 지연옥은 임기가 끝나 있었고 노조법상 반드시 있어야 하는 회계감사는 이미 퇴직한 사람이었어요. 노동조합 사무실도 없었어요. 조합원이라고 하는 직원들에게도

나중에 딴말할까 봐 녹음해가며 물어봤어요. 한결같이 '내가 노동조합에 가입했다고?'라며 의아해하더라고요.

유령노조이니 당연히 구청에 노조 설립 필증을 요구했지요. 그런데 노노갈등이라며 꿈적도 안 했어요. 뭔가 있다고 생각했지요. 근로기준법을 보면 노동조건의 불이익 변경은 과반수로 조직된 노동조합이 있는 경우 노동조합과, 없는 경우 근로자 과반수의 동의를 얻어야 하잖아요. 그런데 불과 20여 명이 가입된 기업노조가 식대 보조비 보류 등 노동조건 개악에 합의하고 구청에 제출해놨더라고요. 저는 기업노조가 조합원 총회나 대의원회를 열었다는 이야기를 들은 적도, 노조 사무실도 없었어요. 당연히 휴면노조 처리해야죠. 그래야 노동3권을 보장하는 것 아닌가요?

민주노조 설립신고서가 반려되고, 병원은 이때부터 기업노조를 정비했어요. 갑자기 노동조합 사무실이 만들어지고 가입 사실조차 몰랐던 직원들에게 노동조합에 가입했다고 통보하더라고요. 아니 사측이 직원에게 '너 노동조합 조합원이다'라고 통보할 일인가요? 그러고 나서 8월 27일인가 갑자기 임시총회를 한다며 천선호를 위원장으로 뽑았어요. 알고 보니 병원 측근인 사람이더라고요. 기가 막혔지요. 천선호가 위원장을 그만둘 때쯤에는 병원에 아주 안 좋은 소문도 많았어요. 기업노조와 병원의 반노동 행태는 눈 뜨고 볼 수 없을 정도로 상상 이상이었죠."

오영심은 물 한 모금을 꿀꺽 삼키고 내쳐 갔다.

"생생히 기억나는 날이 있어요. 병원 측이 기업노조를 정비한다는 이야기를 들었던 날이에요. 퇴근 후 상황실로 향했지요. 버스에서 내렸는데, 안개비가 내렸어요. 우산을 쓰지 않은 탓인지 입가에 맺힌 빗물이 혀끝에 닿는 듯하더니, 몸이 오싹 움츠러들더라고요. 며칠째 긴장했던 몸이 한꺼번에 무너지는 것만 같았어요. 그날 밤 많이 앓았지요. 그래도 회의는 했어요. 회의를 통해 인천중앙길병원 노동조합을 '노조민주화추진위원회'(이하 '노민추')로 바꾸고 기업노조에 집단 가입을 결정했어요. 모두 가입해 민주화하자는 거였지요. 다음 날부터 가입원서를 제출하려는데 그럴 수 없는 거예요. 노조 사무실은 닫혀 있고, 하루에도 몇 차례 천선호 위원장 근무 부서에 가봐도 출장 갔다는 말뿐이고, 병원에 등록된 핸드폰으로도 한 달쯤 연락이 안 됐어요. 500여 명의 가입원서를 내용증명으로도 발송해봤어요. 그런데 '수취인 부재'로 반송되더라고요. 버젓이 꾸며놓은 사무실은 장식용, 아니 탄압용이었단 생각이 들 수밖에요."

그해 9월 초는 유난히 옅은 안개가 잦았다. 노민추 오영심은 하루하

루 출근길마다 흐린 시야 속에서 불확실한 앞날에 고심이 깊었다. 그러나 '따뜻한 공동체', 민주노조는 놓을 수 없는, 끝끝내 가야 할 길이었다. 그렇게 동분서주했다.

"설립신고서도 반납되고, 노동조합 가입도 받아들여지지 않고 할 수 있는 게 뭐였겠어요. 지역의 시민사회, 노동단체에 알려내고 규탄할 수밖에 없잖아요. 병원 앞에서 집회도 네 번인가 했어요. 첫 규탄 집회를 했던 9월 1일 병원 측이 직원 회식을 잡았어요. 전에는 거의 들어보지 못했던 회식이 잡힌 거예요. 그것도 병원 인근이 아니라 멀리 떨어진 대부도, 명동, 송도 같은 곳에서 했어요. 그리고 집회가 끝났단 소식이 들리면 회식을 마쳤데요. 속 보이는 짓이지요. 그놈의 회식은 2018년 다시 새 노조가 설립되고 조합원 행사와 집회만 있으면 반복되더라고요. 가입원서 접수를 계속 회피하는 가운데 9월 중순엔 총회 소집권자 지명 요청을 남동구청에 했어요. 남동구청은 천선호가 총회 소집을 거부하고 있는지 조사에 나선다고 하면서도 계속 미루더라고요. 남동구청과 노동청의 휴면노조 비호는 그해 국정감사에서도 논란이었어요. 국회의원 한 분이 노동부가 기존 노조를 휴면노조로 판단하여 해산을 의결했어야 하는데, 사용자를 옹호하여 정상 노조로 인정하면서 길병원 노사 분규가 발생했다고 비판했지요. 또 어떤 의원은 남동구청과 노동청이 책임 회피를 한다고 질타했어요.[14]

지역사회와 국회에서 비판이 계속됐지만, 병원은 끄떡도 하지 않고 오히려 탄압에만 열을 올렸어요. 집회에 참석한 조합원에 대하여 막무가내로 근무 부서를 이동시키고 저를 비롯한 간부 23명에게 허위사실 유포와 불법시위를 했다며 1인당 1000만 원씩 총 2억3000만 원의 손해배상을 청구했어요. 그리고 얼마 안 돼 병원은 임금을 반만 주었어요. 절반을 가압류한 거예요.[15] 임금 가압류뿐만 아녜요. 간부 대부분이 정직, 감봉 등 징계처분을 받았어요. 게다가 노민추의 활동이 거의 없었던 2001년인가 강수진을 철원 길병원으로 발령 내기도 했어요. 보복이지요. 저는 노민추 대표를 맡고 있어 그랬던지 지방 발령은 내지 않았어요. 대표를 발령하면 논란이 더 커질 것 같으니 일단 그냥 놔둔 거예요.

길병원 노조 탄압은 특징이 있어요. 해고는 안 하고 괴롭히는 거지

---

14 "국감현장―환경노동위", 연합뉴스. 1999. 10. 12.〈https://v.daum.net/v/19991012105600984?f=o〉

15 "길의료재단, 노조추진위에 2억여 원 손배소", 연합뉴스, 1999. 11. 29.〈https://v.daum.net/v/19991129181300233?f=o〉

요, 못살게 괴롭혀 결국 자진 퇴사하게 만드는 거예요. 그때는 그걸 몰랐었고 혹시 제가 해고될 수 있다는 염려로 다음번 위원장을 미리 정하기도 했어요. 신희연인데, 가능한 노출을 시키지 않았어요. 웃기지 않은 일도 있었어요. 노민추 간부들이 가압류로 생활이 힘들어져 후원주점을 했었어요. 그런데 누가 인천동부경찰서에 식품위생법 위반으로 고발을 한 거예요. 누가 했겠어요? 뻔하지 않나요? 몇 명이 동부경찰서에 불려갔었어요. 정말 힘든 것은 바로 일부 직원들이었어요. 하루는 집회를 끝내고 가입원서를 전달하기 위해 노동조합 사무실에서 천선호를 기다렸는데 나타나지 않는 거예요. 그런데 조합원 한 명이 천선호가 승용차를 타러 가는 것을 봤다고 알려주더라고요. 쫓아갔지요. 순식간에 구사대가 막아섰어요. 몸싸움이 일어났지요. 그때 구사대로 나선 직원 가운데 시설관리팀이 많았어요. 그 자리에 노동청 근로감독관도 나와 있었는데, 노동조합 가입원서를 받지 않는 게 불법은 아니라며 수수방관하더라고요."

첫 번째 '8월의 크리스마스'에 구사대로 나섰던 시설관리팀 직원들에게 어떤 사탕발림이 있었는지는 모를 일이다. 그때 그 직원은 아니지만, 시설관리팀 직원 가운데에는 2018년 새 노조가 다시 만들어지기 전에는 설립자의 생일을 축하하기 위하여 "제게 행복한 직장과 가정을 주신 회장님 생신 축하드립니다, 사랑합니다"라고 외치는 동영상을 찍기도 했다.[16] 그런데도 '감시·단속적 업무'라는 굴레는 벗어날 수 없었다.

---

16 "생일축하 영상 제작해야 정직원?…가천 길병원 '갑질' 폭로", JTBC News, 2018. 7. 26.

한때 구사대로 나선 시설관리팀 직원은 대부분 퇴직했지만, 노민추 관련자들은 부서 이름 자체에 시선이 곱지 않았다. 그렇지만 조직화를 위한 보건의료노조 본조, 본부와 시설관리팀의 모임은 2~3주 간격으로 계속 이어졌다. '감시·단속적 업무' 문제 해결 상담을 조직화 모임으로 전환한 것에 당사자들도 흔쾌했던 것만은 아니다.

"제가 그 당시에 감시·단속 업무로 24시간 일을 하는 경우가 많아 몸이 상당히 아픈 상태였어요. 24시간 일했으면 일한 만큼 보상받아야 하는데 보상은 없고 몸은 아프고… 개인적으로는 일 좀 줄이자는 것이 목적이었는데, 그만큼 감시·단속 업무 해제에 목말랐었죠. 여러 곳을 다녀봤지만 뾰족한 수가 없었어요. 마지막으로 보건의료노조를 찾았지만 실망스러웠어요. 저희가 자료를 엄청나게 주었잖아요. 그런데 두어 달 동안 답이 없는 거예요. 그러다가 노조를 제대로 만들어보자고, 생각하지 않았던 제안이 온 거여요. 사실 노조를 만든다고 감시·단속 업무 해제가 보장되는 것 아니잖아요. 감시·단속 업무 해제에 대한 답은 노조를 만든 7월 말에도 없었어요. 그렇지만, 정확히 어떻게 해서 바뀌었는지 모르지만 자연스럽게 조직화 모임으로 넘어갔어요. 정진희 국장님의 열정이 컸던 것 같아요."

정영민의 회고다.

"그게 실력이지."

정진희의 말이다.

5. 변곡점

오명심도 시설관리팀 중심의 노조 설립에 회의적이었다. 그녀는 '감시·단속적 업무' 현안이 해결되면 시설관리팀 직원들이 노동조합 설립에 나서겠냐는 의문을 품고 있었다. 그러나 한편으로는 과거 노민추 관련자의 의견을 들어보겠다고 일말의 끈을 놓지 않았다. 또한 소모임 형태로 운영하는 보건의료노조 인천지역지부 조합원들을 통하여 적극적으로 연고자를 찾아보겠다고도 했다.

3000여 명에 이르는 직원 가운데 1%에도 못 미치는 시설관리팀 주축으로 노조를 설립하기는 쉽지 않을 것 같았다. 그런데 2017년 12월 13일 기업노조 사무장을 맡고 있던 안병훈이 시설관리팀 직원들과 조직화 모임에 함께 왔다. 안병훈은 기업노조가 노조로서 제 역할을 못 하고 있다는 문제의식이 강했다. 쇄신을 위해서 무엇보다 위원장을 바꿔야 한다고 했다.

"병원마다 상여금을 통상임금[17]에 포함했잖아요? 당시에 법원 판결도 있어 안 할 수 없는 거였잖아요. 그런데 상여금 전체를 통상임금에 포함하지 않고 병원 측에서 일부 금액만 포함하려 한 거여요. 그리고 나머지는 문제없게 임금체계를 바꾸고요. 여하튼 통상임금이 높아지면

---

17 상여금을 통상임금에 포함하여야 한다는 법원의 판례는 2018년경 다수가 있었다. 병원 사업장에서는 2017년부터 노사 합의로 상여금 통상임금에 포함하는 사례가 늘어났다. 병원마다 차이가 있지만 1년 상여금 전체를 몇 년에 걸쳐 통상임금에 포함했다. 상여금을 통상임금에 포함하면 통상시급이 높아져 시간외수당 등이 비례하여 늘어나는 효과가 있다.

시간 외나 야간 근무자에게만 혜택이 돌아가잖아요. 그래서 상여금 전체를 통상임금에 포함하지 못할 바에는 혜택을 받지 못하는 직종도 무언가 보완책이 필요하다고 계속 위원장에게 말했어요. 그런데 위원장이 선뜻 내켜 하지 않는 듯하더라고요. 병원과 협의를 차일피일 미뤘지요. 그런데 어느 날인가 제가 병원 밖으로 출장을 갔다 왔는데 서명했다는 거예요. 병원 측이 하라는 대로, 그냥 그대로….”

“시설팀 감시·단속 업무 문제로 정영민과 몇 번 이야기를 나누고 있었어요. 그런데 상여금 통상임금 포함을 보면서 자체적으로 시설팀 문제를 풀 수 없다는 걸 알겠더라고요. 그래서 정영민에게 법률 상담을 받아볼 수 있도록 이곳저곳 추천했어요. 정영민이 이곳저곳 상담을 했는데 뾰족한 방법이 없다고 하더라고요. 사실 저는 민주노총에 대한 목마름이 있었어요. 그래서 보건의료노조를 추천했어요. 기업노조 사무장으로 전임[18]을 하면서 이곳저곳을 알아봤는데 그래도 가장 활발하게 활동하는 것 같아 추천하게 된 거지요.

보건의료노조 조직화 모임에 참석하기 전에 백운역 근처 ‘밥상 한우’에서 정진희 국장님과 처음 만났어요. 근데 감시·단속 업무 이야기는 쏙 들어가고 노조 이야기만 해서 당황스럽기는 했어요. 정영민과 김수영은 개인적으로 잘 알고 지내는 사이는 아니었어요. 잘 알지도 못하는 정영민과 김수영에게 보건의료노조를 추천했기 때문에 이후 모임에 빠질 수 없더라고요. 사실 제 의지만으로 했으면 중간에 포기할 수도 있었

---

18 전임(專任): 근로시간면제를 받아 노동조합 일에 전념함을 말한다.

을 거예요. 내 주위 사람들이, 내가 소개한 사람들이 엮여 있으니까 중간에 더 그만둘 수 없고 끝까지 왔던 것 같아요. 아, 기억나는 일이 있는데 한동안 문제되었던 한림대의료원 선정적 춤과 관련된 것이에요. 보건의료노조를 만나고 온 정영민이 한림대의료원 선정적 춤 영상이 곧 언론에 크게 보도될 것이라 하더라고요. 그 얘기를 들은 다음 날 실제 인터넷에서 핫이슈로 보도됐어요. 다음날 뉴스에 뭐가 보도되는 것까지 알고 있는 걸 보면서 조금 더 신뢰하게 된 것 같아요."

안병훈의 회고다.

"처음 상담을 조직화 모임으로 바꾸고도 간호사가 없어서 잘되겠나 생각했던 게 사실이에요. 그래도 찾아온 직원들이 생각보다 젊어서 해볼 만하지 않을까 기대도 있었어요. 안병훈을 봤을 때는 안 되겠다는 생각도 들었고(웃음), 병훈이는 너무 소극적으로 느껴졌어요. 그래서 따로 만났지요. 이런 식으로 하면 안 된다, 뭐 그런 말을 하며 담판을 지었어요. 아마 기업노조 민주화도 염두에 뒀었으니까 생각이 복잡할 수도 있었을 거예요. 제가 몇 번씩이나 서로 믿음이 없으면 안 된다, 터놓고 이야기하자 강조했던 것 같아요. 정영민이 많이 도움이 됐어요. 정영민은 한결같이 안병훈을 믿는다고 했어요. 그래도 의지가 강하다는 느낌은 없었어요. 강수진 지부장이 함께하면서 어느 정도 간호직에 대한 목마름이 채워진 것 같아요."

정진희의 회고다.

정진희는 시설관리팀이라는 소수 직종의 문제, 확인되지 않는 각오, 기업노조 사무장이라는 거리감 등 전망이 불투명한 조직화에 고민이 많았다. 그렇지만 끈기 있게 모임을 이어갔다. 그리고 안병훈의 등장과 함께 기업노조 개혁 또는 새 노조 설립에 필요한 또 다른 계기로 확대해 갔다. 안병훈을 새로운 변곡점으로 모임 확대에 주력한 것이다.

12월 13일, 조직화 모임에서 다음 해 3월까지 뜻을 함께할 인원 확대에 집중하기로 의견을 모았다. 안병훈은 기업노조 사무장으로서 여러 직원을 부담 없이 만날 수 있고 또한 기업노조 활동을 통한 그동안의 인맥을 활용하기로 했다. 다른 참석자들은 병원 내 각종 직원 소모임에 적극적으로 참여하여 부서마다 조직화 모임에서 의견을 나눌 만한 사람을 찾아보기로 했다. 그리고 비밀을 유지할 정도의 신뢰가 형성되면 모임에 합류시키기로 했다. 아울러 안병훈이 함께하는 만큼 기업노조의 민주화를 추진할 것인지, 또는 복수노조로 설립할 것인지에 대하여 3월까지의 경과를 보고 판단하기로 했다.

무엇보다 힘을 쏟은 것은 노조다운 노조의 모습을 보여주자는 것이었다. 제일 먼저 계획한 사업은 당시 사회적 문제로 떠오른 직장 내 '갑질'에 대한 표본조사였다. 피조사자는 조직화 모임에 참여하고 있는 6명과 정진희가 알고 있는 가천대길병원의 지인 3명으로 정했다. 정진희는 지역 보건의료 단체 봉사동아리에서 대학 재학 시절 자원봉사를 했던 가천대길병원의 직원을 알고 있었다. 노동조건 분석도 차근차근 진행했다. 직종별 급여명세서와 근무표를 비교하여 임금이 제대로 지급되었는지 확인하고 기업노조 규약과 단체협약도 분석했다. 무엇보다 기업노조 민주화 가능성을 염두에 두었다. 기업노조의 중요 간부와 대의원의 성향을 분석하여 우호적인 세력을 모으는 데도 주력했다. 또한 각종 소모임, 직원 간 또래 모임의 성향을 파악하고 함께할 수 있을지를 계속 타진했다.

노민추와의 만남은 오명심이 가교가 됐다. 그녀는 노민추 관련자와 조직화 모임에서 진행되고 있는 상황을 공유하고 있었다. 사실, 노민추 관련자들은 시설관리팀이라는 말에 크게 기대하지 않았다. 그러나 본조, 본부는 노동조합 설립에 가용할 수 있는 모든 관계를 망라해야 했다. 그들과의 만남은 그렇게 추진됐다.

2018년 1월 12일, 영하 15도를 오르내리는 강추위에 성긴 눈발이 뺨에 꽂히듯 내리치는 날이었다. 노민추 출신의 오명심, 강수진, 김현미, 고은순을 만났다. 구월동 '산이 내린 밥상 곤드레밥집', 2층 건물로 깔끔하게 통창이 난 숯불구이 한식집이었다. 1층은 식사 후 자유롭게 차를 마시거나 한쪽에 설치된 그릴에 고구마를 직접 구워 먹을 수 있도록 만든 공간이었다. 식사 공간은 2층이었다. 공간마다 구분이 돼 있어 대화에도 안성맞춤이었다. 만남 장소를 그곳으로 정한 것은 병원과 거리가 있어 다른 직원의 눈에 띌 염려도 줄이고 손님맞이의 느낌도 배려한 듯했다. 과거 노민추 성원들의 신년 모임을 겸한 것도 같았다. 음식을 시켜놓고 조직화 모임 경과를 소개했다. 그들은 지난 시절 이루지 못한 노동조합 설립의 아픔을 되새김하며 고맙다 했다. 그러나 발을 얹기에는 불안하다는 마음도 숨기지 않았다. 시설관리팀에 대해 좋지 않은 20년 전 기억의 뿌리가 결코 얕지 않은 듯했다.

어느 정도 이야기를 마치고 1층에 내려와 차를 나누는데 김현미가 고구마 몇 개를 구워 왔다. 모락모락 김이 오르는 군고구마에 저절로 코가

벌름거렸다. 따뜻했다. 그들과 첫 만남에서는 노민추를 복원하여 격주 단위 만남을 지속하기로 했다.

한편에서 시설관리팀 중심으로, 또 한편에서 노민추와의 모임을 따로따로 이어가다 3월 16일 첫 합동 모임을 진행했다. 계속된 모임을 통해 기업노조 민주화 계획을 세웠다. 안병훈은 기업노조 위원장의 임기가 7월로 끝나, 선거가 있을 것이라 했다. 그리고 정욱일 위원장이 불출마할 것으로 예상했다. 그만큼 직원들의 여론이 나쁘다는 것이었다. 이에 사용자들로부터 경계심이 약할 것으로 판단되는 안병훈이 기업노조 위원장 선거에 출마하기로 했다. 또한 당선된다면 곧바로 대의원 선거를 하기로 했다. 위원장과 뜻을 함께하는 다수의 대의원을 확보하여 기업별 노조에서 산업별 노조로 조직 변경을 통해 보건의료노조 가입을 계획한 것이다. 그리고 600여 조합원의 대표인 위원장을 직원들이 직접 뽑는 게 아니라 불과 10명 정도의 대의원이 선출하는 문제를 당시 뜨거운 반응을 보이는 카톡방에 알리기로 했다.

카톡방 개설은 2017년 11월 1일 민간 공익단체로 출범한 '직장갑질119'의 영향이 컸다. '직장갑질119'가 폭발적인 반향을 일으켜 사회 곳곳으로 퍼져나가는 가운데 일부 대형병원 사업장에서는 자체 오픈 카카오톡 단체방을 운영하며 열악한 노동 현실의 고달픔을 나누고 분노를 모아나갔다. 대표적인 오픈 카카오톡 단체방으로 한림대의료원과 대한항공 갑질 제보방을 들 수 있다. 가천대길병원 오픈 카톡방은 2018년 4월 26일 개설됐다. 노조와 무관하게 개설됐지만 새 노조에 큰 힘이 됐다. 카톡방이 뜨거워진 데에는 간호부의 주요 보직을 맡고 있는 최선영과 신규 입사한 그의 딸 일이 큰 계기가 되었다. 그의 딸이 보름 정도의 특혜성 휴가를 받았다는 의혹이 제기된 것이다. 이삼십 대 간호사 대부분은 주휴일조차 제대로 보장받지 못하고 이삼일 정도의 연차휴가도 붙여 쓰지 못하는 처지였다. 최선영의 딸이 보름 동안 휴가를 받아 유럽 여행을 했다는 이야기는 분노를 자아내기 충분했다. 간호사들의 분노에 최선영이 직접 실명을 밝히며 답글을 단 것이 오히려 기름을 부은 격으로 일파만파 퍼져나갔다.

최선영이 6월 15일 '블라인드'(직장인 대상 폐쇄형 SNS)에 올린 글을 캡처한 듯한 그림 파일이 카톡방에 올라왔다.

보름 동안 '꽃 문자' 공부하느라 딸 혼자 정기휴가 다녀왔어요. 인력관리팀에 확인하세요. 그런데 제 이름과 딸 이름 들먹이며 사실이 아닌 내용으로 비방하는데 억울합니다. 명애훼손, 허위사실 유포로 사법절차 밟겠습니다.

"명애? 라고? 큭큭! 한글도 모르는 거야? 아니 가천대길병원 관리자 맞아?"

'명애' 그림 파일을 카톡방 누리꾼들이 계속 꼬집으며 '6·15명애사건'으로 한동안 웃음거리가 됐다.

"카톡방 개설은 물리치료실에서 했어요. 아무개에게 쌓이고 쌓였던 문제를 카톡방에서라도 풀어보자는 마음에서 시작했어요. 그분이 결국 카톡방 개국공신이지요. 그리고 사람들을 불러들인 거예요. 사실 카톡방이 있기 전에도 '블라인드'에서 이런저런 이야기를 나누었어요. 그 무렴 대한항공 갑질을 직원들이 오픈 카카오톡 단체방에서 신랄하게 고발하고 있다는 것이 뉴스에 보도됐는데, 길병원도 문제 많잖아요. 그래서 저, '시바견'과 '시비충', '체계바라', '청수순대국', 이렇게 네 사람이 의기투합해 우리도 한번 카톡방을 대대적으로 띄워보자 덤벼든 거예요. 그때 블라인드에서는 최선영 딸 이야기가 많았어요. 그 이야기를 카톡방에 올렸는데 아무래도 블라인드보다 친숙해서인지 순식간에 불이 붙더라고요."

카톡 닉네임 시바견의 말이다.

"청수순대국, 그 친구는 카톡방에 누가 가입하거나 글이 올라오면 바로 댓글을 올렸어요. 밤낮 없었고요. 새벽이고 시도 때도 없었어요. 우리는 에이아이(AI)가 작업한다고 생각했어요. 제일 글을 안 올린 간부는 안병훈 수석부지부장인데요. 원무과에서 일하다 보니 카톡을 할 겨를도 없잖아요. 너무 반응이 없으니까 청수순대국이 화장실에 자주 가서 볼일 좀 보면서 카톡 좀 하라고 성화를 부리기도 했어요."

정영민이 웃으며 그때를 회고했다.

카톡방 공지에는 병원 내에서 입에 오르내리는 10가지 정도의 관심거리를 요약에서 올려놓았다. 초기에 공지했던 내용 가운데에는 최선영 부장 갑질 관련한 '식판 안 치움'이나 '딸 특혜', 노조 관련한 '노조위원장 직선제? 간선제?' 등의 내용이 있다. 이러한 주제에 대하여 너나없이 "최선영 부장 사퇴하라!", "때가 어느 땐데", "직선제 실시하라!" 등의 댓글로 호응했다.

불과 네 명이 의기투합하여 만든 카톡방은 7월 3일 늦은 밤에 가입자

500을 돌파했다. 약 2개월 10일이 지난 시점이었다. 카톡방이 불붙듯 활성화되자 근거 없는 소문도 있었다. 다름 아닌 보건의료노조가 만들어 관리한다는 것이다. 그것도 한두 명이 아니고 여러 명의 전문가가 붙어서 조직적으로 하고 있다고 했다. 그렇지 않으면 어떻게 24시간 운영할 수 있겠느냐는 것이다. 한림대의료원 사례가 와전된 것 같았다.

"그때 24시간 정말 피와 살을 갈아 넣었어."

카톡방에서 활발하게 활동했던 이들의 말이다.

500명이 참여한 카톡방의 주요 관심사는 노동조합과 차세대 전산 시스템 교체에 따른 직원들의 노고에 대한 보상이었다.

"차세대 전산 교체는 대혼란이었어요. 외래가 완전히 마비되고 환자 컴플레인은 쏟아지고… 당연히 퇴근 시간도 늦어졌지요. 보상은 기억나지 않아요. 기억나지 않는 걸 보니 없었던 것 같아요."

안병훈의 회고다.

아닌 게 아니라 카톡방은 늦은 퇴근에 대한 불만의 글들로 후끈거렸다. 저녁 10시경에 퇴근하여야 할 낮번 근무자가 새벽 2시 31분에 이제야 퇴근한다는 글을 남기기도 했다.

카톡방의 글이다.

설마 간호사분들 데이(오후 3시까지 근무)가 밤 9시, 이브(저녁 10시까지 근무)가 새벽 2시 반 이렇게 퇴근하시는 거예요? 대체 그 시간까지 남아서 해야 할 게 뭐죠? 모르는 전산이 그 시간까지 남아 있으면 해결되나요? ㅠㅠ

당분간은 앞뒤 근무자끼리 서로 받아줘야 하는 거 아닌가요. 맨땅에 헤딩시킨 이 마당에 할 수 있는 만큼만 하면 되는 게 최선 같은데… 오버타임한다고 해결되는 문제가 아니잖아요 ㅠㅠㅠ.

간호사만 퇴근이 늦는 게 아닙니다… 아침 7시까지 출근하라고 단체 쪽지 왔고 저녁 9시까지 퇴근 못 했습니다… 창구에선 난리 나고… 전 직원들 창구에서 어슬렁거리고 적당히들 좀 하지, 정말 제일 큰 피해자는 환자들이 아닌가 싶습니다.

기업노조의 역할을 묻는 글도 많았다. 시간외근로에 대한 수당 지급에 앞장서달라는 것이다. 위원장 선거와 관련한 관심도 뜨거웠다. 6월 20일 기업노조 위원장 선거를 직선제 또는 간선제 가운데 어떤 방식으로 할 것인가에 대한 설문조사를 하자는 의견이 카톡방에 처음 올랐다. 해당 설문은 보름이 지난 7월 5일 블라인드에 게시됐다. 그리고 약 30여 시간 후인 7월 6일 251명이 참여했다며 카톡방에 결과를 공개했다. 참가자들은 직선제를 압도적으로 선택했다. 결과를 올리며 카톡방 운영진은 "현 노조집행부의 결단을 기다려봅니다"라는 짧은 글을 덧붙였다. 설문조사를 쉽게 참여할 수 있는 카톡방에서 하지 않은 것은 직원 외에 외부인의 개입이 우려됐기 때문이다.

민주노조 설립을 위한 모임은 꾸준히 계속됐다. 모임마다 현장의 이슈를 하나하나 확인하고 법률 위반 여부를 살폈다. 또한 이를 카톡방에 올려 직원들의 반응을 이끌어갔다. 모임에서는 참여자들이 지난 회의 이후 만나온 직원들의 성향과 동참 여부를 확인하고 이를 확대하는 방안을 고민했다.

모임 인원을 확대하기는 쉽지 않았다. 정영민, 안병훈은 평균 격주 간격으로 만나는 모임 때마다 누군가 한 사람이라도 데리고 나오려 갖은 애를 썼다. 몇 번씩 참석을 다짐한 직원도 막상 당일이 되면 약속이나 집안일을 이유로 뒤로 빼기 일쑤였다. 약속한 모임 날짜가 임박하면 한 사람도 함께할 수 없다는 데 낙담해야 했다.

"일주일 동안 한 사람씩 늘려 오라고 하는데 한 달이 다 가도록 한 사람도 없는 거예요. 그래도 노력 많이 했어요. 규상이 형은 너무 조심스러워서 송내역까지 가서 만났어요. 형은 우리가 왜 만나자고 하는지 알았던 것 같아요. 형네 집이 병원에서 가까운데, 병원 근처에서 만나자고 하니까 많이 겁났던 것 같아요. 그래서 송내역은 괜찮으냐고 물으니까 고개를 끄덕이더라고요. 2018년 3월 초로 기억나는데 그때 날씨가 매일 같이 비가 내릴 듯 말 듯 꽃샘추위가 계속됐어요. 저도 인천에 사는데 특별한 일 없으면 퇴근하고 그 시간에 송내역에 갈 이유는 없잖아요. 그때 정 국장님도 함께 갔어요. 규상이 형은 그 뒤에 모임에 합류했지요. 사람을 찾아내는 게 참 쉽지 않더라고요."

정영민의 회고다.

그 사이 안병훈은 들끓고 있는 카톡방을 뚫어지게 바라봤다. 시비충, 청수순대국, 체게바라가 누구일까? 안병훈은 카톡방과 블라인드 사이의 알고리즘을 따라갔다. 결국 안병훈은 시비충과 청수순대국, 체게바라를 찾아냈다.

"블라인드와 카톡방의 퍼즐이 어느 정도 맞춰지자, 쪽지를 보냈어요. 그렇게 해서 먼저 시비충, 청수순대국과는 점심을 먹게 된 거예요. 그런데 체게바라는 반응이 없다가 얼마 지나지 않아 오히려 만나자고 역제안을 하더라고요."

안병훈의 회고다.

아침나절 굵던 빗줄기가 퇴근 무렵엔 옅은 안개로 바뀌었다. 전날 30도에 다다르던 더위도 씻겨간 듯 비의 여향(餘香)이 상쾌했다. 6월 26일 안병훈, 정영민, 시비충, 청수순대국, 체게바라가 처음으로 함께 만났다.

"만난 곳은 중앙공원 입구 '매화 참치'였는데 저도 함께했어요. 그런데 블라인드와 카톡방 알고리즘에 저는 없었잖아요. 눈빛들이 너 여기 왜 왔냐 하는 분위기였어요. 병원 이야기를 나누다 노조 이야기를 꺼내자 체게바라는 조금 공격적이었어요. 체게바라는 핸드폰에 뭔가 잔뜩 적어왔더라고요. 핸드폰을 보면서 왜 노조를 바꾸려 하는지? 가능성은 있는지? 꼬치꼬치 묻는 거예요. 그때 알았지요, 아 애들도 생각이 있구나. 체게바라는 저한테 머리입니까, 몸통입니까. 꼬리입니까. 이렇게 묻기도 했어요. 대답할 수 없잖아요. 지금이라면 꼬리라고 답변할 수 있는데…."

정영민이 킥킥거렸다.

"시비충, 청수순대국은 그 모임 이전에 점심을 함께해서 이미 노조를 만든다는 걸 알고 있었을 거예요. 체게바라는 몰랐을 거고요. 그래서 그런지 질문이 많았던 것 같아요, 체게바라는 산별노조에 관하여 공부를 많이 했던 것도 같아요."

안병훈의 회고다

안병훈과 정영민은 시험지를 받아든 채 때로 공격받는 질문들을 무던하게 받아내며 술 한잔에 녹였다. 한 잔 한 잔 기우는 술잔에 낯선 만남은 어느덧 의기투합으로 바뀌어갔다. 곧 호형호제로 호칭이 바뀌고 가야 할 먼 길을 가늠하며 눈빛을 반짝였다. 그들은 그렇게 조직화 모임에 함께했다.

"병훈이 형이 저희를 세우는 결정적 역할을 했어요. 매번 병훈이 형은 트리거, 방아쇠였어요. 병훈이 형 개인적 능력은 사실 보잘것없는데 가장 큰 능력이 뭐냐면 사람마다 각각의 능력을 최대한 끌어들여서 잘할 수 있게 만드는 거예요. 그러니까 사람을 모으는 일을 잘했어요. 그렇게 매력적이지도 않고 개인적으로 뛰어난 게 아닌데 희한하게 사람이 모였어요."

체게바라의 말이다.

7월 6일, 15차 조직화 회의에 온 안병훈의 기색이 언짢아 보였다. 기업노조 간부 회의에서 정욱일 위원장이 재출마를 결정하고 선출 방식도 대의원회를 통한 간접선거가 유력했기 때문이다. 회의에서는 먼저 안병훈이 출마하여 경선할 때 당선 가능성을 검토했다. 다수의 의견이 직선이 아닌 이상 병원 측의 지원을 받는 정욱일이 유리하다는 것이었다. 그리고 경선에 나섰다가 낙선 후 탈퇴하여 새 노조를 설립하게 되면 명분에서 밀려 유리하지 않다는 결론에 이르렀다. 이에 새 노조 설립으로 방향을 잡았다. 설립총회는 기업노조가 대의원회를 열어 위원장을 선출하는 7월 20일로 정하고 구체적인 준비에 들어갔다.

"저는 사실 간선제든 직선제든 기업노조 위원장 선거에 자신 있었어요. 기업노조 간부 중에 직원들의 문제를 해결하려고 노력한 사람은 저밖에 없다고 생각했어요. 그런데 지금 돌아보면 잘못 생각한 것 같아요. 병원 측에서 개입하면 직선제를 해도 쉽지 않았을 것 같아요. 된다고 해도 병원이 방해해서 상급 단체 바꾸는 건 쉽지 않을 수도 있었을 거예요. 새 노조 설립은 잘한 선택이었던 것 같아요."

안병훈의 회고다.

예상했던 대로 기업노조는 7월 11일 위원장 선거를 간선제로 공고했다. 간선제가 공고되자 카톡방은 이를 꼬집는 글들이 쇄도했다. 키워드는 기업노조 탈퇴와 복수노조였다. 이후 모임과 카톡방을 통하여 제대로 된 노조가 필요하다는 공감대를 넓혀온 직원들이 기업노조를 탈퇴하기 시작했다. 그러나 과거 노민추 등 병원 측이 눈여겨볼 수 있거나 그동안 모임을 통해 함께할 수 있는 직원은 최대한 탈퇴를 자제하도록 했다. 새 노조 설립 움직임을 병원 측 관리자들이 사전에 파악할 수 있는 여지를 만들지 않겠다는 보안 차원이었다. 새 노조 설립 총회에 참석하거나 간부를 예정했던 직원 대부분은 19일 탈퇴했다. 이러한 탈퇴 바람으로 기업노조는 600여 명이었던 조합원이 줄어들어 500명을 약간 웃도는 것으로 파악됐다.

그해 7월은 몹시도 무더웠다. 밤 온도가 25도를 웃도는 열대야도 많았다. 7월 19일 백운역에서 10여 분 거리에 있는 '건강과나눔' 사무실을 찾아 걷는데 땀이 비 오듯 했다. 그런데도 지치지 않았다. 덥다는 생각도 못 했다. 그렇게 설립총회 최종 점검 회의를 했다. 가장 중요한 것은 다음 날 선출할 임원이었다. 기업노조 민주화에 초점을 둔 그동안의 모임에서는 사용자 측의 경계심이 없을 것 같은 안병훈의 위원장 출마를 기정사실로 했었다. 그런데 새 노조 설립으로 방향을 수정한 만큼 초기 조합원 확대를 고려한 지부장 선출이 필요했다. 병원에는 간호사, 간호조무사, 임상병리사, 방사선사, 시설관리, 행정 등 수많은 직종이 있다. 그 가운데 60% 정도가 간호사다. 그런데 안병훈은 행정직이었다. 간호사나 의료기사보다는 확장성이 약할 수 있었다. 본격적인 회의에 앞서 정진희는 안병훈에게 잠깐 이야기하자며 사무실 밖으로 불러냈다.

정진희는 잠시 머뭇거리다 말을 꺼냈다.

"오해하지 말고 들으세요. 아무래도 초기 조합원 확대를 위해 지부장은 간호직이 해야 할 것 같은데…."

"허허, 뭔 이야기를 이렇게 어렵게 해요. 저는 딴 뜻 없습니다. 잘돼야지요." 안병훈은 대수롭지 않다는 듯 말을 받았다.

"네, 흔쾌히 받아주니 좋네요. 대신에 수석부지부장을 맡으면 어떻겠어요?"

"역할 있으면 맡을 테니 너무 마음 쓰지 마세요."

이후 임원진이 일사천리로 결정됐다. 지부장 강수진, 수석부지부장 안병훈, 부지부장 이철행, 사무장 정영민, 회계감사 박상준, 김현미가 그들이었다. 이제 설립총회만 남았다. 회의를 마치고 뒤풀이를 가졌다.

"드디어 내일이다. 이겨낼 수 있을까, 이겨내야지."

누군가의 독백이 어둠 속으로 내려앉았다. 유난히 옅은 안개가 잦았던 한 주간이었다.

7월 20일, 어스름이 내려앉을 무렵 성애빌딩 4층 천주교 인천교구 노동사목 회의실로 가천대길병원 직원들이 하나둘 모였다. 약간씩 흥분된 얼굴들이었다.

"안녕하세요. 가천대길병원에서 일하고 있는 이왕희입니다. 오늘 보건의료노조 인부천지역본부 가천대길병원지부 설립총회를 진행할 임시 사회자를 뽑겠습니다. 추천해주십시오."

낭창하게 들려오는 목소리에 모두 숨을 죽였다.

같은 날 기업노조는 8명의 대의원이 모여서 위원장을 선출했다.

강수진 지부장은 당선 인사를 통해 "가천대길병원은 온갖 직장 갑질에 공짜 노동, 그리고 열악한 노동환경에 놓여 있다. 게다가 부패 사건도 세상에 많이 알려졌다. 그러나 어떠한 개선 가능성도 보이지 않는다. 새롭게 만들어진 노동조합은 전체 직원의 뜻을 모아 갑질을 청산하고 노동이 존중받는 병원, 부정부패가 없는 병원, 희망을 만드는 병원을 만들도록 모든 노력을 다할 것이다"고 포부를 밝혔다.

나순자 위원장은 "많은 갑질을 들어왔지만, 가천대길병원에서의 갑질은 그 정도가 도를 넘는다. 새 노조는 이 같은 갑질을 말끔히 걷어내고 공짜 노동과 비정규직 없는 병원을 만드는 디딤돌이 될 것이다. 보건의료노조 6만 조합원은 가천대길병원지부가 굳건히 자리 잡아 가천대길병원이 직원 만족, 환자 만족, 병원 발전의 길로 나아가는 데 노력을 다할 것이다"고 격려했다.

21일 발표한 보건의료노조의 "가천대길병원, '을의 반란' 새 노조 설립" 보도자료 일부다.

"나중에 안 이야기지만 사실 보안은 지켜지지 않았어요. 기업노조 정욱일 위원장의 동네 축구 모임 친구가 근로복지공단 인천병원에 있는데 알려줬다고 하더라고요. 악의는 없었겠지만 아쉬운 부분이지요. 그때문에 기업노조 정욱일 위원장이 대의원회 끝나고 병원을 샅샅이 뒤졌대요. 우리가 병원에 없으니까 노조 안 만드는 것으로 생각했다는 이야기도 있어요. 그 뒤로도 우리 노조 소식을 자꾸 물어봤나 봐요. 연락을 꽤 많이 했던 것 같아요. 아마 그 친구분은 정욱일 위원장을 잘 몰랐을 거예요. 보안 이야기하니까 또 떠오르는 사람이 있어요. 정구 형요. 설립 며칠을 앞두고 윤광년하고 셋이 만났는데, 정구 형이 수간호사를 너무 많이 알고 있더라고요. 속으로 이거 새는 거 아니야, 그렇게 생각했죠. 아, 그리고 우리 설립총회하고 뒤풀이했잖아요. 저한테 명단 주면서 사람들 소개하라고 해 당황했어요. 제가 누군지 알고 소개하느냐니까 원래 사무장이 그렇게 하는 거라며 막무가내 밀어붙이더라고."

정영민이 싱겁게 웃으며 회고했다.

6. 날아올라

설립총회가 있던 7월 20일 카톡방은 새벽부터 들끓었다. 이 가운데 가장 주요한 화제는 '의료기관인증평가' 준비와 관련된 것이다. 몇 달에 걸쳐 시간외근무를 하였으나 수당 없이 부서별로 바나나 한 송이와 블루베리 1통, 그리고 1만 원의 위로금을 주었다는 것이다. 직원들은 한숨을 쉬며 '길스럽다'고 호응했다. 차세대 전산 시스템 도입에 따른 혼란, 기업노조의 간선제도 도마 위에 올랐다.

줄을 잇는 탈퇴에 기업노조도 예민해졌다. 노조를 탈퇴하자 부서장이 전환배치를 하겠다고 으름장을 놓기도 했다. 또 어떤 부서장은 기업노조 탈퇴 사실을 왜 자신에게 보고하지 않았느냐며 화를 내기도 했다. 카톡방에는 노조를 탈퇴하면 관리자들이 좋다고 해야 하는데 오히려 탈퇴를 막으려 하니 노조의 정체성이 의심스럽다는 말이 계속 올라왔다. 오후 6시경부터는 부서장들이 노조 탈퇴자에 대한 본격적인 조사를 시작했다는 글도 있었다. 얼마 안 있어 기업노조 정욱일 위원장의 당선 공고가 게시됐다.

토요일인 21일 오전 10시경 새 노조 간부들은 전교조 인천지부에 모여 조합원 가입 활동에 따른 예상 상황을 그려보고 대처 방안을 공유했다. 그리고 오전 11시 30분경 "가천대길병원, '을의 반란' 새 노조 설립"이라는 제목으로 보도자료를 발표하고 조합원 가입 운동을 시작했다. 보도자료가 발표되자 주말이지만 인터넷 매체에서 앞다투어 길병원 노조 설립을 보도하기 시작했다. 빠른 보도는 카톡방에서 상황을 주시하던 기자가 있었던 것으로 보인다. 언론은 한결같이 새 노조 설립을 계기로 가천대길병원의 갑질과 부패, 그리고 열악한 노동 현실의 문제점이 드러나고 있다고 보도했다.

열악한 노동 현실 가운데에는 출근 시간은 기록하는데, 퇴근 시간은 기록할 수 없는 '출퇴근 관리 관행'이 있다. 퇴근 근거를 남기지 않아 혹시 모를 시간외수당 청구에 대비했던 것으로 보인다.

"간호부 퇴근 시간은 부서마다 제각각이었어요. 낮번 근무자가 7시 이전에 출근하는 것은 정해져 있는데 퇴근 시간은 부서장 마음대로였어요. 취업규칙에도 간호부 교대 근무자 출퇴근 시간이 없는 거예요. 지금은 너무나 당연한 것이 돼 느끼지 못하지만 새 노조가 설립돼 출퇴근 시간을 정확히 정하고 인수인계 시간을 시간외근로로 인정받은 것만도 대단한 거지요."

강수진의 회고다.

보도자료 배포 후 정오 무렵 별도의 새 노조 가입 독려를 위해 직원용 소식지 『돈보다 생명을』 1호를 갖고 현장 순회를 진행하러 전교조 인천지부에서 병원 본관으로 이동했다. 새 노조 가입 독려 활동에는 인부천본부 소속 다른 병원 노조 전임 간부들도 총출동했다. 그런데 이미 수간호사와 중간관리자들이 본관 지상, 지하 출입구를 막아서고 있었다. 휴일이지만 수간호사 대부분과 중간관리자들이 새 노조 설립 사실이 알려지자 허겁지겁 출근한 것이다. 현관이든 지하든 중간관리자들과 몸싸움하며 좁은 출입구를 통과하기는 쉽지 않을 듯했다.

여의찮은 상황을 판단한 정진희가 곁에 있던 최길호와 무언가 귓속말을 나눈 후였다. "일단, 다시 전교조로 갑시다." 간부들을 뒤로 물러나게 했다.

전교조 사무실에 도착하자 최길호가 나섰다.

"지금부터 차량으로 이동합니다. 차량 두 대로 지하 주차장으로 직행하겠습니다. 저희가 병원 안으로 들어가면 관리자들도 병원 내로 쫓아올 겁니다. 차량에 타지 못한 분들은 그때 연락드릴 테니 들어오시면 됩니다. 자, 그럼 저 따라오세요."

최길호는 시설관리팀 직원으로 길병원 17개 건물의 크고 작은 보수와 수리를 맡아왔다. 길병원의 17개 건물 대부분은 지하통로로 연결돼 있다. 최길호는 자신의 업무 특성 때문에 누구보다도 미로와 같은 길병원 내부의 통로를 훤히 알고 있었다. 그는 전교조 인천지부에서부터 승용차를 이용하여 관리자들의 눈을 피해 지하 주차장으로 직행했다. 주차장에 차를 세우고 시설과 직원들만 알고 있는 길로 간부들을 안내했다. 원내에 들어가자 17개 건물을 연결한 복잡한 통로 덕분에 노조 간부들은 관리자들의 눈을 피해 병동으로 들어설 수 있었다.

본관 현관을 막아섰던 관리자들은 새 노조가 병동 순회를 시작했다는 소식을 듣고 누군가의 지휘 아래 헐레벌떡 쫓아왔다.

원종인, 이주승 보건의료노조 인천광역시의료원 지부장, 김하나 보건의료노조 근로복지공단인천병원 지부장, 정영민이 한 조로 병동 순회에 나섰다. 그들이 병동에 들어서자 곧바로 기업노조 간부 이호재가 나타나 가로막고 격하게 소리를 높였다.

"나가요, 나가."

"알겠어요, 환자 있는데 그러지 마세요."

김하나가 작은 목소리로 나긋하게 받았다. 그러자 이호재는 양손을 옆구리에 올리고 얼굴을 들이밀었다.

"환자 있는데 돌아다니는 건 괜찮니?"

그러면서 이호재는 옆에서 핸드폰으로 상황을 촬영하고 있던 원종인에게 연신 손가락으로 찌르며 거칠게 말을 뱉었다.

"찍지 마세요."

"제가 찍는다고 말했잖아요. 선생님은 지금 불법 노동행위를 하고 있습니다."

원종인은 이호재의 촬영 제지에 물러서지 않고 주의를 주었다. 이호재는 원종인의 말을 되받아 소리쳤다.

"뭐가 불법인데? 우리 병원에서 빨리 나가세요."

실랑이는 곳곳에서 벌어졌다.

강수진, 정진희, 김병완 보건의료노조 가천대길병원지부 문화부차장도 한 조를 이루어 순회했다. 강수진을 막아선 것은 조애선 간호팀장이었다. 조애선은 강수진을 보자마자 소리를 높였다.

"얼른 가시라고—."

강수진은 단호하게 말했다.

"조합 활동입니다."

조애선은 아랑곳하지 않고 밀치듯 손을 뻗었다.

"그러니까 얼른 가시라고, 가시라고—, 얼른—."

강수진이 다시 인사만 하겠다고 하자, 그녀는 손을 내저었다.

"인사했어요. 제가 저기서 보니까 충분히 인사했어요."

그러고는 옆에서 동영상을 찍던 정진희에게 따졌다.

"나 왜 찍으세요?"

"부당노동행위입니다."

정진희는 짧게 되받았다.

"이렇게 근무시간에 와서 이야기시키는 것은 부당한 것 아니에요?"

조애선의 말에 정진희는 나직하고 빠르게 쐐기를 박았다.

"노동조합에서 하는 지부장님의 정당한 활동입니다."

조애선은 끈질겼다. 다른 병동으로 이동하는 강수진, 정진희, 김병완을 계속 따라붙었다. 정진희는 그녀에게 "따라다니지 좀 마세요" 거듭 알렸다. 그러자 그녀는 딴청을 부리더니 갑자기 옆에 있던 김병완에게 너스레를 떨며 웃었다.

"아, 선생님 누군지 알겠다. 내가 지금 얼굴을 못 봤네."

정진희가 단호하게 말했다.

"선생님, 지금 정당한 조합 활동 방해하시는 부당노동행위예요. 선생님, 강수진 지부장은 지금 근무 중 아니잖아요. 정당한 활동이에요. 부당노동행위라서 법에 저촉될 수 있어요. 저희는 정당한 조합 활동이기에 체증하는 거고요. 계속 이러시면 체증 이어갈 수밖에 없어요. 어떻게 하시겠어요?"

정진희의 말끝에 조애선은 뒤돌아 꺼드럭대며 물러서다 갑자기 다시 돌아섰다.

"초상권은 없어요? 저에게."

"네, 정당한 조합 활동을 방해하는 불법행위 촬영입니다."

순회가 이어지고 있는데 로비에 경찰이 출동했다. 노동조합의 일상 활동인 사업장 순회에 경찰이 출동한 것은 느닷없는 일이다. 출동한 경찰들은 병원 인력관리팀 간부의 설명을 듣고서도 멈칫거렸다. 누군가가 카톡방에 올린 사진에는 박춘만 인력관리팀장과 기업노조 정욱일 위원장이 무언가 이야기를 나누는 듯한 장면이 있었다.

최승제 보건의료노조 인부천본부 조직국장이 나섰다.

"저희가 뭐 잘못한 게 있나요? 지금 노동조합의 합법적이고 정당한 조합 활동을 하는 겁니다. 노동조합이 조합 가입 독려를 하는 건 당연한 겁니다. 잘 모르시면 특별사법경찰관인 노동청 근로감독관을 불러오세요."

최승제가 가뿐하게 이어가는 말에 출동한 경찰들은 쭈뼛쭈뼛 이러지도 저러지도 못했다. 어떤 경찰관은 수첩을 꺼내 들고 무언가를 적기도 했다. 선임으로 보이는 경찰관이 상부에 보고를 하는 듯 10여 분쯤 통화를 하더니 다가왔다.

"물리적 충돌은 하지 마세요."

물러서는 경찰들에게 누군가 장난기 섞인 소리로 크게 외쳤다.

"다시 오지 마세요—."

로비에 모였던 간부들은 속웃음을 참는 표정이 역력했다. 기업노조 정욱일 위원장이 경찰에 신고했다는 소문이 뒤늦게 돌았다.

출동한 경찰들이 물러간 후 빠르게 현장 순회가 이어졌다. 간호본부장과 중간관리자, 보안요원 그리고 기업노조 간부들이 계속 따라붙었다. 그들은 일정한 거리를 두고 지켜보다 새 노조 간부들이 다른 부서로 이동하면 일부는 다시 따라붙고 일부는 소식지와 가입원서를 수거했다. 기업노조 간부가 새 노조 가입 독려 현장에 계속 나타나는 것을 본

누군가가 카톡방에, "인력관리팀은 그렇다 치고 기업노조는 제발 창피한 줄 아시고 간부님들 얼굴 들고 다니지 마세요. 욕 나오니까요"라는 글을 올렸다.

순회를 마친 간부들은 전교조 인천지부에서 가입 독려 활동의 무용담을 나누고 그 이야기로 새로운 기운을 충전해 다시 병동으로 향하곤 했다.

"잘될 것 같은데, 반응들이 좋아. 오늘 아이까지 태어났잖아. 그 애 이름은 노동해방, '노해'로 지어야 하는 것 아니야?" 21일 오후 5시 무렵 직원식당 앞에서 석식 가입 독려 활동을 마친 간부들이 전교조 인천지부 사무실에 모여 긴장을 풀며 심심풀이를 나눴다. 텔레그램방에는 안병훈이 올려놓은 갓 태어난 신생아의 사진에 축하와 새 노조에 대한 기대의 글들이 계속 쌓였다.

석식 가입 독려 활동에 강수진은 근무로, 안병훈은 출산으로 참여하지 못했다. 자연히 정영민이 중심이 되었다. 출입구를 봉쇄했음에도 지하통로를 통해 병동 순회가 이루어지자 중간관리자들은 신경이 곤두서 있었다. 새 노조 간부들이 석식 활동에 나서자 관리자들의 방해는 한층 심했다. 실랑이가 계속되자 남시재 팀장이 대화를 요청했다. 정영민이 나섰다. 남시재는 관리자들이 많이 나왔는데 이렇게 계속 활동을 하면 낯이 안 선다며 멈춰줄 것을 읍소했다. 정영민은 계획했던 활동이 어느 정도 이루어졌다는 판단에 못 이기는 척 오늘은 더 이상 하지 않겠다며 가입 독려 활동을 끝냈다. 다시 현장 순회를 시작한 것은 다음 날 0시 1분이다. 정영민이 말한 오늘은 자정까지였다.

일요일인 22일 오전부터 회의와 순회 준비를 위해 간부들이 모였다. 회의에서는 부서별 가입 현황을 분석하고 해당 부서에 연고가 있거나 친화적인 간부를 순회에 배치하는 등의 조직, 홍보 등의 역할을 나눴다. 어느덧 점심 식사 시간이 다가왔다. 자리에서 일어날 무렵 나순자가 왔다.

"고생 많습니다. 조합원이 많이 가입했다는 소식 들었습니다. 잘될 겁니다. 점심 식사 가시는 길이지요. 오늘 점심은 보건의료노조에서 내겠습니다. 맛있는 집으로 가십시다."

일제히 "와—" 하는 탄성이 터지고, 누군가가 "고깃집으로 갑시다", 소리를 높였다. 그 소리에 하하하 웃음이 퍼졌다. "잠도 제대로 못 자고 애간장이 탔잖아요. 입이 쓰지 않나요? 고기는 저녁에 먹고 상큼한 것 어때요? 길 건너 샤브집 괜찮지요?" 웃음 뒤끝에 정진희가 말했다. 여성 간부들이 일제히 "좋아요"로 화답했다.

온갖 방해에도 직원들의 반응은 폭발적이었다. 21일 조합 가입 독려 활동을 동행 취재한 인천투데이는 그날의 상황을 "길병원 19년 만의 민주노조, 가입원서 부족할 정도 '호응'"이라는 제목으로 상세하게 담았다. 600여 명이 넘어선 카톡방에는 "정말 소름 돋았다" "온몸에 전율이 일고 있다" "새 노조 가입했습니다" "촛불처럼 모입시다" 등의 글이 계속 올라왔다. 카톡방의 열기는 곧 뉴스 검색으로 이어졌다. 누군가 '다음'에서 검색하자고 제안하자 얼마 안 돼, 실시간 검색 순위 1위까지 올랐다.

가입 독려는 크게 세 가지 방식으로 진행됐다. 우선, 순회를 할 때 가입을 직접 받는 방법이다. 어떤 직원은 관리자가 보는 앞에서 가입원서를 쓰기도 했다. 어떤 간호사는 지켜보는 관리자에게 "선생님, 제 자유 잖아요"라고 말하기도 했다. 그리고 가입원서를 갖고 있다 관리자가 없을 때 작성 후 사진을 찍어 지부장, 사무장 등에 이메일, 문자 또는 카카오톡으로 전송하기도 했다. 마지막으로 소식지에 있는 구글독스 인터넷 주소(URL)나 'QR코드'를 통해 가입하는 방법도 활용됐다.

카톡방에서는 누리꾼들이 서로 새 노조 가입을 독려했다. 누리꾼이 안내한 눈치 보지 않고 가입하는 방법이다.

1. 가입원서를 나눠 주는 직원에게 무심한 듯 시크하게 손을 내민다.

2. 보는 눈도 많으니, 그냥 꾸깃꾸깃 주머니에 넣는다.

3. 주변에 아무도 없음을 확인하고 한 글자 한 글자 정성스레 정보를 기입한다.

4. 핸드폰으로 가입원서 사진을 찍는다.

5. 메일로 사진을 ssg~ 보낸다.

병원 측도 보고만 있지 않았다. 탄압의 오랜 악습이 곧바로 되살아났다. 바로 새 노조 무력화를 꾀한 것이다. 7월 21일 오후 7시경 병원 내 게시판에 '단체교섭 요구 사실의 공고'가 올라왔다. 이 공고로 새 노조는 1주일 내 기업노조보다 조합원을 많이 확보하지 못하면 단체교섭권을 얻지 못할 수도 있었다. 노동조합은 단결하여 교섭하고 투쟁을 통해 노동조건을 개선하기 위한 조직인데 교섭조차 못 하게 되는 상황에 내몰리는 것이다. 교섭을 못 하면 법률로 보호받을 수 있는 쟁의행위, 파업도 할 수 없다. 기업노조 조합원이 500 이상으로 추정되는 상황에서 불과 26명으로 설립총회를 진행한 새 노조로서는 발등에 불이 떨어진 것이다.

'단체교섭 요구 사실의 공고'가 7월 21일 게시된 데에는 선뜻 받아들일 수 없는 부분이 많았다. 위원장 선거가 있던 20일에 교섭 요구를 했는데, 19일까지 기업노조 사무장을 맡고 있었던 안병훈은 위원장 선거 당일에 교섭 요구를 한다는 말은 들어본 적이 없다고 했다. 또한 기업노조는 통상 8월 중하순경에서야 교섭을 요구하는 것이 관례였다. 교섭을 요구했을 것으로 추정되는 시간도 이해되지 않았다. 기업노조가 위원장 선거를 위하여 대의원들이 모인 시각이 일과 후이다. 교섭 요구도 촌각을 다툴 일이 아니었다. 그런데 위원장으로 당선되자마자 일과를 마치고 퇴근했을 노무 관리자에게 교섭 요구 공문을 발송했다는 게 터무니없었다. 또한 '단체교섭 요구 사실의 공고' 게시 시간도 이상했다. 20일에 교섭을 요구했는데 공고는 토요일인 21일 오후 7시경에 붙여진 것이다. 이때는 행정팀이 근무하지 않는 시각이다. 근무를 했다고 해도 오전 당직 형태의 근무였고, 근무 중에도 할 수 있는 일을 퇴근했다 다시 돌아와서 했다는 것을 어떻게 믿을 수 있겠는가? 게다가 처음 게시되었을 때는 병원장의 직인도 찍혀 있지 않은 상태였다. 카톡방에서 괴문서라 꼬집자 10분도 안 되어 직인이 찍혀 다시 게시됐다. 보건의료노조는 이에 대해 23일 "고용노동부는 가천대길병원의 '단체교섭 요구 사실의 공고' 게시 의혹과 만연한 부당노동행위에 대하여 즉각 수사하여 관련자를 구속하라!"라는 제목으로 성명을 발표했다.

'단체교섭 요구 사실의 공고'가 붙은 날을 포함하여 8일째 되는 날까지 교섭을 요구할 수 있다. 8일째 조합원 수로 교섭권을 확보할 수 있는지 판가름이 난다. 의혹투성이 공고였지만 새 노조로서는 공고 기간인 7월 28일까지 조합원 확보에 모든 힘을 쏟을 수밖에 없었다. 간부들은 근무가 끝나는 시간이 제각각이지만 각자 일과 후에 조를 편성하여 병원 측의 제지에도 아랑곳하지 않고 연일 병동을 순회하는 강행군을 계속했다.

길병원의 부당노동행위는 상상 이상이었다. 수간호사 혹은 보안업체 직원이 간부들을 미행하기도 했다. 21일 병동 순회를 마치고 회의를 위해 전교조 인천지부 사무실로 이동하던 강수진이 먼저 눈치를 챘다. 사실 강수진은 1899년 노민추의 경험이 되살아나 어느 정도 미행에 대한 예감이 있었다. 정진희는 군사독재 시절에나 있을 법한 미행 감시를 언론사에 제보했고, 기자가 실제 미행 상황을 취재하여 방송하기도 했다.[19]

주말 동안의 가입 독려 활동 후 월요일인 23일, 병원과 고용노동부, 인천시 남동구청에 각각 설립 사실을 통보했다. 또한 정당한 노조 활동과 안정적인 노사관계를 위하여 병원장 면담을 요청하기도 했다. 그러나 거부됐고 방해는 여전했다. 병원 측은 "노동조합 활동에 대한 병원 입장"이라는 사내 메일을 전체 직원에게 보냈다. 메일에는 근무시간 중 불법행위 금지, 병원 감염 예방을 위한 병동 및 중환자실 출입 통제, 근

---

19 "생일 축하 영상 제작해야 정직원?—가천 길병원 '갑질' 폭로", JTBC 〈뉴스룸〉, 2018. 7. 26.〈https://news.jtbc.co.kr/article/article.aspx?news_id=NB11671006〉

무시간 내 근무지 이탈 금지, 병원 내 시설 외부인 출입 시 사전 허가, 허위 사실 유포 금지 등이 담겼다. 근무시간 중 불법행위로는 근무시간 중 허가받지 않은 병원 시설 이용과 근무 중인 직원의 업무방해를 꼽았다. 환자를 돌보는 병원은 24시간 운영한다. 따라서 24시간 누군가 항상 근무하고 있다. 그런데 '근무 중인 직원의 업무방해'를 꼽은 것은 병원 내에서 24시간 가입 독려를 할 수 없다는 것이다. 사실상 모든 노조 활동을 허가받거나 그렇지 않으면 모두 불법으로 취급한다는 것이다. 병원 측은 사내 메일 외에도 안병훈, 이철행에게는 별도의 경고장을 보냈다.

옥죄어오는 압박에도 간부들은 흔들리지 않았다. 보다 공세적이었다. 점심시간에는 직원 식당 안팎에서 피켓을 들고 관리자와 기업노조가 지켜보는 가운데 새 노조 가입 독려 활동을 했다. 점심시간 가입 독려 활동이 시작된 23일 병원 측은 불법이라며 경찰 출동을 또 요청했다. 출동한 경찰은 잠시 지켜보다 곧 철수했다. 새 노조는 노동조합 활동이 합법적인 범위에서 이루어지고 있음을 알리려 근로감독관의 방문을 요청해놓았다. 병원을 방문한 두 명의 근로감독관은 지켜만 볼 뿐 별다른 말이 없었다. 그 앞에서 병원의 부당노동행위는 거침없었다. 노동조합의 항의 성명서가 발표되고 언론도 예사롭지 않게 보도했지만, 병원은 아랑곳하지 않는 분위기였다. 오히려 탄압의 강도를 높였다.

노동조합 간부의 퇴근길을 미행하는 병원, 근무하고 있는 노동조합 간부 곁에 온종일 부서장을 배치하여 감시하는 병원, 걸핏하면 부서 이동을 겁박하는 병원, 노동조합을 하게 되면 근무 형태를 변경해 급여를 줄일 수 있다는 병원이 있다. 게다가 연고자를 찾아 갖가지 방법으로 노동조합 활동을 방해하기도 한다. 그 병원은 19년 전에도 똑같이 했다. 노동조합 회의에 참석하려는 간부를 강제로 택시에 태워 격리하려 했으며, 퇴근길 집까지 쫓아오는 미행도 다반사로 했다. 가족에게는 불순분자라고 연락하여 부모들의 가장 아픈 곳을 후벼 팠다. 바로 가천대길병원이다.

25일 보건의료노조가 중부고용노동청 앞에서 진행한 "슈퍼갑질, 노조파괴 부당노동행위 가천대길병원, 고용노동부는 특별근로감독 실시하여 관련자를 즉각 구속하라!"라는 기자회견문 일부분이다.

큰 관심을 불러일으킨 가천대길병원의 부당노동행위에 고용노동부는 여론의 추이만을 지켜보는 분위기였다. 노동청장이 기자회견 후 27일 길병원을 방문했지만, 아무것도 달라지지 않았다. 노동조합의 특별

근로감독 요청에 '검토한다'라는 답변은 사용자에게 그저 의례적인 말로 들릴 수 있다. '부당노동행위 중단'도 같은 맥락이다. 그런데 노동청장이 사용자에게 말한 것인지, 아니면 노동조합에 말한 것인지 분명치 않지만 '정상적이고 상식적인 노동조합 활동 보장'이라는 언급이 새 노조의 귀에 거슬렸다. 이후에도 부당노동행위가 일어나고 있다며 다급하게 병원 방문을 몇 번씩 요청했지만, 담당 근로감독관은 좀체 보이지 않았다.

갖가지 부당노동행위에도 새 노조에 대한 뜨거운 반응은 계속됐다. 이러한 반응에 기업노조는 일요일인 22일 "복수노조 설립에 부쳐"라는 성명을 통해 "많은 직원이 허상을 좇는 것은 아닌지 심히 우려스럽다"라며 개탄했다. 직원들이 잘못하고 있다는 셈이다. 또한 성명에서는 "게다가 민주노총 산하 보건의료노조의 개입은 우리 내부의 문제를 변화시킬 수 있는 기회를 외부에서 찾는 것과 같은 셈"이라고 밝혔다. 25일에는 노보를 통해 유례없이 높은 임금인상을 공약하며 탈퇴하는 조합원을 붙잡으려 애를 썼다.

각종 부당노동행위와 방해 속에서도 노동조합은 교섭 요구를 위한 조합원 확보에 모든 힘을 쏟았다. 감시가 계속 따라붙어도 보란 듯이 순회를 계속했다. 교섭을 요구할 수 있는 기한이 28일까지였지만 당일이 토요일인 관계로 인력관리팀에서 공문 접수를 하지 않을 수 있다는 염려도 있었다. 이에 금요일인 오후 4시를 교섭 요구 마지노선으로 정하고 한 사람이라도 더 가입시키기 위하여 현장을 계속 뛰어다녔다.

"순회하며 가입원서 받는데 정구 형은 단연 분위기 메이커였어요. 정구 형은 저희처럼 노동조건이 어쩌고 그런 심각한 이야기는 안 해요. 유머로 승부했어요. 정구 형이 되게 편하게 이야기하는 스타일이잖아요. 거기에다 붙임성도 놀랍고, 웃으면서 가입해야지, 가입할 거지, 약간 비음이 섞이는데… 한 번 순회 갔다 오면 가입원서를 수십 장 들고 왔어요. 그래서 그런지 순회할 때 여성 간부들이 많이 따라갔어요."

정영민의 회고다.

"혜지도 뛰어났어요. 혜지는 간호사잖아요. 보통 간호사들이 순회를 돌면 빠른 말로 다다다다 인수인계할 때처럼 설명해요. 근데 혜지는 빨간색 펜을 갖고 다니며 홍보물마다 밑줄을 쳐가며 이게 중요하다, 저게 중요하다, 이야기하는데 다른 사람보다 당연히 쏙쏙 박히지요. 그래서 우리가 미리 혜지한테 '빨간펜 선생님'이라며 밑줄 칠 곳을 알려달라고도 했어요. 그 뒤부터 빨간색 펜을 갖고 다니며 설명하는 간부들이 늘었어요. 근데 혜지한테 어디에 밑줄 그어야 하는 걸 못 들은 간부는 엉뚱한 데 밑줄을 그어 갖고…."

심성보가 웃음을 참지 못하고 쏟아낸 회고다

김혜지 보건의료노조 가천대길병원지부 조직2부장, 그녀는 새 노조가 출범하자 카톡방에서 닉네임으로 활동하다 가장 처음으로 간부를 하겠다며 메일을 보내왔다. "마음에 나서고 싶은 욕심만 있고 할 줄 아는 건 없을 수도 있지만 보탬이 되고 싶습니당!" 김혜지의 메일에 양영모가 다가갔다.

설립 초기 조합원과 간부 확보에 골몰했던 새 노조로서는 김혜지의 "보탬이 되고 싶다"라는 메일은 큰 힘이 되었다. 김혜지의 간부 합류 소식은 카톡방에 은연중 퍼져나갔고 함께하겠다는 조합원들이 늘어갔다.

"저도 노조 임원분들처럼 으쌰으쌰 같이하고 싶어요. 주변에서 저 노조 하면 잘할 거 같다고 옛날부터 얘기 많이 들었는데…^^, 저도 나중에 강수진 선생님처럼 되고 싶네요." 닉네임 '락앤락'이 올린 글처럼 카톡방을 통하여 적극적으로 의향을 밝히고 메일을 통해 알려오는 조합원이 늘어갔다.

양영모의 활동에 감동하여 간부 활동을 한다는 조합원도 있었다.

"영모가 워낙 자전거로 전국을 누비는 친구잖아요. 주말마다 라이딩하면서 영상도 SNS에 자주 올렸어요. 근데 노조 일을 하면서 아무것도 못 한다는 말을 듣고 짠했어요. 일상으로 돌아가고 싶다는 말을 많이 들었는데 노조가 도대체 뭔지 궁금하더라고요. 저는 그 궁금증으로 함께했습니다."

대의원 황종우의 말이다.

오명심은 현장 순회에 참여하지 않았다. 1999년 노민추 대표를 맡다 퇴사한 일 때문에 자칫 병원 측과 불필요한 마찰을 불러올 수도 있기 때문이었다. 그녀의 역할은 병원 내 지인에게 연락하여 가입을 독려하고 전교조 인천지부 사무실에서 가입자 명단을 정리하는 것이었다.

"간부들이 현장을 순회하고 오면 가입원서를 제가 받았어요. 한 장 한 장을 확인하고, 구글과 문자나 카톡으로 받은 것까지 확인할 때마다 뭐랄까 부자 되는 기분이랄까, 알잖아요. 그 당시에 유일한 낙이었죠."

오명심의 회고다.

1052. 27일 오후 4시에 집계한 조합원 수이다. 노동조합은 27일 오후

4시 조합원 수를 공개할 것임을 카톡방에 이미 공지해놨었다. 혹여 구글 등으로 가입한 조합원의 경우에는 친필 서명이 없다는 이유로 조합원으로 인정할 수 없다는 억측에도 대비했다. 바로 조합원임을 확실히 하는 조처를 했다. 가입자에게 임시 조합비 5000원을 계좌이체로 받은 것이다. 조합비 납부 여부는 복수노조 상황에서 서로 과반수 노조를 다툴 때 진성 조합원 여부의 쟁점이 될 수 있어서 한발 앞서 조치한 것이다. 사용자들은 노조가 만들어지면 가입을 막는 방법으로 조합비가 많다며 거짓 정보를 흘리기도 한다. 특히 복수노조의 경우에는 상대 노조의 높은 조합비를 부각해 가입을 유도하기도 했다. 누가 퍼트렸는지 알 수 없지만, 새 노조의 조합비가 9만 원이라는 헛소문이 나돌았다.

오후 3시경부터 카톡방에는 "가입", "입금"이라는 글이 쇄도했다. 조합원 수 공개가 초읽기에 들어간 55분이 넘어서는 "아 떨려!~"라는 글도 눈에 많이 띄었다. 오후 4시, 1052라는 숫자를 '짤방(인터넷에서 이목을 집중시키기 위한 그림이나 사진)' 형태로 올리자 "와우" "오와" "아우" "야이~" "눈물" 같은 감탄이 한동안 후루룩후루룩 소리를 내며 흘러가는 듯했다.

7월 20일 조합원 26명으로 설립총회를 개최한 가천대길병원지부에 불과 일주일 동안에 1000명이 넘게 가입한 것이다. 그날 간부들은 일과를 마치고 여느 때처럼 전교조 인천지부 사무실에 모였다. 사무실에 있던 전교조 간부들이 케이크에 1052라는 숫자를 장식해 축하해줬다.

간부들은 곧바로 1052라는 숫자를 핸드폰 LED 전광판 앱에 띄워놓고 현장을 누볐다. 카톡방에 함께 있던 『인천투데이』 기자는 즉각 "길병원 제1노조 바뀌나… 새 노조 1000명 돌파"라는 제목으로 이를 보도했다. 7월 29일 게시된 '단체교섭 요구 노동조합 확정 공고'에 명시된 조합원은 기업노조 525명, 보건의료노조 1052명이었다.

교섭을 요구한 그날 순회를 마치고 간부들이 24시간 영업을 하는 전교조 건물 1층의 '수누리감자탕'에 모였다. 다음 날이 토요일이기도 하여 일주일간의 회포를 풀기 위한 것이었다. "더 이상 두려움은 없다, 우리는 혼자가 아니다." 그렇게 밤이 깊어갔다. "상상 이상이다." "더러운 것 싹 쓸어내는 회오리를, 아니 거대한 용오름을 일으킨 거야!"

누군가의 뒷말이 그 밤을 오래도록 휘돌았다.

7. 역린

'VIP 18원'. 이길여 가천대길병원 설립자가 진료받고 수납한 병원비다. 본인 부담금 총 138만2598원 가운데 138만2580원을 감액한 것이다. JTBC는 7월 25일 저녁 메인 뉴스를 통해 이를 보도했다.[20] 이뿐만 아니라 시설관리팀 직원들이 근무시간에 병원 로비에서 설립자의 생일을 축하한다며 큰 소리로 사랑한다고 외치는 장면도 있었다. 어느 직원은 해당 동영상 촬영이 강압적인 분위기에서 이루어졌으며 정규직이 되기

---

20 "VIP 특실 입원 진료비가 '18원'…가천 길병원 갑질 폭로", JTBC 〈뉴스룸〉, 2018. 7. 25.

위해 어쩔 수 없었다고 인터뷰를 통해 밝혔다. 사택 관리에 동원되었다는 증언도 이어졌다. 또한 관리자가 노동조합 간부를 미행하는 모습과 특별근로감독을 촉구하는 노동조합의 기자회견까지 상세하게 보도했다. 'VIP 18원' 질타의 뒷전에선 "자기 집에서 돈 내고 음료수 마시냐?"라는 항변이 들려오기도 했다.

비중 있는 보도였지만 노동청은 여전히 움직이지 않았고 병원의 부당노동행위는 계속됐다. 이에 노동조합에서는 7월 29일 "'VIP 18원' 가천대길병원, 특별근로감독 촉구 서명"을 온오프라인으로 진행했다. 총 3689명이 참가한 서명은 9월 13일 고용노동부에 전달했다.

카톡방에서 꾸준히 제기됐던 문제는 임산부의 근로조건이었다. 방 개설 초기부터 임신순번제, 감염병 환자 담당, 밤 근무 등의 부당함과 위험성이 지적되고 있었다. 7월 27일 뉴스1은 "임신 알렸는데도 야간에 초과근무까지—가천대길병원 간호사들의 눈물"이라는 기사로 상세하게 이를 다뤘다. 같은 날 길병원 직원은 아니지만, 카톡방에 참여하고 있다는 어느 시민은 "대통령님의 육아 정책에 역행하는 인천길병원의 횡포"라는 제목으로 국민청원을 올리기도 했다. 이뿐만 아니다. 새 노조 설립 이후 카톡방에는 현장의 문제가 봇물 터지듯 제기됐다. 길병원 간호사라고 밝힌 카톡명 '말로만길가족'은 길병원에서 겪었던 애환을 취업, 출근, 신입 직원 교육, 근무복, 오프, 여름휴가, 첫 월급, 진급, 개원기념일, 임신, 교육, 점심시간 등으로 나누어 올렸다. 장문의 글 중 가장 눈에 띄는 키워드는 '미안하다'였다. 말로만길가족의 '미안하다'를 읽어 내리다 보면 문득문득 눈시울이 뜨거웠다. 그렇게 말로만길가족은 열악한 현실에 자신의 역할을 다하지 못했다며 부모와 가족, 후배에게 고개 숙여 눈물 흘리고 있었다.

상황을 지켜보던 인천지역 노동, 시민사회, 제 정당도 길병원을 질타했다. 8월 2일 35개 시민사회단체[21]가 "가천대길병원은 인천시민 건강권 위협하는 노동탄압 중단하라!"라고 공동성명을 발표한 것이다.[22]

한편, 7월 27일 병원장이 교체됐다. 신임 김양우 원장은 이대 목동병원 시절 노조를 겪어봤기 때문에 이전과 다를 것이라는 기대도 있었다. 이러한 기대 속에 이대 목동병원 출신으로 서로 알고 있었던 나순자 위원장이 참석하는 노사관계 안정화를 위한 면담을 요청했다. 그러나 기대는 허상이었다. 이런저런 구실을 붙여 면담은 계속 거부됐다.

다수 노조 지위 확보를 위해 1주일 동안 조합원 가입에 힘을 쏟은 노동조합은 이후 단체교섭 요구안 마련에 집중했다. 노동조건 실태와 단체교섭 요구안 마련을 위한 설문지 배포와 수거를 위한 현장 순회, 카톡방에 제기된 문제에 관한 법률 및 우선순위 검토, 부서별 간담회가 그것

---

21 성명에 참여한 단체는 다음과 같다. 노동 단체는 건강한노동세상, 건설노조 경인지역본부, 공공운수노조 인천지역본부, 공무원노조 인천본부, 금속노조 인천지부, 금속노조 한국지엠지부, 남동희망공간, 노동자교육기관, 노동자연대 인천지회, 노동희망발전소, 대학노조 경인강원본부, 민주노총 인천본부, 민주택시 인천본부, 보건의료노조 인부천본부, 언론노조 인천일보지부, 인천청년유니온, 전교조 인천지부, 전국여성노조 인천지부, 천주교인천교구노동사목, 화섬노조인부천지부, 시민사회단체는 민주평화초심연대, 사회진보연대 인천지부, 새로운 사회를 창조하는 청년광장 인천지부, 서구민중의집, 인천민예총, 인천민주화운동계승사업회, 인천빈민연합, 인천사람연대, 인천시민연대, 인천여성회, 인천장애인차별철폐연대, 인천평화와통일을여는사람들, 인천평화복지연대, 평등교육실현 인천학부모회, 정당은 노동당 인천시당, 민중당 인천시당, 사회변혁노동자당 인천시당, 정의당 인천시당 등이었다.

22 "인천 지역 노동·시민·사회단체 '가천대길병원 탄압에 맞서 싸울 것'", 매일노동뉴스, 2022. 10. 19. ⟨http://www.labortoday.co.kr/news/articleView.html?idxno=153098⟩

이다. 설문조사는 총 1161명이 참여할 정도로 호응이 컸다. 전교조 인천지부에서 진행된 간담회는 참여 조합원이 많지 않았다. 병원에서 가까워 관리자들 눈에 띌 수 있는 전교조 사무실에 들락이는 것이 여전히 부담됐을 것이다. 그런데도 조합원 수는 7월 28일 1108명, 8월 4일 1120명, 8월 11일 1137명… 설립 초기처럼 폭발적이지는 않았지만, 꾸준히 늘어났다.

'단체교섭 요구 노동조합 확정 공고'의 게시 기간은 5일이다. 그 기간 내 조합원 수 등 노조에서 요구한 사실과 다르게 공고되었으면 이의신청을 할 수 있다. 이의신청 기간이 지나면 이른바 교섭 창구 단일화 절차를 밟아야 한다. 단일화 절차를 통해 교섭 요구를 한 노조끼리 14일 안에 협의를 통하여 공동교섭단을 꾸릴 수 있다. 기간 내 사용자는 복수의 노조와 개별적인 교섭(개별교섭)을 결정할 수도 있다. 14일이 지나면 조합원이 다수인 노동조합이 교섭권을 갖게 된다. 1052대 525, 새 노조로서는 공동교섭단에 나설 필요가 없었다. 14일이 지나가기를 바랄 뿐이었다. 노동법으로 강제된 교섭 창구 단일화는 사용자 측에서 주장한 논리다. 사용자들은 여러 노조와 교섭하게 되면 소위 '교섭 비용'이 늘어난다며 교섭 창구 단일화를 주장했다. 그러나 현실에서는 민주노조 탄압 수단으로 악용되고 있다. 민주노조에 대항하여 어용노조를 설립하고 갖은 방법을 동원에 다수 조합원을 확보케 한 뒤 상황을 쥐락펴락할 수 있기 때문이다. 그런데 새 노조가 다수 노조다. 병원 측은 어떻게든 새 노조를 견제하려 했다. 이 때문에 개별교섭을 통해 새 노조 요구를 물타기 하지 않을까 염려됐다.

확정 공고 이후 새 노조가 감당할 업무는 폭증했다. 현장의 고충이 그만큼 많았고 새 노조에 대한 기대가 높았다. 그런데 이를 전담하여 처리할 근로시간면제[23]를 받지 못했다. 이에 반해 기업노조는 6000시간의 근로시간면제를 확보하고 2명이 노조 일만 전담하고 있었다. 사용하지 않은 2000시간은 안병훈이 기업노조 사무장을 맡았을 때 사용하던 시간이었다. 그 근로시간면제자 가운데 기업노조 위원장 정욱일이 새 노조 초기 현장 순회 때마다 나타나곤 했다. 이에 새 노조는 '단체교섭 요구 노동조합 확정 공고'에 따른 새 노조와 기업노조 조합원 수가 1500명 이상인 점을 고려하여 법률로 허용할 수 있는 1만 시간의 근로시간면제 가운데 기업노조가 사용하고 있는 6000시간을 제외한 4000시간의 근로시간면제를 요구했다. 물론 거절됐다.

개별교섭에 대한 예감은 틀리지 않았다. 병원은 개별교섭 여부 결정 만료일인 8월 9일 오후 4시가 넘어 각각의 노조와 개별교섭을 한다고 알려왔다. 일과를 마치는 5시를 코앞에 둔 시각이었다.

첫 교섭은 8월 28일에 열렸다. 교섭에 앞서 나순자, 원종인, 강수진은 김양우 병원장 등과 차를 나누는 시간을 가졌다. 새 노조 설립 이후 여러 차례의 면담 요청이 거절된 끝에 단체교섭을 미룰 수 없는 상황에서 이루어진 첫 만남이었다. 노사 대표는 그동안의 반목을 씻고 발전적인 관계로 나아가자고 덕담을 나눴지만, 배석한 병원 간부 가운데에는 새 노조의 활동에 문제가 있다며 거부감을 드러내기도 했다. 멋쩍었지만

---

23 노조 간부가 근로를 제공하지 않고 조합 업무에 전담할 수 있도록 사용자와 협약에 따라 보장된 시간으로, 연간 2000시간이면 1명이 1년간 사용할 수 있는 시간을 말한다.

서로 웃었다. 이후 곧바로 단체교섭이 이어졌다.

"부당노동행위가 없어야 노사관계가 안정됩니다. 노사관계 안정은 곧 병원 발전의 길이기도 합니다."

"병원장으로서 재량권을 갖고 직원이 만족하는 병원을 만들도록 노력하겠습니다."

"길병원의 노동조건은 열악하기 그지없습니다. 그 아픔을 끊기 위해 새 노조가 만들어졌습니다. 새 노조와 정상적인 노사관계를 통해 직원이 행복한 병원을 만들어가길 기대합니다."

단체교섭에서 나온 인사말의 뼈대다. 나순자, 김양우 병원장, 강수진 차례다. 병원장의 말 가운데 '재량권'이 목에 가시가 걸린 듯 켕겼다. 새 노조 설립 이후 보여준 행태가 미덥지 못했기 때문이다. 그가 무엇을 결정할 권한이 있다는 것인지 의문이 들었다.

교섭은 원칙 합의와 함께 마무리됐다. 교섭 원칙으로는 주 1회 이상 교섭을 열되 교섭위원 전체가 참여하는 본교섭과 실무위원이 참여하는 실무교섭을 격주로 진행하는 것으로 정했다. 교섭위원은 노사 각각 8인으로 했다. 교섭 참관은 노사협의로 가능하게 했다. 노동조합은 이 합의를 근거로 근무가 없거나 본인의 휴가를 이용하여 간부들이 교섭에 참관할 수 있도록 했다.

원칙이 합의되었지만, 병원 측은 교섭에 소극적이었다. 교섭 원칙에 따라 2차 교섭을 9월 4일에 열어야 했지만, 병원 측이 이런저런 이유를 붙여와 9월 11일로 미뤘다. 그러나 약속은 지켜지지 않았다. 다시 일주일이 연기돼 9월 18일에 열린 것이다. 그 사이 기업노조가 생뚱맞다 싶은 "길병원 노동자의 권익 대변과 의료 공공성 확립을 위한 '근로환경개선 및 병원개혁위원회'(가칭) 공동 설립"을 제안해왔다. 물론 노사 공동이었다.

기업노조를 믿지는 않았지만, 새 노조는 이를 환영한다고 밝히며 맞제안을 했다. 제안을 통해 새 노조는 병원 개혁의 첫걸음이 '노조할 권리'를 인정하는 노동 존중에서 시작되어야 함을 강조했다. 이를 위해 조합 활동 권리가 기업노조와 새 노조에 형평성 있게 보장되어야 함을 밝혔다. 기업노조만 사용하고 있는 근로시간면제를 염두에 둔 것이다. 그리고 각종 언론에 보도되고 있는 병원 비리 및 의료사고 등으로 신뢰가 하락하고 있는 것에 안타까움도 피력했다.[24]

'유령간호사'로 간호 등급을 부풀려 진료비를 건강보험공단에 과다 청구하고, 부당하게 벌어들인 돈을 뇌물로 사용했다는 보도들이다. 이 외에도 새 노조 출범과 함께 생일 축하 동영상, 'VIP 18원', 노조 간부 미행, 각종 부당노동행위와 갑질이 제기되고 있었다. '길병원 노동자의 권익'과 '병원의 신뢰 하락', 기업노조가 말하고 싶은 속뜻이 묻어났다. 실제 인터넷신문 'BizFACT'는 기업노조 노보를 인용했다며 "우리의 삶의 터전인 길병원 흠집 내기 투쟁은 자제해달라. 의도적인 여론몰이 대신

24   "보건복지부, 인천길병원 '유령간호사' 의혹 특별조사", 인천투데이, 2018. 9. 5.〈https://www.incheontoday.com/news/articleView.html?idxno=111571〉/ "경찰 '우병우, 길병원에 두 차례 걸쳐 3억 받았다'", SBS 뉴스, 2018. 8. 23.〈https://news.sbs.co.kr/news/endPage.do?news_id=N1004903478〉/ "'갑질 논란' 길병원 이길여 회장, 이번엔 가천대 동상 논란", 오마이뉴스, 2018. 8. 1.〈http://www.ohmynews.com/NWS_Web/View/at_pg.aspx?CNTN_CD=A0002459426〉

정당한 정책으로 경쟁하자"고 강조했다라고 보도하기도 했다.[25] 속내를 간파했음에도 새 노조는 노조 할 권리를 실질적으로 보장하고 병원 내 각종 비리를 척결하는 계기로 만들 수 있는 회의체로서 '노동존중병원개혁위원회'(가칭) 구성으로 맞불을 놓은 것이다. 이를 위한 실무 협의도 제안했다.

그러나 실무 협의는 없었다. 대신하여 기업노조는 협의체 구성의 선결 조건을 공문으로 보내왔다. 선결 조건 가운데 단체 카톡이나 각종 SNS와 의료 관련 공공기관 사이트에서 병원 비방 글 중단이 있었다. 이는 병원의 입장이라고도 했다.

"바로 이거네. 카톡방과 언론보도를 막자는 거네. 근로 환경 개선은 개살구고…." 간부 회의 자료에 덧붙인 공문을 읽어 내리다 양영모가 한마디 했다.

"꼼수지. 이제 대놓고 병원과 한편으로 문제를 덮자는 거 아니야?" 이상혁 보건의료노조 가천대길병원지부 정책2부장이 혀를 찼다.

"역린, 역린을 더 이상 건드리지 말라는 거겠지."

이어지는 개탄 뒤끝에 누군가의 입에서 튀어나온 말이다.

"새 노조가 역린을 건드렸어! 있잖아 걔, 걔가 하고 다니는 말이야. 그러니 그 노여움을 풀겠다는 신하들이 얼마나 많을까? 웃기잖아?"

그러나 누구도 웃지 않았다. 눈빛들만 형형했다.

회의 결과, 즉각 반박 공문을 만들었다. 단체 카톡방 운영 주체가 새

---

25 "'갑질 논란' 길병원 후폭풍 ―'새 노조 가입 방해에 인사보복까지'", BizFACT, 2018. 7. 27.

노조가 아닐 뿐만 아니라 직원들이 자발적으로 하는 SNS를 아무도 막을 권리가 없음을 밝혔다. 그리고 병원의 입장을 선결 조건으로 하는 것은 노동조합의 역할을 부정하고 있다고 꼬집었다. 또한 위원회 참여에 보건의료노조와 한국노총 배제 주장에 대하여 산업별 단일 노조를 부정하는 것으로 노동조합운동의 대의에 맞지 않음을 짚었다.

'근로환경개선 및 병원개혁위원회'(가칭)는 실무 협의 한 번 없이 공문을 주고받다 그렇게 끝났다.

그 무렵 병원 측이 수간호사를 비롯해 관리자들을 모아놓고 외부 전문가를 불러 교육했다는 이야기가 들려왔다. 그 외부 전문가란 다름 아닌 신규 노조를 설립한 어느 사업장에서나 비일비재하게 나타나는 노조 탄압 전문가였다. 그런데 교육 강사가 병원의 상황을 듣고서 "새 노조가 생길만 하네요"라고 말했다는 소문도 무성했다.

"언제부턴가, 병원 측에서 업무방해다 뭐다 자꾸 법률을 들먹이더라고요. 우리는 정당한 조합 활동이라며 맞섰지. 그게 다 거기서 배운 것 아닐까요?"

정영민의 의문이다.

8. 벼르고 벼리다

"우리는 예전의 우리가 아닙니다. 조합원 숫자가 말해주고 있습니다.

이제 당당하게 새 노조의 모습을 보여야 합니다. 조합원들은 아직도 노동조합 간부가 누군지도 모르지 않습니까? 다음 소식지에서 공개하겠습니다." 8월 28일 첫 교섭이 끝난 후였다. 정진희가 다짐하듯 간부들에게 제안했다. 그동안 탄압으로 미루었던 일이었다.

"맞아, 확실하게 해야지." 김휘동 보건의료노조 가천대길병원지부 노동안전부장의 맞장구에 모두 흔쾌했다. 김휘동, 그는 처음 간부 제의에 "저 외벌이에 아직 아이가 두 살이어서 힘들 것 같아요"라고 했었다. 그 부끄러움을 "그래도 가장이잖아" 속말로 삼키며 담배 한 대에 날리기도 했다며 밴드를 통해 고백했다. 사실, 그는 가입은 했지만 처음에는 간담회 참석조차 망설였다. 새 노조 가입 사실이 관리자들에게 알려지는 게 마뜩잖았다. 그렇지만 자신이 겪고 있는 문제들을 다른 사람은 어떻게 생각하나 들어나 볼 마음으로 간담회에 참석했었다. 다른 사람의 이야기를 듣다 보니 그저 눈물만 났단다. 그 눈물에 정영민이 다가갔다.

"저도 어린아이가 있어요. 그 아이에게 잘못된 것 있으면 아니라고 가르칠 거잖아요. 지금 길병원이 잘못하고 있잖아요!" 정영민의 한마디가 그를 떠밀었다. 그날 저녁 아내에게 결심을 털어놓았다. 아내는 카톡방을 그렇게 열심히 들락거리는 걸 보고 그럴 줄 알았다면서도 다른 사람은 없냐고 은근한 만류를 빼놓지 않았단다.

"내가 안 하면 아무도 안 해."

자신에게 한 다짐이었다.

집행 간부 공개에 조합원들의 응원이 쇄도했다. 새 노조 설립 한 달여가 지난 8월 29일 식당 앞 게시판에 붙인 '가천대길병원지부 집행 간

부 라인업 전격 공개' 대자보에 "감사합니다" "사랑합니다"라며 조합원
들은 스티커 댓글을 가득 채웠다.

　"사진에 상우가 빠졌잖아요. 상우는 카톡방에서 활발하게 활동하고
설립총회에도 왔었는데, 설립 초기에는 활동이 뜸했어요. 성격 알잖아
요? 하면 하고 안 하면 안 하고…. 그러다가 추석 무렵 순회부터 결합했
는데, 누구보다도 열심히 간부 활동을 했어요. 저는 간부 임명할 때 여
러 번 당황했어요. 사실 회의에 한번 가보자고 부추겨서 온 건데, 사람
이 나타나면 바로 간부 하라고 막 직책을 붙이잖아요. 아, 이게 아닌데,
이미 다른 사람을 생각해뒀기도 했고. 생각했던 사람은 역할이 모호해
지기도 하고. 그리고 일부러 간호사들을 위해 빈 직책을 놔두기도 했는

데, 그게 힘들었어요."

'라인업, 간부 명단'에 김상우가 빠지게 된 것과 간부 임명에 대한 정영민의 회고다.

"처음 간부는 다 그렇게 늘리는 거야. 그리고 직책은 간부 맡고 조정하면 되고. 우리가 1부장, 2부장 이런 식으로 늘렸잖아. 간부를 맡는다는 게, 그리고 얼마나 많은 사람이 참여하는가가 중요하지. 일은 얼마든지 있잖아."

정진희의 말이다.

"맞아, 그냥 하는 거야. 그냥 해보고 괜찮으면 계속하고 그러면서 조정하는 거지. 그땐 노조 일이 다 그런 거로 생각했어."

양영모가 덧붙였다.

교섭은 지지부진했다. "인사권입니다" "경영권입니다" "검토하겠습니다", 병원은 같은 말을 반복할 뿐이었다. 언제까지 검토만 할 것인가? 묻고 또 물어도 매번 같았다. 병원은 교섭에 외부 노무사와 함께하기도 했다. 외부 노무사의 처지에서는 교섭이 늦어지고 파행을 겪어야 수임료를 많이 받을 수 있다. 실제 심 아무개 노무사는 노조 파괴 전문 컨설팅으로 자격을 박탈당한 사례도 있었다. 이를 너무도 잘 알고 있는 새 노조는 반발했다. 말다툼이 길어지자 외부 노무사는 발언권 없이 뒷자리에 앉아 참관하는 것으로 정리했다. 참관을 받아들인 것은 이유가 있다. 우선 막무가내인 병원 측의 실상을 알고 합리적으로 이끌 수 있겠다는 기대다. 또한, 옥신각신할 수 있는 노조 간부의 참관을 보장받는 명분이 되기도 했다. 병원은 첫 단체협약이 체결된 후 2019년 3월경 노무사를 직접 채용했다.

교섭이 끝난 후에는 평가와 다음 전략을 다듬는 회의가 계속됐다.

"그렇게 쉽게 되겠어요? 두 번째 '8월의 크리스마스' 알지요? 2007년 인가? 기업노조 위원장이 행정직이어서 현장을 잘 모르고 병원 편만 든다고 이곳저곳에서 불만이 터져 나왔어요. 그러자 위원장을 간호사인 김은경으로 바꿨지요. 그런데 김은경이 병원 말을 안 듣는 거예요. 제대로 노동조합 하겠다고 마음먹은 거지요. 그때 김은경 위원장이 임금 20% 인상을 요구했었어요. 병원이 뒤집혔지요. 그런데 노조 일을 혼자 할 수 없잖아요. 병원 편 간부부터 바꾸려고 했어요. 김은경이 1999년 노민추를 했던 직원들을 찾아왔어요. 도와달라고, 며칠 고민하다 결국 돕기로 했어요. 그렇게 의기투합하여 병원 편 노조 간부들을 다 해임하고 이철행을 비롯한 노민추에서 추천한 사람으로 간부를 임명했어요. 그런데 병원 편 노조 간부들이 위원장을 에워싸고 사퇴를 압박하더라고요. 그때 앞장선 사람이 바로 천선호였어요. 천선호는 노민추 간부들에게 여기가 어딘 줄 알고 왔냐며 거칠게 몰아붙였지요. 한참 실랑이했는데… 그 뒤 위원장이 몹시 힘들어했어요. 매일 밤 잠도 제대로 못 잤대요. 결국 사퇴하고 사직까지 했어요. 길병원이 그런 병원이어요. 쉽지 않아."

1999년과 2007년을 겪은 강수진이 잊히지 않는 기억의 끝에서 한마디 덧붙였다.

"우리는 더 강해져야 해요."

"김은경이 사직하자 노민추에 대한 탄압이 곧바로 시작됐어요. 간부들을 이곳저곳 마구잡이로 부당하게 발령 냈지요. 신희연도 그때 여성 센터에서 중환자실로 발령이 나 결국 사직하게 된 거고요. 저는 위원장이라서 부당 발령이 염려됐는지 가장 나중에 응급실로 보내더라고요. 결국 4개월 만에 저도 퇴사할 수밖에 없었어요. 아 참, 김은경은 새 노조가 설립되고 한 번 찾아왔어요. 그분도 길병원이 가슴속에 옹이처럼 박혀 있을 거예요."

오명심의 회고다.

단체교섭 마무리를 위해서는 조합원의 힘을 계속 모아야 했다. 이를 위해 기획한 것이 직원들에게 가장 민감한 자신의 급여를 제대로 파악하는 방법을 알리는 설명회였다. 길병원 급여명세서로는 근속에 따라 달라지는 호봉 파악이 쉽지 않았다. 이에 설명회의 이름은 "잃어버린 '호봉이'를 찾아드립니다"로 붙였다. 카톡방의 체계바라는 "'호봉이'를 보호하고 있다. 주인분께서는 새 노조 사무실(전교조 인천본부)에 방문하셔서 '호봉이'가 가족의 품으로 돌아갈 수 있게 해 달라"며 위트 넘치게 권고했다. 사실, 당시 길병원의 임금은 파악하기 어려웠다. 병원으로부터 받은 자료를 분석한 결과, '상식적이고 합리적인 기준'이 없었다. 이 때문에 직원들의 실제 급여명세서를 확보하여 각각의 기준을 이해하도록 돕고 미지급된 부분을 찾아 권리를 행사할 수 있는 방법을 모색했다. 여전히 자신을 드러내기 어려워하는 조합원들에게 새 노조가 사무실로 사용하고 있는 전교조 인천지부에 자연스러운 출입을 유도하는 것도 목적이었다. 송혜미 보건의료노조 법규부장이 먼저 임금을 분석하여 간부를 교육하고, 그 간부들이 직접 조합원의 '호봉이'를 찾아주는 방식이었다. 10월 17일부터 2주 동안 네 차례로 나누어 진행한 '호봉이'는 총 88명이 찾아갔다.

끝난 것으로 여겼던 '근로환경개선 및 병원개혁위원회'(가칭)를 병원 측이 다시 끄집어냈다. 10월 23일 열린 단체교섭에서다. 병원 측은 새 노조가 요구한 단체협약안 전체에 대하여 입장을 제시했다. 물론 대부분이 수용 불가였다. 그리고 단체협약 요구안을 기업노조와 3자 협의체를 만들어 다루자는 제안을 했다. 기업노조의 단체협약을 개선하여 요구안을 제시한 새 노조로서는 병원과 기업노조가 한통속이 되어 2대 1로 교섭하자는 꼴로 여겨졌다. 새 노조는 병원 측의 제안을 거부하며 차기 교섭에 임금인상안과 필수유지업무를 다룰 것임을 밝혔다. 병원 측이 알아챘는지는 모르지만, 전면적 투쟁을 예고한 것이다. 필수유지업무는 11월 중순께 논의를 요청할 예정이었으나 교섭이 더 이상 진전되지 않을 것으로 판단하여 앞당겼다.

벼르고 별렀다. 단체교섭 후 열린 대책 회의에서는 단체교섭 마무리를 위한 전면 투쟁 계획을 세웠다. 이 계획에 따라 간부들은 소식지를 들고 새벽 한두 시까지 병동을 순회하며 계획한 활동들을 꼼꼼히 수행해갔다. 현장 순회 과정에서 파악한 고충은 교섭에서 제기하고 병원의 입장을 가감 없이 전달하며 분노를 키우고 두려움을 이겨갈 수 있도록 격려했다. 카톡방을 전담할 수 있는 온라인 팀도 별도로 편성했다. 정체됐던 조합원 가입도 늘어갔다. 10월 하순에 이르자 1200명을 훌쩍 넘겼다. 세운 계획은 하루 이틀 늦어지기도 했으나 차질 없이 진행됐다.

전면적 투쟁 일정을 제시한 10월 29일 14차 대책회의 뒤풀이 자리,

회의에서는 하지 않았던 말들이 쏟아졌다.

"회의 때 상우 눈 봤어? 그 큰 눈이 번득였어. 나는 일정표 보고 헉! 하는데… 상우 눈 보고 나니 긍정 에너지가 팍팍 솟는 거야. 자 — 건배합시다." 안병훈이 무겁게 느껴졌을 전면 투쟁 계획에 힘을 실었다.

"저는 솔직히 깝깝했죠. 분위기 때문에 말은 못 하고. 투쟁 일정이 다 내 일이니까 죽겠는 거야, 그렇지 않아도 일이 많은데 더 하라는 거야. 근데, 나보고 갑자기 선전 활동 사회를 보래. 엄두도 안 났는데 신기하게 되더라고요."

정영민의 회고다.

설핏 든 취기를 씻으러 밖으로 나왔다. 구름이 많았지만, 전날 비가 와서인지 바람이 상쾌했다. 구름 사이로 드문드문 별도 보였다. 그 너머 어둠을 뚫어지게 바라봤다. 다시 뒤풀이가 이어졌다. 무르익는 자리에 양영모와 김혜지가 나섰다.

"저희 사귀기로 했어요."

양영모의 깜짝 선언이다. 그 옆에서 김혜지의 얼굴이 어느 때보다 환하게 피어올랐다.

"뭐라고?"

누구랄 것 없이 부러워하는 말끝에 "와와 —" 박수가 터졌다. 정진희의 씽긋거리는 눈망울에는 별빛이 겹치는 듯했다.

"사실 저는 그 전에 알았어요. 회의 끝나면 영모 형이 뒤풀이도 하지 않고 사라졌어요. 그런데 혜지도 없더라고요. 처음에는 몰랐는데, 계속 그러는 거예요. 뭔가 있다, 느낌이 왔지요. 이제 딸 로아까지 세 식구가 됐잖아요. 영모 형 표정이 그때보다 지금 더 밝아요. 로아 때문이지요. 영모 형 요즘 육아휴직 쓰고 있잖아요. 얼마나 좋겠어요. 육아휴직, 새 노조 생기기 전에는 남자 직원이 육아휴직 쓰는 거 엄두도 못 냈는데 이제는 영모 형처럼 당당히 써도 되고, 많이 달라졌어요."

실웃음을 띤 이왕희의 회고다.

조합원이 계속 늘어가는 가운데 새 노조 설립 100일을 맞았다. 100일째인 28일이 일요일이어서 30일에 조합원들에게 기념품을 나눠 줬다. 식당 앞에는 '100일 행진곡'이라는 이름으로 다사다난했던 일들을 사진으로 확대해 게시하기도 했다. 기념품은 휴대용 물병과 간식이었다. 카톡방에서 체게바라는 그 100일을 "어제는 멀고 오늘은 낯설며 내일은 두려운, 격변의 시간이었다"라며 흥행하던 드라마 〈미스터 션사인〉 주인공의 명대사를 통해 회고했다. 조합원들의 축하가 넘실댔다.

멀고 낯설며 두려운 시간은 누가 감당하고 있었을까? 100일을 거침없이 달려온 새 노조였을까? 아니면 20여 년 전 노민추를 제압하고 임신 중에는 생리를 하지 않는다며 10일간의 유급 생리휴가를 환수한 병원일까? 그즈음 국회에서는 '유령간호사'로 건강보험료를 부당하게 받아낸 길병원에 대한 질타가 있었다. 51명의 간호 인력을 허위로 신고해 26억 원을 부당 청구했다는 것이다. 윤소하 의원은 250만 원을 부당 청구한 또 다른 의료기관은 업무정지와 과징금 처분을 받았는데 26억 원의 길병원은 환수 이외 별다른 행정처분을 받지 않았다고 지적했다. 또한 윤 의원은 길병원의 연구중심병원 지정 과정의 특혜, 부실한 연구 등에 대해 조사와 감사를 요청하기도 했다. 이에 박능후 장관은 "행정처분 규정이 청구액의 0.5% 이상이기 때문에 처분할 수 없었다"며 규정을 바꾸고 감사하겠다고 답했다.

10월 30일 열린 제7차 단체교섭에서도 아무런 진전이 없었다. 병원 측은 여전히 수용 거부만을 반복할 뿐이었다. 필수유지업무 교섭에서는 새 노조의 안보다 훨씬 높은 유지 비율을 제시했다. 새 노조는 현격한 차이가 있지만 협의할 수 있다고 밝혔다. 다만, 병동 전체를 유지한다면 사실상 쟁의권을 인정하지 않는 것임으로 삭제를 요청했다. 그러나 병원 측은 거부했다. 이에 지방노동위원회에 결정 신청을 예고하고 교섭을 마무리했다.

한 걸음 한 걸음 결전의 날이 다가오고 있었다.

필수유지업무는 이튿날 인천지방노동위원회에 결정 신청을 했다. 통상 한 달 보름 정도의 소요 기간을 고려하여 전체 일정에 차질을 빚지 않으려 서두른 것이다. 지방노동위원회는 11월 26일 노사 양측의 입장을 각각 듣고, 12월 10일 현장 조사를 진행한 후 12일 14일 결정 회의를 통해 확정했다. 지방노동위원회는 노사가 공통으로 인정한 유지 부문의 비율은 절충했다. 그러나 병동에 대해서는 새 노조의 주장을 받아들여 필수유지업무에서 제외했다.

"군인이 총 맞을 각오하듯, 환자를 보면 감염을 각오해야 합니다." 병원 측 교섭위원 송문형이 간호사 위험수당 지급이 이치에 맞지 않는다며 11월 20일 9차 교섭에서 한 말이다. 교섭위원들은 경악했다. 누구랄 것 없이 "뭐라고요? 총 맞을 각오하고 환자 보라고요? 취소하고 사과하세요." 소리를 높였다.

"'총 맞을 각오'는 인력관리팀장 박춘만이 잠시 자리를 비운 사이에 터져 나온 발언이었어요. 박춘만이 다시 교섭에 들어오면서 험악한 분위기를 느낀 것 같아요. 송문형을 보더니 '쟤 또 쓸데없는 짓 했지?'라는 표정이었어요. 그 표정을 보고 속으로 웃음 참느라 애먹었어요."

안병훈의 회고다.

병원 측 교섭위원들도 심했다 싶었는지 말이 없었다. 사과와 위험수당 요구에 병원 측은 타 직종보다 기본급이 높다며 버텼다. 계속되는 교섭 파행에 간부들은 오히려 독이 올랐다. 그들은 교섭 원칙에 따라 번갈아 교섭에 참관했다. 참관한 간부마다 병원 측의 교섭 태도에 눈에 불꽃이 일곤 했다. 그 불꽃은 고스란히 카톡방에 담겼다.

"자유를 원하는가? 너의 권리를 찾고 싶은가? 너의 자유와 권리는 딱 네가 투쟁한 만큼만 너에게 주어진다."

시시때때로 카톡방에 올라오는 격문이다.

투쟁의 포문은 대규모 선전 활동으로 열렸다. 소수 간부 위주로 진행했던 중식 선전을 '조합원플러스+'로 이름 붙이고 일반 조합원의 참여를 독려했다. 어느 정도나 참여할 수 있을 것인지 우려도 컸지만, 조합원을 믿었다. 결과는 성공적이었다. 11월 1일 처음 진행된 조합원플러스는 지하 직원 식당에서 본관 1층 로비로 수위를 올리고, 중식은 물론 조기 출근으로 확대해 조합원의 분노를 담아냈다. 조합원플러스는 평균 100여 명 이상이 참여한 가운데 12월 4일까지 열 차례 진행됐다. 연인원 1000여 명이 넘는 조합원이 참여한 것이다. 물론 병원 측은 마이크 사용 불가와 대규모 선전 활동에 따른 위화감 등을 언급하며 공문을 통

해 새 노조를 압박했다. 또한 공개적으로 채증에 나섰다가 노조 간부들과 거친 실랑이 끝에 핸드폰 사진을 지우기도 했다. 이후에는 로비가 내려다보이는 3층 에스컬레이터 끝 쪽 복도에 숨어 사진을 찍는 관리자가 있었다. 그 모습을 카톡 닉네임 '그냥조합원'이 사진 찍어 얼굴을 모자이크하고 "3층의 쥐를 잡자!"라며 카톡방에 올렸다. 누리꾼들은 익살스러운 표정의 이모티콘으로 연신 맞장구쳤다.

간부들은 선전 외에도 일정에 맞춰 밤낮없이 현장을 순회했다. 대의원을 조직하기 위해서였다.

"현장을 더 튼튼히 해야 합니다. 현장을 대변할 대의원을 뽑읍시다. 대의원을 세워야 본격적인 투쟁에 돌입할 수 있습니다. 선거구를 정하고 현장 순회 때마다 대의원 출마자를 물색하는 데 집중합시다."

안병훈의 제안이다.

"조합원이 많이 늘어나고 시간도 많이 흘렀지만, 여전히 두려워하는 조합원이 많습니다. 근데 두려움은 드러내야지 이길 수 있습니다. 눈여겨본 조합원을 설득합시다. 이제 드러낼 때가 되었고 겁낼 필요 없다고…."

이철행이 다짐하듯 말을 보태며 입을 앙다물었다.

"근데 대의원 하자고 하면 간부로 노출되는 것 같고 일도 많을 것 같아 뒤로 빼잖아요. 그냥 서포터즈라고 하면 어떨까요? 나중에 서포터즈를 대의원으로 바꾸면 되니까…."

정진희의 기발함에 모두 흔쾌했다.

"쉬고 노는 것도 투쟁인데, 바쁘고 힘들지만, 단합대회 한번 갑시다."
회의가 마무리되어 가는데 이정구 보건의료노조 가천대길병원지부 조직차장이 못내 아쉬운 듯 한마디 툭 던졌다. 평소 말수 없는 성격에 회의에서도 자기주장을 내세우지 않고 결정에 따라 묵묵히 행동했던 그였다. 그러했던 이정구가 다 마친 회의를 비집고 낸 제안이었다. 참석자들은 갑작스러운 이정구의 제안이 반가웠는지 모두 "그래, 그래"다.
"가족들도 함께하는 게 어때? 맨날 집에 늦게 들어가 미안했는데 바람한번 같이 쐬는 것도 좋을 것 같은데…."

심성보가 거들었다.

11월 4일 인천대공원, 높은 구름 사이로 내려앉은 따뜻한 햇살이 떨어진 낙엽 위로 반짝였다. 색색 옷차림으로 30여 명의 간부들이 삼삼오오 우스개를 늘어놓으며 공원 길을 걸었다. 일행은 호수의 가볍고 푸른 물결에 마음을 얹고 들숨 날숨을 깊게 쉬며 호숫가를 한 바퀴 돌았다. 이어 관모산 정상 전망대에 올랐다. "멀리 내다봐야 해!" 관모산 정상에서 이철행이 다짐하듯 혼자 말을 삼켰다. 그 옆에서 심성보가 "호연지기(浩然之氣) 아닙니까?" 이철행이 삼킨 말 끝자락을 붙들며 한마디 덧붙였다.

그렇게 서로서로 산기운에 몸을 실었다. 조금 후 산 정상의 바람에 몇 개월 팽팽했던 긴장을 씻은 일행은 하늘을 기세 있게 오르는 듯한 메타세쿼이아 숲길을 걸어 나왔다. 그리고 농원가든에 마주 앉았다. 하루가 어지간히 거나했다.

"단합대회 때 영모와 혜지가 대놓고 짝 달라붙어 다니더라고요. 공개했다는 거지요. 사실 그 전부터 정말 열심히 둘이 함께 현장 순회를 했어요. 그날은 혜지가 영모 여드름 짜준다고…. 둘이 찍은 사진도 여러 장 올리고…. 영모는 나이가 있으니 급행열차 타는 분위기였고, 아무튼 우리 노조가 짝도 맺어주고. 이런 것도 노조 하는 맛 아닌가?"

그때를 돌아보는 정영민의 너스레웃음에 붉게 단풍이 물드는 듯했다.

그즈음 간부들은 너나없이 할당된 부서별 '서포터즈' 물색에 여념이 없었다. 10월 24일부터 약 열흘간 '서포터즈'로 자신을 드러낼 조합원을 찾은 것이다. 아니 만들어냈다. 정진희는 새 노조의 조직과 노동조건을 축약하는 메모를 밴드에 올려 독려했다. 11월 2일 대의원 선거가 공고됐다. 배정된 대의원은 총 35개 선거구에 49명이다. 11월 7일까지 입후보하도록 하여 12일부터 14일까지 사흘간 투표를 했다.

정진희가 올린 밴드 메모는 어느 정도 출마에 대한 부담을 덜어준 듯하다. 염려가 많았지만 총 35개 선거구 가운데 30개 선거구에서 출마자를 확보했다. 선출된 대의원은 42명이었다. 조합원들은 손등에 '인증샷'을 찍어 올리며 투표를 독려했다. 어떤 직원은 직원 식당 앞에서 선거인 명부에 서명하고 투표용지와 작은 기념품을 받는 동료 옆에서 자신의 이름을 찾기도 했다. 이내 자신의 이름이 없자 "어? 내 이름은 왜 없어요?" 되묻기도 했다. 그때마다 선거관리 간부들은 "혹시 새 노조 가입했어요?"라며 되물었다. 물론 비조합원이었다. 그들은 그 자리에서 가입원서를 쓰고 한 표를 행사하기도 했다. 그렇게 최종 취합된 조합원은 1312명으로 미등록 5개 선거구를 제외한 조합원은 1148명이었다. 이 가운데 총 894명이 투표했다.

"처음에 이름만 빌려주라고 하더라고요. 진짜 이름만 빌려준다고 생각했어요. 그러고 나서는 자꾸 회의에 나오라고 해요. 몇 번 회의에 참석했는데, '길스럽다', 말 아시죠? 참 '길스러운' 모습을 보면서 은근히 못 참는 성격이 살아나더라고요. 그렇게 한 걸음 한 걸음 여기까지 왔어요."

여성전문센터 대의원 주호현의 회고다.

대의원 선거 후 곧바로 간부·대의원 합동 수련회를 진행했다. 본격적인 투쟁을 앞두고 결의를 다지며 조직 체계 정비가 필요했기 때문이다. 11월 17일 '인천 YWCA' 교육실은 70여 명의 간부·대의원들로 열기가 후끈했다. 수련회는 교육과 선동 연습 그리고 쟁의(파업) 대책위 구성 순으로 이어졌다. 교육에는 이인숙 보건의료노조 조직실장이 나섰다. 주제는 '간부의 역할과 자세 및 쟁의 시기의 활동'이었다. 딱딱할 수 있는 교육 주제였지만 그녀는 30여 년 가깝게 한길을 걸으며 몸에 밴 경험으로 입담을 펼쳤다. 높았다 낮았다, 치달다가 여리게 음색을 낮추며 유머가 뒤따르는 그녀의 입담에 확대 간부들은 빨려 들어갔다. 그렇게 간부들은 때로 웃다 때론 마음을 다잡았다. 이어 정진희가 나섰다. 그에게 맡겨진 교육은 '선동'이었다. 선동은 교본이 있으나 실제는 교육자마다 전달력이 천차만별이다. 게다가 현장마다 다른 상황을 반영하는 것도 필수다. 1년여 가천대길병원 노조 조직화를 위해 뛰어온 그녀는 누구보다도 현장의 요구를 정확하게 압축할 수 있었다. 그녀가 압축한 짧은 문장은 구호가 되고, 그 구호에 조금 살을 붙이면 직원의 마음을 일으키는 호소가 됐다. 그녀는 선동을 외침에서 마음을 일으키는 호소로 바꿔냈다. 이어진 쟁의대책위원회 구성은 순조로웠다. 대의원이 해당 선거구의 조장이 되고 미선출 선거구는 간부를 배치했다. 이어 상황실과 총무, 조직, 쟁의, 문화, 교육, 선전 등의 분과로 나누어 자원자 중심으로 담당케 했다.

"11월, 12월 거의 매일 심야 병동 순회를 했잖아요? 근데 간부가 워낙 많으니까 서로 얼굴을 모르기도 했어요. 특히 대의원들은 뽑힌 지도 얼마 안 되고… 대의원인지 모르고 소식지를 주며 붙잡고서 막 얘기하는 거예요. 그러면 잠깐 듣다가 빙긋 웃으면서 '저 대의원인데…' 하는 거예요. 그러면 '어쩐지 낯이 익더라—' 웃으면서 맞장구치지요. 간식이라도 하나 더 주면서 '파이팅' 하고 나오는 경우가 되게 많았어요. 솔직히 우리가 대의원 하라고 할 때 이름만 올려달라고 한 사람도 많았잖아요. 대의원이라고 밝히는 것 보면 이름만 올린 게 아니더라고요."

이정구의 회고다.

"아니 천 명이 넘는 조합원이 한꺼번에 늘어나는데 진짜 그때는 누가 간부고 누가 조합원이고 누가 뭔지 모른다니까? 식별할 수 없는 게 당연한 거죠."

심성보가 말을 받았다.

9. 그리하여 '길'은 불꽃이었다

총액 2.33%. 한 차례 교섭을 연기했던 병원 측이 11월 13일 열린 교섭에서 제시한 임금인상안이다. 새 노조가 파악한 병원의 재정 상황에 비춰보면 어처구니없는 안이었다. 새 노조가 분석한 재정 상태는 3년간 당기순이익 1151억 원으로 유동자산은 67.7% 증가했는데 그중 현금 등 단기금융상품이 707억 원이었다. 당일 병원 측에서는 '유령간호사'로 인한 26억 원 환수 문제로 복지부의 실사를 받는다며 계속 교섭 연기를 주장했지만 새 노조의 항의에 오후 늦게 열린 교섭이었다. 병원 측은 임금인상안이 2.33%로 낮은 이유가 보건복지부의 26억 원 환수 때문이라는 설명까지 덧붙였다. 뒤늦게 안 사실이었지만 병원이 제시한 임금인상안은 여느 사업장과 달랐다. 총액 인상안에 4대 보험(국민연금, 건강보험, 고용보험, 산재보험) 등 사용자 법정부담금, 퇴직금, 기본급 조정에 따른 시간 외, 야간, 휴일 수당 증가분을 포함한 것이었다. 이렇게 되면 사실상 1%대의 임금인상안인 셈이었다.

"아니 부정과 비리는 병원이 해놓고 피해는 고스란히 직원이 봐야 합니까?" 안병훈이 끌끌 혀를 찼다. 병원 측은 말을 잇지 못했다. 새 노조의 재정 상태 분석 결과 설명에 반박도 없었다.

제시된 2.33% 임금인상안을 '2% 부족할 때' 음료수 캔 사진과 함께 소식지에 담아 현장에 배포하자 조합원들은 들끓었다. 식당에서는 '2%' 음료를 나눠 주기도 했다.

"집이 병원에서 10분 거리잖아요. '2%' 음료를 사러 집에서부터 병원까지 주변 편의점을 다 돌았는데 몇 개 안 되는 거예요. 간부들도 집 근처 편의점을 다 뒤져 최대한 양을 확보했어요. 캔도 있었고 페트병도 있었고. 직원 식당 정수기 옆에 비치해놨어요. 캔은 가져가게 하고 페트병은 한 잔씩 입가심하도록 했어요. 직원 식당 입구에서는 소식지와 함께 나눠 주기도 했는데 관리자들도 꽤 받아 갔어요. 단체교섭에 함께했던 인력관리팀의 직원 한 명은 캔 하나를 먹고 이 '2%'는 의미 있는 거라고 하면서 하나 더 받아 가 자기 책상 위에 올려놨다고 하더라고요."

정영민의 회고다.

"캔을 받아 든 어느 조합원은 바로 그 자리에서 씹어 먹는 듯 이 부딪는 소리까지 내면서 마시더라고요. 그만큼 '2%'는 불난 데 기름 부은 꼴이 된 거지요. 선전 활동이 끝나고 간부들도 캔 하나씩 마셨어요. 다 먹고 나서는 쓰레기통에 그냥 버리는 게 아니라 내팽개치듯 던졌지요."

안병훈의 회고다.

대책 회의에서도 간부들의 성토가 이어졌다. 회의 도중 쉬는 시간이었다. 정진희는 어느 간부에게 임금인상률이 몇 퍼센트나 되겠느냐는 질문을 받았다. 이에 10% 이상은 어렵고 조금 못 미치는 선에서 결정되지 않겠느냐며 조심스럽게 의견을 밝혔다. 그 말에 간부는 발끈했다. 10%도 안 된다는 것이 말이 되냐는 것이다. 정진희는 회의 속개를 앞두고 있어 길병원 임금이 낮기는 하지만 최근의 인상률 동향을 보면 10% 이상은 어렵지 않겠냐며 대화를 끝냈다. 새 노조 임금인상 요구안은 총액 대비 15.3%였다.

새 노조에 대한 폭발적인 응원은 곧 임금인상에 대한 기대였을지 모를 일이다. 새 노조가 굳건히 뿌리내리는 것에 초점을 둔 정진희로서는 무리한 임금인상 요구가 병원 측과 극한 대립을 불러와 오히려 조직력이 훼손될 수 있다는 염려도 있었다. 하여 조금은 누그러뜨려야 한다고 생각했다. 그러나 동급 병원과 비교하여 거의 최하위의 임금을 괄목할 만한 수준으로 올려야 한다는 것은 분명했다. 그러나저러나 병원 측이 제시한 안은 터무니없었다.

임금인상률이 10%에 못 미칠 것이라는 언쟁이 정진희 머릿속을 헤집었다. 회의가 끝났는데도 뭔가 개운치 않았다. 그렇게 뒤풀이로 이어졌다. 언쟁했던 간부와 몇 잔을 섞었다. 섞인 잔 속에 담기는 것은 몇 퍼센트의 임금인상률이 아니었다. 새 노조를 지키자는 결의였다.

결전의 시간이 시시각각 다가오고 있었다. 11월 20일 9차 단체교섭에서도 아무런 진전이 없었다. 2.33%에 이어서 나온 '총 맞을 각오'는 조합원의 분노에 기름을 붓는 꼴이었다. 중식과 조기 출근 선전 활동에 조합원들의 참여가 계속 늘었다. 새 노조는 다음 주까지 합의하지 않는다면 파업을 위한 쟁의조정 신청 절차를 밟겠다고 알리고 교섭을 마무리했다.

　파업 절차를 밟아가는 것은 새 노조도 부담이 컸다. 피할 수 있으면 피하고 싶었다. 그러나 병원은 아무런 변화가 없었다. 조합원들의 분노와 투쟁의 기운을 더 북돋아 병원을 압박하는 방법 외에는 다른 도리가 없었다. 23일 열린 2차 쟁의대책위원회 회의에서는 투쟁 의지를 보다 높이기 위한 기금도 결의했다. 집행 간부 7만 원, 대의원 5만 원, 일반 조합원 3만 원. 결의한 파업기금이다.

　마지막 교섭을 예고한 27일을 앞두고 연일 조기 출근 선전 활동 참여 조합원이 늘어갔다. 그런데도 병원의 반응은 똑같았다. 다만, 악습처럼 감시가 뒤따랐다. 27일 교섭을 마치며 새 노조는 12월 3일 조정 신청에 들어가겠다고 통보했다. 또한 조정 신청 이전에 변화된 안이 있다면 언제든지 연락하라는 것도 잊지 않았다. 변화는 없었다. 조정의 쟁점은 임금 요구 15.3% 대비 병원 측 제시안 2.33%와 단체협약 전문을 포함한 108개 요구안 가운데 미합의 90개 항목이었다. 단체협약에는 근로조건 개선뿐만 아니라 민주적 직장 문화를 위한 사회적 가치를 담은 조항이 많았다. 특별히 경제적 부담이 없는 민주적 직장 문화 조항마저 병원 측은 수용을 거부했다.

　　출근 시간은 기록하는데 퇴근 시간을 기록할 수 없도록 하여 시간외수당 지급 근거를 남기지 않게 출퇴근관리를 하는 병원, 병동 간호사의 환자 인수인계 시간을 근로로 인정하지 않는 병원, 직무교육을 근로시간으로 인정하지 않는 병원, 온갖 눈치에 연차휴가 때도 근무하는 병원, 상시지속업무 기간제 노동자를 2년마다 자르는 병원, 소위 '유령간호사'로 건강보험 수가를 부당 청구하는 병원, 연구중심 병원 선정에 3억5000여만 원의 뇌물을 준 병원, 국정농단 주범 가운데 한 명으로 지목된 청와대 민정수석에게 3억 원의 뇌물을 건넸다는 혐의가 있는 병원, 노동조합 핵심 간부를 미행하고 근무 중에는 아예 관리자를 붙여 감시하게 했던 병원, 일상화된 부당노동행위…

12월 5일 조정 신청 보고대회를 앞두고 하루 전 각 언론사 사회, 노동, 보건복지 담당 기자에게 보낸 보건의료노조 취재요청서에 쏟아낸 병원의 모습이다.

빗줄기가 가늘게 흩뿌린다 싶더니 짙은 안개처럼 부옇게 번졌다. 시나브로 안개에 젖은 몸이 들이닥칠 한파를 예감한 듯 스스로 움츠렸다. 12월 3일 새 노조는 최대 참가 조기 출근 선전 활동을 예정했다. 조합원들이 본관 입구에서 젖은 꿈을 털어내듯 발을 동동 구르다 로비로 모여드는 모습이 시렸다. 싸늘하고 스산한 궂은 날씨에도 조기 출근 선전 활동에는 200명 이상의 조합원이 참여했다.

"수간호사 선생님이 지나가도 이제 조합원들이 신경을 쓰지 않는 것 같았어요. 피켓을 받으면 자신이 어디에 서야 하는지 아는 것처럼 묻지도 않고 자기 자리를 찾아가는데, 질서도 잡힌 것 같아요. 우리가 로비 양쪽 벽에 붙어서 선전을 하잖아요. 그 가운데로 지나가는 간호사는 미안했는지 고개를 숙이더라고요. 기분 좋았어요."

김혜지의 조기 출근 선전 활동에 대한 후일담이다.

선전 활동 열기는 주저 없이 조정 신청으로 내달리게 했다. 병원 측도 부당노동행위를 한층 노골화했다. 중간관리자들이 새 노조의 허리라 할 수 있는 중간 연차에게 공공연히 승진하지 않으려 하느냐며 탈퇴와 기업노조 가입을 권유했다. 게다가 파업 참가 여부를 물어오고 단체교섭이 진행됨에도 근로 형태 불이익 변경에 대한 직원 서명을 받기도 했다. 또한 병원 측은 계속하여 새 노조의 선전 활동이 업무방해에 해당한다며 공문으로 압박했다. 물론 새 노조도 정당한 조합 활동이고 병원이 부당노동행위를 저지르고 있다며 법적 책임을 묻겠다고 공문으로 맞대응했다.

"얼마나 많은 조합원이 조정 신청 보고대회에 참석하느냐에 따라 임금인상률이 결정됩니다. 근무하지 않는 직원들은 조정 신청 보고대회에 모두 모여야 합니다." 12월 5일로 예정된 조정 신청 보고대회 참가 독려가 카톡방에 쇄도했다. 또한 카톡 닉네임 청수순대국은 어디에서 찾았는지 한림대의료원 평촌병원 조정 신청 보고대회 영상을 올리기도 했다. 한림대의료원 영상에는 환하게 웃으며 율동을 따라 하는 조합원들이 화면을 가득 채우고 있었다. 그 앞에서 "지금 기회를 놓치면 더 이상 근로 환경을 개선할 수 없다"라며 인터뷰하는 한림대의료원지부 조합원 백혜성의 목소리가 마치 가천대길병원 조합원을 독려하는 듯이 또박또박 들렸다.[26]

"해야 할 일이 내 혈관 속에 햇살처럼 스며오네", 임정득의 〈벨라 차오〉 노랫소리가 로비에 울려 퍼졌다. 12월 5일 '2018 조정 신청 보고 및

---

26 "가면을 벗는 그날까지 '을(乙)'의 반란을 응원합니다", 〈대국민청원 프로젝트 빡치미〉, EBS, 2018. 7. 18. 〈https://www.youtube.com/watch?v=VUIXESO4aak〉

승리 결의대회'였다. 여리게 시작된 운율이 점차 높아지며 반복됐다. 그 반복음은 빠르게 머릿속에 박혔다. 그사이 여린 몸짓도 점차 격렬해졌다. 누구랄 것 없었다. 흰 티셔츠를 맞춰 입은 800여 조합원들은 저도 모르게 어깨춤을 추다 목이 터져라 "ciao bella ciao bella ciao ciao ciao" 후렴을 따라 외쳤다. 가천대길병원, 60년 최초의 원내 집회였다.

"병원도 잘 살고 나도 잘 사는 이런 노동조건을 얘기하고자 새 노조가 설립됐습니다. 그런데 병원은 죽자 살자 거꾸로 가고 있습니다. 이제 우리가 얼마나 분노하고 있는지 그 힘을 보여줘야 합니다."

강수진의 2018 조정 신청 보고 및 승리 결의대회 대회사 일부다.

그리고 박민숙, 원종인, 이인화의 격려와 연대 발언이 이어졌다. 김병완이 패장을 진승희가 안무를 맡고 이상혁, 이주나가 함께 급조한 율동패 '길을 열다'가 며칠 동안 일과 후 늦은 밤까지 연습한 〈인력법 로고송〉도 선보였다.

길병원 본관 로비는 800여 명이 질서 있게 앉아 한 방향으로 시선을 모을 수 없었다. 고심 끝에 무대를 가운데에 두고 앞과 뒤, 좌우 복도에 조합원이 앉을 수 있도록 했다. '발언이나 공연을 하게 되면 무대 위치 때문에 앞쪽만 보고할 수 없었다. 할 수 없이 360도 회전하며 발언과 공연을 했다. 조합원들은 자신 쪽으로 시선이 멀어졌다 싶으면 짓궂게 "이쪽! 이쪽!"을 외치기도 했다.

이제 나는 더 이상 혼자가 아닌 우리다. 침묵하여 빼앗기고 인내하여 짓눌렸던 시간은 지났다. 부당함에 당당히 맞서는 우리로 하나가 되었다. (…) 보아라! 거대한 파도로 일어나는 우리의 모습을. 들어라! 우리의 외침, 우리의 함성을, 우리는 투쟁을 결의했다. 우리의 힘으로 반드시 노동 존중, 환자 존중의 행복한 일터를 만들기 위해 다음과 같이 투쟁할 것을 결의한다.

투쟁결의문을 한 자 한 자 또박또박 읽어 내려가는 이상혁, 한미진의 목에 핏대가 선명했다. 조합원들은 힘찬 팔뚝질을 하며 "결의한다"를 따라 외쳤다.

보고대회의 열기는 뒤풀이로 이어졌다. 모두가 열기에 고무되었고 그 사이에서 정영민이 마음의 무게를 내려놓았다.

"제가 오늘같이 큰 자리의 사회는 처음이었는데 사실 부담이 많이 됐어요. 국장님이 제 부담 덜어주려고 대본을 줬는데, 솔직히 무슨 생각 했는지 아세요? 대본 줄 정도면 국장님이 보지, 왜 나한테 미루는 거야?

그 생각했어요. 사람 없는 곳에서 연습이라도 했으면 좋겠는데 그럴 만한 장소는 없고, 떨리는 마음에 몇 번이나 읽었는지 모르겠어요. 뭐든지 사무장! 사무장! 다 첨 해보는 일인데 만능으로 생각하는 거 아니에요? 만능!"

만능이라는 말에 모두가 크게 웃음을 터트렸다. 그 끝에서 "잘했잖아! 다 그렇게 해." 정진희가 다시 크게 웃으며 그 밤의 뜨거움을 받아냈다.

성황리에 끝난 조정 신청 보고대회, 병원 측의 방해와 탄압도 여전했다. 새 지부는 보고대회 시간을 5시 20분으로 예정했었다. 5시에 끝나는 외래진료 시간을 고려한 것이었다. 그런데 병원 측은 이날 예고 없이 진료 시간을 연장했다. 가능한 한 조합원 참여를 막고 외래진료를 받는 환자와의 마찰을 유도하려는 것이었다. 각 부서장과 간호팀장이 주변을 배회하며 무언의 압력을 주었고, 어떤 중간관리자는 대회장 안으로 들어와 협박과 폭력까지 행사했다. 물론 조합원들의 야유와 위세에 쫓기듯 물러갔다. 오래된 악습, 갑작스러운 회식도 있었다. 폭력행사에 대하여 새 노조는 공문으로 공식 사과와 행위자 처벌을 요구하고 재발 방지를 촉구했다.

현장을 직종별로 분열하려는 일들도 계속 일어났다. 부서별로 중간관리자들이 나섰다. 간호부는 "기사 직군 계약직을 정규직으로 전환하는 데 정규직인 간호사가 왜 나서냐?", 기사 직군에서는 "간호사 밥 못 먹고 일하는 걸 니가 왜 신경 써? 연장 근무하는 것도 너흰 연장 주말 근무수당으로 받잖아! 시설팀 감시단속업무, 너흰 아니잖아!", 시설 직군에서는 "간호사 좋은 일만 시키는 데 너희가 왜 나서?" 등등이었다.

어떻게든 교섭을 매듭지어야 했다. 병원 측의 무성의한 태도로 조정 신청을 했지만, 노사관계는 결국 교섭으로 끝날 수밖에 없기 때문이다. 그러나 병원 측은 예정된 교섭마저 갖은 평계로 회피하기에 급급했다. 12월 7일 예정된 교섭을 지방노동위원회의 조정 신청 결정 후 연락하겠다는 공문 통보도 있었다. 앞뒤가 맞지 않는 공문이었다. 지방노동위원회 조정 신청 결정은 합의 또는 결렬을 뜻한다. 합의하면 더 이상 교섭이 필요 없다. 결렬은 노조에 합법적인 파업권을 주는 것이고 노사는 원만한 해결을 위하여 성실히 교섭해야 하는 상황이다. 어떤 경우든 결국 노사는 교섭해야 한다. 그런데 조정 신청 결정 후에 한다는 것은 사실상 노사 자율 교섭을 하지 않겠다는 것이나 다름없었다. 당일 아침 조기 출근 선전 활동에 참여한 100여 명의 조합원은 병원 측의 무성의를 규탄하고 성실 교섭을 촉구했다. 전날에 비해 기온이 급강하해 갑자기 추워진 날씨였다. 선전 활동 사진이 카톡방에 게시되자, "추운데 고생하셨습니다"라는 응원의 댓글이 가득 올라왔다. 항의 끝에 당일 교섭은 열렸지만, 진전은 없었다.

한편 새 노조는 조합원들의 관심을 계속 모으기 위해 만연했던 한 달가량 '공짜 노동'에 대한 자료를 모아 파헤쳤다. 그 결과 체불임금으로 확인한 내용이다.

- 2017년 역량 강화 교육 시간외수당 미지급(대상: 전 직원)
- 남녀 기본급 차액 미지급(대상: 진료지원직/ 행정직)
- 야간 당직 부서 연장·야간 가산 수당 미지급 및 조정 3수당 60만 원 미지급

체불임금을 확인하며 이해할 수 없는 임금체계에 의문이 많았다. 같은 연차, 같은 호봉을 인정받고 같은 일을 하는 남녀가 똑같이 근무해도 임금은 서로 달랐다. 또한 일부 부서에서는 같은 사람이 주간에 일할 때의 임금과 가산 수당이 붙는 야간에 일할 때의 임금이 크게 차이가 없었다. 이러한 사실을 소식지를 통해 공개하자 또 한 번 카톡방이 들끓었다.

이렇게 확인한 체불임금은 10일 중부고용노동청에 조합원 259명 명의로 진정을 제기했다. 중부고용노동청은 해당 진정과 파업 기간 주휴수당 오류 산정에 의한 미지급 등에 대하여 근로감독을 실시해 2019년 4월 30일 총 5억 9천여만 원에 이르는 체불임금 지급을 지시했다. 이후 추가 조사를 통해 4억 6천만 원의 임금을 지급하지 않았음을 확인했다. 총 10억 5천여만 원에 이르는 액수다.

재적 조합원 1383명, 투표수 1195명, 찬성 1159명으로 찬성률 97%. 쟁의행위(파업) 찬반투표 결과다. 쟁의행위 찬반 투표는 조정 신청 보고대회 이후 연일 조기 출근과 중식 선전 활동을 이어가며 12월 10일부터 3일간 실시했다. 투표를 위해 병원 측에 간이 책상 등 사무 집기를 요청했지만 거부됐다. 한솥밥을 먹고 있으면서도 최소한의 편의 제공도 거부하는 병원 측의 행태에 간부들은 "그럼 그렇지, '길스럽다'"며 입술을 물었다. 어쩔 수 없이 간부들은 전교조 인천지부 회의실 테이블을 옮겨와야 했다. 차가운 날씨에 손등이 푸르뎅뎅했다.

"파국을 원하는가?" 새 노조가 26호 소식지를 통하여 던진 질문이다.

12차 단체교섭에서 쏟아진 막말 때문이다.

- 사람마다 다르게, 주고 싶은 대로 주는 것도 임금 기준이 될 수 있다.
- 소정 근로시간은 209시간으로 하되, 시급 산정 기준은 226시간으로 하자.
- 병동 간호사 D(낮)/E(저녁)/N(밤) 근무 시간을 9시간으로 적용하되 시간외 수당은 지급할 수 없다. 그 대신, 병동 간호사 근무 중 1시간씩 휴게시간을 보장하겠다.

사람마다 다르게, 주고 싶은 대로 주는 것이 기준이라는 말에 노동조합 측 교섭위원들의 낯빛이 이글이글 탔다. 병원 측 교섭위원 송문형이 말한, 소정 근로시간 209시간, 시급 산정 기준 226시간은 조삼모사를 뛰어넘는 우롱이다. 소정 근로시간을 정하는 이유가 바로 시급 산정 기준을 설정하기 위한 것이기 때문이다. (각주 2 참조) 간호사에게 근무 중 휴게시간을 줄 수 없음을 뻔히 알면서도 휴게시간을 보장하겠다는 것도 억지다. 휴게시간을 준다면 그 시간에 응급 상황 발생은 앞에 있는 교섭위원이 책임질 것이냐는 항의에 그들은 묵묵부답이었다.

"여전히 정신 못 차리고 있다." 병원 측이 새 노조 설립 이후 봇물 터지듯 분출된 현장의 요구를 외면한다는 직원들의 쓴소리다. 그런데도 병원 측은 탄압과 상황을 악화시키는 꼼수로 비치는 일을 계속했다. 12월 11일에는 돌연 노사협의회 근로자위원 선출 공고라는 이름으로 선거관리위원을 모집한다는 내용이 게시됐다. 새 노조 조합원이 1400명에 이르는 시점이었다. 물론 단체협약 미체결로 조합원 명단은 통보하지 않았다. 그렇지만 선거관리위원 모집 공고는 병원 측이 이미 과반수 직원을 확보한 새 노조와 노사협의회를 운영하지 않겠다는 의도를 명백히 드러낸 것이다. 공고문에 대해 조합원들은 "개별교섭 한다고 할 땐 언제고, 시간이 참 퍽이나 남아도시네요들." "그 시간에 단협안이나 한번 쳐다보지." "쌩쑈를 오지게도 하네요." 등의 비아냥을 쏟아냈다. 새 노조는 "노사협의회 근로자위원 선출 절차 중단 촉구"를 공문으로 보냈다. 새 노조의 항의에도 병원 측은 철회 의사를 밝히지 않았다. 근로자위원은 사용자 개입 없이 노동자 스스로 뽑아야 한다. 그런데 기업노조가 호응한다면 새 노조로서는 막을 수 없게 되는 상황이었다. 중단을 촉구하면서 또 한편으로는 조합원들에게 선거관리위원 신청을 독려했다. 그 결과 조합원들이 대거 선거관리위원을 신청하자 병원 측은 더 이상 강행하지 못했다.

"원만히 체결되길 희망한다."

조정 신청 후 새 노조가 부당노동행위 항의, 성실 교섭 촉구, 근로자위원 선출 절차 중단 등 빈번하게 보낸 공문의 관용구다. 공문을 보내며 "원만히 체결되길 희망한다"가 붙으면 붙을수록 그만큼 단체교섭은 난항을 겪고 있었다. 쏜살같이 시간이 흘렀다. 12월 13일, 쟁의행위(파업) 찬반 투표 결과를 토대로 "'을의 반란' 가천대길병원지부, 총파업 97% 찬성 가결"이라는 보도자료를 배포했다. 이튿날 인터넷 언론 등은 앞다투어 이를 보도했다. 13일에는 조정 회의도 열렸으나 지방노동위원회는 성실한 자율교섭을 권장할 뿐이었다. 조정 만료를 불과 닷새 앞두고 있었다. 다음 날 지방노동위원회의 권고로 오전 중 14차 단체교섭을 열었으나 중요 사항에 대해서는 여전히 진전이 없었다. 오후에 열리는 지방노동위원회 필수유지업무 결정 회의에 앞서 병원 측에 "쟁의행위에 따른 입퇴원 관리 등 사전 조치 및 부당노동행위 사전 관리·감독 요청" 공문을 보냈다. '쟁의행위에 따른 입퇴원 관리 등 사전 조치'는 '파업이 일어날 경우를 대비하여 환자 및 보호자, 내원객의 불편이 초래되지 않도록 환자 입퇴원 관리'와 '필요시 환자 이송 조치'를 담고 있다.

조합원들은 조정 만료를 앞두고 연일 조기 출근, 중식 선전 활동을 진행했다. 참여 인원이 계속 늘어갔다. 또한 간부들은 심야 병동 순회를 계속하며 18일 오후 5시 20분으로 예정된 '총파업 투쟁 전야제' 참가를 독려했다. 70여 명에 이르는 간부 모두가 온몸을 던져 자신이 맡은 일을 빈틈없이 완수했다. 조정 만료를 앞두고 17일 늦은 오후에 교섭이 진행됐다. 또 막말이 튀어나왔다. 이번에는 남시재였다. 그는 갑자기 '민주노총의 갑질을 어떻게 생각하느냐'며 관련 신문 기사 스크랩북을 교섭위원 앞에서 흔들어댔다. 간호부의 끈질긴 부당노동행위에 대하여 항의하던 순간이었다. 묵과할 수 없었다.

"뭐 하는 겁니까? 교섭을 하겠다는 겁니까? 지금 흔든 기사와 현재 교섭과 무슨 관련이 있습니까? 남시재 위원 퇴장시키세요. 부당노동행위에 대한 사과와 남시재 위원 퇴장 없이 더 이상 교섭은 안 될 것 같습니다. 원만히 교섭하려면 간호부장님 사과하고 남시재 위원 퇴장하세요."
원종인의 일갈에 병원 측은 말이 없었다. 서로의 침묵 속에서 째깍째깍 머릿속에 시곗바늘 소리가 흘렀다. 그 소리가 머릿속을 가득 메울 무렵, 원종인이 다시 나섰다. "답변 주세요. 답변 없으면 퇴장하겠습니다. 그리고 교섭 파행에 대한 모든 책임이 병원에 있다는 것만 알아두세요."

밤 10시경이었다.

남시재의 막말은 조정 신청 이후 한층 더 첨예해진 갈등과 대립의 단면이었다. 그런데도 조정 신청 이후 새 노조의 설득으로 8차의 자율교섭이 있었다. 교섭을 통해 중요 사항에 대하여 팽팽하게 대립하면서도 90개의 미합의 조항을 30여 개로 줄였다.

12월 18일 자정이면 조정 만료였다. 연장은 가능하지만, 그동안의 추세로 볼 때 고려할 필요가 없다고 판단했다. 오전 10시 마지막 자율교섭이 있고, 12시엔 중식 선전 활동이 있었다. 오후 2시부터는 지방노동위원회 조정 회의가 열리고 오후 5시 20분엔 파업 전야제다. 눈코 뜰 새 없는 하루였다.

오전 10시에 열린 자율교섭에 남시재는 보이지 않았지만, 진전도 없었다. 중식 선전 활동에는 여느 때처럼 많은 조합원이 모였다. 조합원들은 "우리가 반드시 승리한다. 투쟁!"을 외쳤다. 오후 2시부터 열린 지방노동위원회 회의는 노사 각각 공익위원 면담 시간을 가지며 조율했지만 3시간이 넘도록 눈에 띄는 진전은 없었다. 5시가 넘어서 새 노조는 저녁 식사와 자체 회의를 위한 2시간여의 정회를 요청했다. 5시 20분부터 열리는 파업전야제에 참가하기 위한 것이다.

"한 사람이라도 더 참가할 수 있도록 해야 합니다." 지방노동위원회의 조정 회의와 별개로 정진희와 정영민은 파업 전야제 준비에 매진했다. 간부들은 회의 결과에 따라 일사불란하게 움직였다. 양영모는 오후 휴가를 내고 전야제를 준비했다. 낮 3시 무렵 끝나는 간호사 낮번 퇴근자들에게 병원 인근 커피숍에서 휴식을 취한 후 참가하도록 안내했다. 또한 오후 9시경에 출근하는 밤번 근무자에게는 조기 출근하여 파업 전야제에 참가하도록 독려했다. 다수의 간부도 오후 휴가를 내고 집회장 꾸미기부터 각종 물품과 김밥 등을 준비했다. 조정 신청 보고대회 이후 구성원이 늘어난 율동패 '길을 열다'는 며칠간 늦은 밤까지 새로운 율동을 개발했다. 또한, 7월 20일 새 노조 설립부터 전야제까지의 경과를 영상으로 제작했다. 유튜브 방송팀도 꾸렸다. 보건의료노조 인부천본부 소속 전임자와 민주노총 인천본부에도 연대를 요청했다.

"너와 나, 우리 함께 가지요. 새벽 별 쓰라린 가슴 안고…." 율동패 '길을 열다'의 몸짓에 까르르 파업 전야제에 참여한 조합원의 웃음이 만발했다. 그 사이를 헤쳐 지방노동위원회 조정 회의에 참석했던 나순자, 강수진, 원종인이 무대 앞에 앉았다. 정영민이 파업 전야제를 진행하고 있을 때였다. 장소는 로비가 아니라 2층 에스컬레이터 앞이었다. 새 노조는 지난 조정 신청 보고대회 때 비좁았던 장소 문제로 고민이 컸다. 병원 측은 가뜩이나 비좁은 1층 로비 일부 공간에 차단막까지 쳤다. 이에 로비의 대안으로 선택한 것이다. 에스컬레이터를 올라와 바로 그 앞을 무대로 했다. 그곳은 정면에 외래환자 대기실이 있고 왼쪽과 오른쪽으로 길게 복도가 있다. 3면의 공간을 활용하려 했다. 그런데도 조합원들의 시선을 다 모을 수는 없었다. 이 때문에 곳곳에 스크린을 설치하여 유튜브 생중계를 통해 대회에 함께할 수 있도록 배치했다. 조합원들은 현장보다 지연되는 유튜브 영상으로 인해 소리가 뒤섞이기도 했지만 개의치 않고 흔쾌히 전야제를 즐겼다.

"쉼 없이 달려왔습니다. 이제 끝날 줄 알았지만, 지방노동위원회 조정 회의에서도 병원 측은 여전히 변하지 않았습니다. 그렇지만 끝까지 투쟁하여 반드시 승리로 보고드리겠습니다."

"역사를, 새로운 역사를 쓰고 있습니다. 바로 여러분입니다. 계속 있어온 일이지만 오늘 간호부는, 전야제 참석하니, 파업 나갈 거니, 온종일 시달렸다 합니다. 그 탄압 뚫고 여러분 당당하게 모였습니다. 서로를 격려하며 힘차게 박수 쳐봅시다. 여러분! 이 병원의 문제가 무엇인지 아십니까? 인건비 하나만 봐도 금방 알 수 있습니다. 길병원의 인건비 비율은 사립대 병원 중 최하위 수준입니다. 그만큼 임금은 낮고, 인력이 부족합니다. 여러분들은 지금 다른 병원보다 더 힘들게 일하고 많게는 1500만 원을 적게 받기도 합니다. 이번에 꼭 고칩시다. 그렇게 새 역사를 꼭 써봅시다."

"죽기를 각오하고 싸우면 반드시 산다고 합니다. 여러분의 모습에 그 각오가 보입니다. 우리는 반드시 승리합니다. 투쟁!"

강수진, 나순자, 원종인이 차례로 대회사와 격려사를 이었다. 그리고 곧바로 다시 지방노동위원회 조정 회의에 참석하기 위해 조합원들 사이를 허리를 숙이고 헤치며 지나갔다. 그 뒤로 "건물에 투자 말고 사람에게 투자하라!" 구호가 쩌렁쩌렁했다.

지방노동위원회로 교섭단이 떠나고 김혜지의 경과보고, 이인화의 연대사, '길을 열다'의 율동, 이왕희의 랩 〈투쟁〉, 민주노총 인천본부 김창곤 전 본부장의 격려, 임정득의 공연이 이어졌다. 보건의료노조 인부천본부 소속 전임자들은 노래패 '어쩌다 한 번'을 급조해 드라마 〈역적: 백성을 훔친 도적〉의 OST 〈봄이 온다면〉으로 호응했다. 최승제는 '백성을 훔친 도적'에 꽂혔다. '백성을 훔친 도적'이 새 노조의 이미지와 딱 맞는다는 생각이었다. 연습할 시간도 없이 급조한 탓인지 화음이 안 맞기도 했지만, 조합원들은 추임새 격인 "어어어워~"를 따라 외치며 하나가 됐다. "슬픔이 녹아내릴 때 손을 맞잡고 봄이 온다면 다 같이 만세를 불러", 노랫말이 아닌 마음의 만세를 불렀다. '어쩌다 한번'에는 최승제, 오명심, 김하나, 인천성모병원 황경희 지부장, 부천성모병원 임희연 사무장, 인천의료원 유경희 사무장, 인천혈액원 나은주 지부장 등이 함께했다.

오명심, 그녀에게 이날의 '서툰 공연'은 감회가 남달랐다. 1999년 노민추 대표였던 그녀는 한두 명도 돌보기 힘든 응급환자를 서너 명씩 맡아야 하는 태움을 당했다. 그러다 낙상 사고까지 일어났다. 노조도 좋지만 이러다 사람 죽이겠다는 두려움이 겹쳐왔다. 그 이후 하루하루 숨이 막혀 왔다. 입술이 바짝바짝 마르는가 싶더니 숨소리가 거칠게 울리고 심장의 두근거림이 뜨거웠다. 결국 그녀는 퇴사했다. 이후 그녀에게 1999년 당시 노민추가 내세웠던 가천대길병원의 '따뜻한 공동체'는 해갈되지 않는 목마름이었다. 그런데 새 노조가 설립됐다. 간부들이 조합원 가입 독려를 위해 현장 순회를 할 때는 그녀도 함께하고 싶은 마음이 절실했다. 그러나 1999년 '노민추' 대표를 맡았었기에 병원 측에 악선전의 빌미를 줄 수 있어 병원 출입을 하지 않았다. 물론 전교조 인천지부에서 연일 계속된 대책 회의에는 빠짐없이 참석했다. 새 노조가 설립되고 그녀가 처음 병원 내에 들어간 것은 12월 5일 조정 신청 보고대회였다.

"퇴사 후에는 길병원에 한 번도 안 갔어요. 심지어 아는 사람이 입원해도 면회도 안 갔어요. 사실 길병원이 탄압도 심했지만, 개인적으로는 정이 많이 깃들어 있고 항상 마음이 쓰이는 것, 아시잖아요? 같이 일했던 동료들은 누구보다도 더 나를 걱정해주기도 하고 신경 써주기도 하고 배려해주었어요. 그런 사람이 다 길병원에 있잖아요. 강수진도 여기 있고, 고은순도 김현미도 있고, 떠나긴 했지만, 그 소중한 사람들이 여기 현장에 있는데…. 12월 5일 처음 병원에 들어가면서 별별 생각이 많았어요. 조합원들이 모이는 걸 보면서 이게 현실인가? 저 스스로 묻게 됐지요. 한편으로는 불가능할 거라는 생각이 많았던 것 같아요. 힘들었던 트라우마 때문인지 기대나 기쁨보다는, 개인적으로는 걱정이 많았어요. 길병원, 이제 가만있지 않을 텐데, 과연 견딜 수 있을까? 간부들을 믿기는 했지만 힘들어지면 어떻게 할까 걱정이 컸어요. 그런데 보고대회가 성황리에 끝날 때쯤에는 벅찬 마음도 있었고, 드디어 이제 길병원에도 민주노조의 깃발을 꽂을 수 있겠구나, 정말 이런 날이 오네 뭐, 이런 느낌이 많이 들었어요."

오명심의 회고다

서툰 〈봄이 온다면〉 공연에 이어 결의문 낭독과 파업에 따른 지침까지, 밤 8시가 넘어서 전야제가 마무리됐다. 이후에는 혹시 모를 교섭 상황 진전을 기다리며 로비에서 대기에 들어갔다. 대기 시간이 길어지자 밤번 간호사들이 출근을 위해 자리를 떴다. 그 자리를 전야제에 미처 참여 못 한 비번자와 회식이 끝난 조합원이 채웠다. 대기 중 조합원들은 조를 이루어 '우리의 요구'를 형형색색의 매직으로 작성했다. 그러나 지방노동위원회에서는 아무 소식이 없었다. 10시 되어갈 무렵 일반 조합원은 귀가시키고 간부들만 남았다. 자정이 다가오자 병원 측에 12월 19일 자 '필수유지업무' 명단도 통보했다. 그리고 계속 병동을 순회하며 교섭 상황과 파업 돌입 시 조합원 참가 지침을 설명했다. 이후 로비 곳곳에 흩어져 토막잠에 들었다.

저녁 7시 속개된 조정 회의는 새벽 5시까지 이어졌다. 자정인 조정 만료 시각 이후에는 지방노동위원회에서 어떻게든 파국을 막아보겠다고 한두 시간 단위로 연장과 연장을 거듭했다. 조정 회의에는 중부고용노동청과 인천광역시 관계 공무원까지 나와서 조정 상황을 예의 주시했다. 그러나 조정중지로 최종 결렬됐다. 조정중지가 결정되자 강수진의 얼굴이 굳어지는가 싶더니 "길스럽지요! 한번 해봅시다!"

혼잣말 끝에 어금니를 물었다.

"전쟁, 이제 전쟁입니다."

지방노동위원회에서 가천대길병원으로 돌아오는 길 위였다. 나순자의 한마디에 몸이 천근이었던 새 노조 교섭위원들의 눈꺼풀에 경련이 일었다.

10. 흔들리지 마! 우리가 가는 길이 꽃길이야!

새벽 5시 30분, 로비에서 철야를 한 간부들과 짧게 경과를 공유했다. 그들은 텔레그램방을 통하여 지방노동위원회의 상황을 수시로 공유했기 때문에 파업에 따른 준비 점검이 더 중요했다. 곧바로 전야제에서 이미 공유한 '전 조합원 파업 투쟁 지침 1호'를 문자, 카카오톡, 밴드 등을 통해 공지했다. 그 전문이다.

전 조합원 파업 투쟁 지침 1호

전국보건의료산업노동조합 가천대길병원지부 모든 조합원은 2018년 12월 19일(수) 07:00시부터 본관 로비로 집결하여 총파업 투쟁에 돌입한다.

1. 모든 조합원은 파업 투쟁에 참석한다.
- 간호부 낮번 근무자는 오전 7시까지 파업에 참석한다.
- 통상 근무자, 간호부 비번 및 이브닝 근무자는 오전 8시까지 파업 장소로 집결한다.
- 파업 전일 밤번 근무자는 오전 9시에 진행하는 파업 출정식에 참여한 후 이후 쟁의대책위원회의 지침에 따른다.
- 파업에 참석한 조합원은 노동조합에서 준비한 파업 농성장 출근부에 기록한다.
2. 항상 질서 있게 행동하며 농성장을 무단이탈하지 않는다.
- 자리를 이탈할 때에는 대의원이나 질서유지대의 허락을 얻는다.
3. 병원 관리자와 개인 접촉은 절대 하지 않는다.
- 병원 측이 협박, 유언비어 등으로 파업을 방해할 시 즉시 지도부에 알린다.
4. 환자, 보호자와 불필요한 마찰을 일으키지 않는다.

5. 기자나 외부인이 대화를 요구할 시 지도부나 질서유지대에 알린다.

6. 지도부의 투쟁 방침을 철저히 따르고 문제점 발생 시 즉시 보고한다.

7. 필수유지업무 협정에 따른 인원 배치는 쟁의대책위원회의 지침에 따른다.

8. 농성에 필요한 간편한 복장, 세면도구, 물통 등을 준비한다.

9. 조합원은 병원 내 기물을 파손하지 아니한다. 단, 병원 내 기물을 파손하는
   자는 병원의 첩자로 간주한다.

모든 준비를 마쳤다. 이제 조합원만 기다리면 된다. 과연 얼마나 참여할까? 조정중지가 결정되며 새 노조가 쟁의행위 신고서에 밝힌 조합원은 1410명이다. 이 가운데 필수유지업무 인력을 빼면 1000여 명의 조합원이 참석해야 한다. 간부들의 얼굴마다 애끓고 속 타는 형색이 묻어났다.

"솔직히, 처음 해보는 파업이라 잘될까 안될까 생각도 못 했던 것 같아요. 긴박한 상황이잖아요. 고민도 여유가 있어야 하는 건데. 그냥 하는 거야, 그런 마음이었던 것 같아요."

이왕희는 그때의 애끓음을 이렇게 갈무리했다.

"난, 무조건 이건 된다고 생각했어. 그래서 내가 뛰어들었다고 생각해. 그렇게 잘될 거라고 확신이 있어서 시작했다고…."

양영모의 회고다.

"어떻게든 되겠지. 대부분 이 생각이었을 거예요. 왜냐면 모두가 처음 해보는 일이잖아요. 잘될 거라 말 거라 생각조차 할 수 없었고… 솔직히 말해서 나 봐봐, 나보고 출석부 다 관리하라고 그랬는데 내가 뭐

해봤나? 자기 능력 최대한 발휘해가면서 상황에 시간 맞추면서 잠 안 자고 다 한 거지. 그러면서 어떻게든 되겠지 생각했어요."

김상우의 회고다.

밤 근무 간호사가 퇴근해야 할 8시가 넘었는데 움직이는 기색이 보이지 않았다. 7시 전에 출근해야 할 낮 근무 간호사에게는 간부들이 파업이 시작됐다며 자유의사에 따라 병동에 올라가지 않아도 된다는 것을 알렸다. 물론 병동으로 올라가는 간호사도 있었다. 카톡방에는 수간호사가 퇴근을 막고 있다는 글이 계속 올라왔다.

"시비충과 청수순대국이 간부 카톡방에 어느 병동에서 퇴근을 막고 있는지 글을 올렸어요. 그 글을 보고 현장에 있는 간부들을 계속 올려 보냈지요. 간부들은 병동에 올라가 벽시계를 가리키며 지금 몇 신데 퇴근 못 하게 하는 거냐며 항의했어요. 안병훈은 수간호사를 맡았어요. 아무래도 안면이 많았으니까. 다른 간부들은 퇴근하자며 간호사를 모았지요. 물론 눈치 보는 간호사도 있었고, 수간호사가 못 이기는 척 자리를 피하기도 하고, 어쨌든 한 명 한 명 쭈뼛쭈뼛 모였어요. 그리고 낮번으로 출근한 간호사에게는 오늘부터 파업인데 일할 거냐고 물었지요. 한두 명이 파업 참여하겠다고 빠지는 걸 보면서 남은 간호사들이 고생하겠다 싶었는지 합류하더라고요. 그때 가장 돋보였던 간부가 민규진 보건의료노조 가천대길병원지부 조사통계부장이에요 어린이병원 쪽을 맡았는데 병동 간호사 거의 전부를 인솔하여 오더라고요, 아마 노조 일 하면서 그때 가장 열정적이었고 뿌듯해한 것 같아요."

정영민의 회고다.

아침 7시, 간호부 낮번 근무자들이 병동으로 올라가지 않고 한두 명씩 회전문 안쪽, 출입 관리대 옆에 설치된 간이 책상 앞으로 줄을 서기 시작했다. 파업 출석 확인을 위한 줄이다. 30분이 지나자 회전문 밖까지 대기하는 줄이 길어졌다. 쌀쌀한 날씨에 조합원들을 문밖에 마냥 대기시키며 출석 확인을 할 수 없는 노릇이었다. 8시가 넘어서는 하는 수 없이 먼저 자리에 앉혔다. 조합원들은 생애 첫 파업이 마냥 즐거운 듯했다. 웃음과 재잘거림이 로비에 가득했다. 그 사이를 부서별 대의원들이 일일이 찾아다니며 출석을 확인하고 자리를 재조정했다. 그런데 출석부 명단에 없던 직원도 있었다. 탄압이 두려워 가입하지 않았던 직원이다. 간부들은 즉석에서 가입원서를 받고 해당 부서로 조를 편성해 배치했다. 파업 첫날 약 50여 명이 추가 가입했다. 다른 간부들은 아침 식사 대용품과 머리띠, 소식지, 프로그램 진행에 쓰일 각종 물품을 나눠 주느라 분주했다. 회전문에선 차가운 황소바람이 버름버름 일었다. 문이 한 바퀴 돌아갈 때마다 건물 밖에서 맴돌던 찬 바람이 로비로 불어닥쳤다. 문 가까운 쪽에 앉은 조합원들은 그때마다 몸을 본능적으로 움츠렸다. 이 때문에 몇몇 간부는 에스컬레이터와 로비를 경계 짓는 유리 분리대를 지지대로 삼아 피켓으로 방풍막을 가설하느라 애를 썼다. 오전 8시 30분이 되자 1층 로비에 더 이상 조합원들을 앉힐 수 없었다. 자리를 꽉 채운 것이다. 자연스럽게 2층 복도에도 앉혔다. 그곳도 곧 조합원들로 가득 메워졌다. 어느 사이 1000여 명의 조합원이 1층 로비와 2층 복도를 가득 메웠다. 1, 2층으로 조합원들을 나눠 앉히고, 각층 내에서조차 시선을 한곳으로 모을 수 없는 공간 구조도 문제였다. 중앙 무대를 공유하는 방법이 필요했다. 그렇다고 실황중계 장비를 갖춘 것도 아니었다. 하는 수 없이 중앙 무대 시선이 닿지 않는 곳곳마다 유튜브를 시청할 수 있도록 했다. 스크린을 설치하고 빌려 온 노트북에 빔프로젝터를 연결해 적정 거리와 각도를 잡으며 가용 화면 크기를 최대화하는 것까지 간부들은 또 진땀을 흘렸다.

"시작부터 예상을 잘못했어요. 우리가 생각했던 것 이상으로 조합원이 너무 많이 나온 거예요. 출석 점검부터 감당할 수 없었어요. 어떻게 하면 효율적으로 출석 점검할 수 있을지 고민도 많이 했지요. 그래서 2018년 파업이 끝나고 출석 점검하는 바코드까지 만들었어요. 쓰지는 않았지만, 여하튼 한 번 하고 나니까 노하우가 생긴 거죠."

김상우의 회고다.

"은박지 까는 일도 엄청났어요. 사람들이 몰려오는 걸 보면서 계속 바닥에 깔았으니까…."

정영민의 회고다.

"아, 기억난다. 응급실 간호사들이 안 나왔었는데…, 마지막으로 합류한 거야. 박수 소리가 정말 컸어."

심성보의 회고다.

총파업! 그렇게 '길'은 불꽃이었다.

"병동에서 전화 오면 어떻게 한다?" "안 받는다!" "언제까지?" "끝날 때까지!" "아니 승리할 때까지!" "까르르ㅡ." "좋아요, 한 자라도 줄여야 하니까 '끝날 때까지!'로 합시다. 언제까지?" "끝날 때까지!" "병원 친구에게 전화 오면 어떻게 한다?" "파, 업, 참, 가!" 정진희가 목청껏 "어떻게 한다?" 물으면 '단결 투쟁' 빨간 머리띠를 맨 조합원들이 일제히 떼창으로 화답했다. 오전 8시 30분경부터 1일 차 출정식을 앞두고 참가자들과 몸풀기를 이어가는 자리였다.

"출정식 앞풀이가, 뭐랄까, 정진희 국장의 장악력이 돋보이는 무대였어요. 사실 처음 하는 파업에 조합원뿐만 아니라 모두가 정신없고 어수선하잖아요. 그 대오를 한순간에 하나로 모아낼 정도로 압도적이었지요. 그것만이 아니에요. 2018년 전체를 함께했잖아요. 간부들과의 친화력, 현장에서의 활동, 단연 독보적이었지요."

심성보의 회고다.

"정진희 국장님은 현장에서 정말로 중요한 순간마다 진두지휘했어요. 구심점이었지요, 구심점! 우리가 움직이는 데 90프로 역할을 했어요. 노조 활동을 하는 데 거의 표준이랄까, 이상형이었죠."

김상우의 회고다.

"정진희 국장은 병원 측에 대한 분노로 치를 떨었어. 우리와 똑같았던 거지. 근데 그게 가장 큰 단점이라는 지적도 있어. 나는 물론 그렇게 생각하지 않지만, 현장에 지나치게 동화되면 또 거기에 매몰될 수 있다는 건데, 사실 그런 것들이 더 좋았던 것 같아."

정영민이 심성보, 김상우의 회고에 덧붙였다.

몸풀기는 '길을 연다'의 진행으로 이어졌다. '길을 연다'는 조합원들에게 〈우리는 가지요〉 율동을 강습하고 〈아모르 파티〉를 개사한 〈4 out 파티〉를 신나게 춤추며 분위기를 한껏 띄웠다. 그 사이사이를 연두색 조끼에 '단결 투쟁' 머리띠를 팔뚝에 묶은 간부들이 저마다 맡은 일을 하느라 분주히 오갔다. 공간 특성 때문에 어쩔 수 없었지만, 유튜브 생중계로 파업 대오를 운영하는 데에는 많은 장애가 있었다. 이따금 중계가 끊어지기도 하고, 중계가 되더라도 한 박자 늦었다. 조합원들의 반응도 그 박자에 따라 달랐다. 자연히 진행자는 속도를 느리게 느리게 조율할 수밖에 없었다. 그렇게 조율하다가 답답하다 싶으면 1층 조합원 함성 지르기, 2층 조합원 함성 지르기를 수시로 반복하여 대오를 하나로 묶어냈다. 방풍막을 가설했지만, 회전문 가까운 쪽은 몸을 떨 정도로 추웠다. 이 때문에 사회자는 프로그램이 바뀔 때마다 펭귄이 허들링하듯 자리를 옮겨주곤 했다.

"돈이 없다고 합니다. 그런데 뇌물을 주었습니다. 그 돈은 누구의 돈입니까? 바로 우리가 일해서 번 돈입니다. 무리하게 요구하지 않았습니다. '공짜 노동' 없애고 적정한 인력과 임금 보장하라고 한 것입니다. 그런데 병원은 왜 피켓 들었냐, 대화해야지, 엉뚱한 소리만 합니다. 우리가 언제 대화하지 않았습니까? 우리는 지난 8월 28일부터 교섭했습니다. 충분히 알아들을 만큼 얘기했습니다. 그런데도 대화하지 않고 투쟁만 하려 한다고 생떼를 부립니다. 생떼를 들으면 들을수록 병원장과 행정원장이 책임질 수 없다는 말로 들렸습니다. 병원장과 행정원장이 책임질 수 없다면 누가 책임져야 합니까? 이길여 설립자가 직접 문제 해결에 나서야 합니다. 그때까지, 우리가 승리할 때까지, 투쟁하실 거지요?"

"네—!"

"끝까지 함께하겠습니다."

파업 출정식에 나선 강수진의 대회사다.

"수많은 교섭을 해봤지만 이렇게 기막힌 경우는 처음 봤습니다. 지방 노동위원회에서 병원 측이 보인 태도는 무책임뿐이었습니다. 지방노동 위원회 공익위원들도 혀를 내두를 지경입니다. 반드시 바로잡아야 합니다. 우리는 어제 대기 농성을 하면서도 진정으로 파업 없이 해결하기를 바랐습니다. 우리의 진정을 무참히 짓밟은 것입니다. 여러분! 길병원이 17개 건물을 세우는 동안 우리는 피눈물을 쏟았습니다. 무책임을 바로잡고, 정당한 보상이 뒤따라야 합니다. 우리의 힘으로 만들어갑시다. 그렇게 하실 수 있지요?"

"네─!"

"끝까지 투쟁하여 반드시 승리하겠습니다."

격려사에 나선 박민숙의 목소리가 조합원들의 가슴에 날카롭고 격렬하게 울리며 박히는 듯했다.

"왜소한 덩치에 그런 목소리가 나오는 줄 몰랐어요. 다들 귓속이 우렁우렁했을 거예요. 나도 짜릿짜릿했으니까! 연설의 힘 때문에 조합원들에게 뭔가 더 믿음이 생기는 부분이 있었던 것 같아요. 저희 조합원들은 그런 연설을 처음 접하니까 많이 반했던 것 같아요. 이래서 본조고 본부구나! 믿음이 솟았다고 할까?"

박민숙의 연설에 대한 이정구의 회고다.

정영민의 사회로 진행된 출정식은 보건의료노조 인부천본부와 민주노총 인천본부 소속 전임 간부들이 대거 참석해 힘을 보탰다. 원종인의 격려사에 이어 참석한 인부천본부 소속 전임 간부들 전원이 짧은 소회로 파업을 응원했다. 새 노조 간부들도 한 명 한 명 소개하며 결의를 더했다. 간부들은 자신의 이름이 불리면 이곳저곳 맡은 일에 열중하다 튀어나오곤 했다. 그 걸음걸음마다 박수 소리가 컸다. 시민·노동사회단체 대표자들도 참석해 지지 발언을 이었다. 또한 보건의료노조 중앙 사무처 간부들이 대거 함께해 지부에서 미처 손길이 닿지 않은 부분을 보완했다. 출정식이 무르익을 무렵 방송사 서너 곳에서 카메라를 돌려댔다. 카메라 렌즈에 팔뚝질이 한결 거세지고 구호와 함성이 한층 커졌다.

"본조 간부들 모습 보고 놀랐습니다. 우리 간부들이 무언가 주저하면 바로 나타나 하나하나 챙겨주고, 뭔가 비었다 싶으면 순식간에 메꿔주더라고요. 역시 전문가다웠습니다. 아! 이래서 본조구나, 산별노조란게 뿌듯하다고 할까? 안심된다고 할까? 그런 생각이 들더라고요."

민규진의 말이다. 파업 1일 차 평가회의에서다.

파업 기간 내내 하루 일정을 끝내고 평가회의를 진행했다.

평가회의에서 가장 크게 문제 된 것은 공간 구조 때문에 설치한 영상, 음향이었다. 전문가를 찾을 수밖에 없었다. 지역사회를 잘 알고 있는 정진희에게 맡겼다. 정진희는 강무성에게 연락했다. 강무성은 직장을 다니고 있어 토요일, 일요일 꼬박 이틀 동안 영상·음향 시스템 조종에 매달렸다. 사례를 건넸지만, 길병원 노조의 사정을 잘 알고 있어서인지 연신 손사래만 칠 뿐이었다. 그의 손길로 영상과 음향은 이전과 확실히 다르게 안정됐다.

"회의 때마다 간부들은 피곤했는지 거의 다 졸았어요. 그런데 신기하게도 중요한 결정을 할 때면 눈이 초롱초롱한 거예요."

정진희의 회고다.

출정식이 끝나고 강수진은 방송사 인터뷰로, 정진희는 이곳저곳에서 걸려 오는 기자의 전화를 받느라 분주했다. 새 노조는 19일의 상황을 대비하여 '가천대길병원, 19일 총파업 돌입', '가천대길병원, 19일 새벽 1시 임단협 조정 통해 극적 합의' 두 종류의 보도자료를 준비해놓은 상태였다. 아침 6시 30분 '가천대길병원, 19일 총파업 돌입'이라는 보도자료를 배포했다. 오전 7시 헬스코리아뉴스의 "가천대길병원 오늘부터 사상 첫 총파업 돌입"이라는 기사를 시작으로 보도가 이어졌다. 보도자료에 이어 예정된 "이길여 가천대길병원 설립자 파업 사태 직접 해결 촉구 기자회견"과 관련한 취재요청서를 곧바로 배포했다. 그리고 한 명 한 명 맡은 역할을 점검하고 서로 파입 첫날의 상황을 아울렀다.

인천 지역 사회도 발 빠르게 나섰다. 파업 당일, 인천지역연대[27] 명의로 "길병원노조의 파업은 '비정상의 정상화'를 위한 정당한 투쟁"이라는 성명 발표가 그것이다.[28]

오전 프로그램이 끝났다. 조합원 참여 규모와 일사불란함에 간부들

---

27 인천지역연대 참가 단체: 민주노총 인천본부, 건설노조 경인본부, 공공운수노조 인천본부, 공무원노조 인천본부, 금속노조 인천지부, 금속노조 한국지엠지부, 대학노조 경인강원본부, 보건의료 인부천본부, 언론노조 인천일보지부, 전교조 인천지부, 화섬노조 인부천지부, 민주택시 인천본부, 건강한노동세상, 남동희망공간, 노동자교육기관, 노동자연대인천지회, 노동희망발전소, 민주평화초심연대, 사회진보연대 인천지부, 서구민중의집, 청년광장 인천지부, 인천민주화운동계승사업회, 인천민예총, 인천빈민연합, 인천사람연대, 인천여성회, 인천평화와통일을여는사람들, 평등교육실현 인천학부모회, 인천평화복지연대, 전국여성노조 인천지부, 천주교인천교구 노동사목, 노동당 인천시당, 민중당 인천시당, 정의당 인천시당, 사회변혁노동자당 등 35곳이었다.

28 "[성명서]길병원노조의 파업은 '비정상의 정상화'를 위한 정당한 투쟁…인천지역연대", 아주경제, 2018. 12. 20. ⟨https://www.ajunews.com/view/20181220075857510⟩

모두가 놀랐다. 근 한 달 동안 조기 출근, 중식 선전 활동과 현장 순회, 누구랄 것 없이 간부 모두가 전력을 다해온 결과였다. 조합원들에게 11시 30분부터 1시까지 약간 길다 싶은 점심시간을 갖게 했다. 비록 김밥 한 줄이었지만, 누구 하나 불만을 토로하는 조합원은 없었다. 병원 밖으로 나갔다 오는 조합원도 없었다. 파업 첫날이었기에 혹시라도 관리자와 마주쳐 껄끄러울 수 있다는 긴장 때문인 것 같았다. 삼삼오오 재잘거림만 로비를 가득 메웠다.

간부들도 모처럼 짬이 났다. 로비 한쪽 귀퉁이에 함께 모여 아침에 남은 식사 대용품과 김밥으로 허기를 채우고 로비 농성장 곳곳으로 흩어졌다. 조합원들 사이에 대다수 간부가 무릎을 모아 팔짱을 낀 채 무표정하게 은박 깔판에 앉아 있었다. 어떤 간부는 아무 생각 없이 멍때리다 졸기를 반복하는 듯도 보였다. 아마 전날부터 잠도 거의 못 자고 내달려 눕고 싶은 마음이 굴뚝같았을 것이다. 그렇지만 1000여 명의 조합원 속에서 게다가 중간관리자들이 수시로 왔다 갔다 하고 외래를 찾는 환자 보호자도 있어 어쩔 수 없는 노릇이었다. 그렇게 짧은 망중한을 보냈다.

'바람개비'에 있는 간부들은 사흘 내내 교섭하느라, 조정 회의 참석하느라, 파업 전야제 함께하느라, 상황 조율하느라, 언론 작업하느라 기진맥진이었다. 제대로 잠도 못 자고 때로 식사도 걸렀다. 입에서는 단내가 나 음식이 당기지도 않았다. 아침에 파업 지원을 위해 찾아온 보건의료노조 중앙 사무처 간부들도 식사를 위해 자리를 떴다. 교섭을 함께한 몇몇 간부만 '바람개비'의 목이 칼칼해지는 메마른 공기에도 의자 깊숙이 몸을 기대고 멍멍하게 쉬었다. 찬 바람이라도 쐬었으면 좋겠다 생각했지만, 몸이 무거웠다. 그렇게 초주검이었다.

"좀 먹어야지요?" 임아연 보건의료노조 법률팀장이었다. 그녀의 손에는 회초밥 도시락이 들려 있었다. 풀어놓은 도시락에서 생고추냉이의 냄새가 훅하고 코를 후볐다. 입맛이 당겼다. 생고추냉이를 살짝 찍어 입안에 넣자, 멍멍하던 머리가 찬 바람을 쐬고 온 것처럼 생기가 돌았다. 텁텁하던 혀에서 바늘이 싱싱하게 돋았다. 누군가 "참 맛있네" 하는데 안병훈이 "도루묵 아니겠지?" 그 우스개도 맛깔스러웠다. 같은 날은 아니었지만 오명심은 파업 기간에 이따금 상황실로 자신이 아르바이트하는 커피숍 '마실'의 아메리카노 원액을 갖고 왔다. 희석하여 얼음을 띄우면 '바람개비'의 후텁지근한 공기를 씻어내는 듯했다.

현재 병원의 경영진에게는 아무런 힘이 없다는 것이다. 교섭 과정에서 어떤 부분은 노동조합의 주장에 고개를 끄떡이면서도 합의를 할 수 없다는 태도를 보며 시나브로 확신으로 바꿨다. 그리고 일명 '길타운' 곳곳의 조형물과 게시된 사진에 뻗은 눈길이 굳어졌다. 가천대길병원의 첫 파업 사태를 조속히 해결하고 사회적 소명에 맞는 역할을 회복하기 위해서는 이길여 가천대길병원 설립자가 있어야 한다는 당연한 결론에 이르렀다.

이 같은 결론에 많은 인천 시민이 공감하는 듯하다. 가천대길병원의 파업 사태를 알고 있는 인천 시민들은 '이길여'라는 이름을 함께 부르는 경우가 다반사다. 이길여 가천대길병원 설립자는 이러한 사회적 호명에 응답해야 한다.

오후 2시에 진행된 기자회견문 일부다.

기자회견이 끝나고 정영민은 파업에 대한 관심을 최대한 끌어올리기 위하여 조합원들에게 포털사이트 '다음'의 실시간 검색을 요청했다. 순식간에 1위로 올라섰고 조합원들은 환호했다.

　'역린?', 그리고 이길여. 2018년 새 노조 설립 이후 가천대길병원 내에서 회자했던 말이다. 누가, 어떻게 역린을 건드렸는지 모르지만, 그녀는 가천대길병원의 처음과 끝이었다. 생일 축하 동영상, VIP 18원, 각종 비리, 그리고 노동 탄압, 누구나 그녀를 가리켰다. 새 노조는 설립 초기 가천대길병원의 문제점을 드러내며 그녀를 호명했다. 그러나 단체교섭이 진행되면서 그녀를 부르지 않았다. 첫 교섭에서 김양우 병원장의 "병원장으로서 재량권을 갖고 직원이 만족하는 병원을 만들도록 노력하겠습니다"라는 발언에 은근한 기대가 있었기 때문이다. 그런데 파업까지 치닫게 되면서 그 기대가 물거품이었음을 절감했다. 그리하여 다시 그 이름을 불렀다. 다만 '사회적'이라며 호명의 수위를 조절했다. 이에 따라 '사회적 소명에 맞는 역할'로서 면담을 요청하기도 했다. 응답은 없었다.

　혼란은 병원 측이 겪고 있었다. 12월 14일 새 노조는 병원 측에 성실교섭을 통하여 원만한 해결을 희망하나 파업이 진행될 경우를 대비하여 입·퇴원 관리와 환자 전원 조치를 요청했다. 그러나 병원 측은 전혀 대비하지 않은 상태였다. 파업을 고려하지 않았거나 참여 규모 예측을 잘못한 듯하다. 가천대길병원은 1천400여 병상 규모의 인천시 최대 의료기관이다. 평균 1천100여 병상 이상을 가동했다. 그런데 병상 업무를 보고 있는 병동 간호사 대부분이 파업에 참여했다. 필수유지업무에 해당하지 않기 때문이다. 수간호사와 일부 비조합원으로 업무를 봤지만 역부족이었다. 비조합원 가운데에는 고된 일 때문에 출근하다 새 노조를 찾아와 가입원서를 쓰고 곧바로 파업에 합류하기도 했다. 파업 중에도 조합원이 꾸준히 늘어난 이유다. 이 때문에 병원 측은 응급실, 중환자실 등에 필수유지업무를 위해 노조에서 배치한 조합원을 병동에 근무하게 했다. 병원 측이 필수유지업무를 지키지 않은 것이다. 물론 새 노조는 항의했다.

총파업의 위력은 곧 나타났다. 파업 소식이 알려지자 응급실 내원 환자가 줄었다. 병동의 환자는 떠밀리다시피 퇴원을 당했다. 원하지 않는 퇴원 과정에서 환자, 보호자와 옥신각신하는 일도 빚어졌다. 병원 측에서 새 노조에 상황을 정확히 알리고 함께 수습하자고 요청했다면 혼란을 줄일 수도 있었을 것이다. 실제 새 노조는 이러한 혼란을 수습하고 비상 상황에 대비하기 위하여 '응급 대기반'을 편성하고 있었다. 그러나 병원 측은 혼란 수습에 나서기보다 새 노조의 조정 절차에 따른 합법 파업을 불법이라며 조합원 개개인에게 손해배상을 청구하겠다는 등의 겁박에 더 집중했다.

중부고용노동청의 근로감독관 2명이 현장을 방문했다. 상황실장과 가천대길병원 담당자다. 그들은 상황실 '바람개비'를 찾기 전 현장의 파업 대오 규모, 각종 유인물, 벽보 등을 파악했을 것이다. 새 노조는 그들에게 빠른 교섭을 통하여 원만한 해결할 수 있도록 노동청의 역할을 요청했다. 근로감독관은 내일 중 교섭을 주선하겠다는 말을 남기고 떠났다.

첫날의 모든 일정이 끝나고 조합원은 귀가했다. 간부들도 하루 평가

회의를 마치고 철야 농성조 외에는 모두 돌아갔다. 새벽 5시 조정중지부터, 아니 전전날부터 교섭을 이어오다 조정중지까지의 마라톤 협의, 그리고 파업 전야제, 출정식, 기자회견 그 사이사이 보도자료, 취재 요청서, 기자회견문 배포, 병원 측과의 몇 차례 주고받은 날 선 공문 등등이 페이드아웃으로 흘렀다.

페이드아웃이 된 현장에 정영민이 보이지 않았다. 그는 처가의 어른을 만나고 있었다.

"장인어른이 왜 너냐고 언성을 높이시더라고요. 그러면서 저보고 딸아이를 돌볼 수 없으니 당신 집 근처로 이사 오라고 하셨어요. 그때 딸애는 강화도 아버지 댁에 맡기고 있었는데 미안했지요. 장인의 성화가 컸지만 뿌듯한 일도 있어요. 제가 사내 부부잖아요. 처가 쪽이, 아주 멀지만 설립자 집안과 조금 닿는 연이 있었어요. 그래서 처음 노조를 만들었을 때부터 처가 쪽 반대가 컸어요. 아내가 마음고생 많았겠지요. 그런데 조정 신청 보고대회 때 아내가 맨 앞줄에 앉아 있는 거예요. 아, 내가 인정받는다는 느낌이었죠."

정영민의 회고다.

정진희는 잠시 바깥 찬 바람에 몸을 맡기다, '바람개비'로 되돌아가는 길 위에서 본관 건물을 우러러봤다. 환하게 불이 켜져 있어야 할 병동 몇 곳의 불이 꺼져 있다. 아마 병동마다 환자가 줄자 옆 병동으로 이동시키고 빈 병동은 불을 끈 것 같았다. 로비에 들어와 파업 대오가 앉았던 자리를 한 바퀴 도는데 대자보에 놓은 글귀 하나가 눈을 붙잡았다.

"흔들리지 마! 우리가 가는 길이 꽃길이야!"

그 꽃길 위에 또 하나의 전선이 있었다. 바로 카톡방이다. 카톡방은 조정 신청 보고대회 이후 물밀듯 가입이 쇄도해 1000명에 육박했다.

"누구나 참여할 수 있는 카톡방은 병원 측에서도 조합원들을 교란할 수 있잖아요. 사실 노조설립 초기부터 알게 모르게 온라인 팀과 현장 팀으로 나뉘어 있었는데 11월 무렵부터 확실하게 구분된 것 같아요. 카톡방은 저와 청수순대국, 체게바라가 그때부터 24시간 마크했어요. 새벽 두 시에서 네 시까지는 니가 맡고 네 시부터 여섯 시까지는 내가 맡고, 이런 식으로… 그때 아내랑도 엄청 싸웠어요. 육아하느라, 일하느라, 카톡방 관리하느라 정말 힘들었어요. 1분에 수백 개씩 글이 올라오는데 정신이 없었지요. 아! 찾아봤는데 12월 20일 오전 10시 무렵 카톡방에 1000명이 들어왔네요. 그때까지 카톡방은 정원이 1000명이었어요. 조합원들은 정원 늘려달라고 계속 글을 올렸어요. 우리가 어떻게 할 수 있는 일이 아니잖아요. 할 수 없이 방을 하나 더 만들었어요. 그 방에도 500명쯤 들어온 것 같아요. 두 방을 다 챙기다 보니 정신이 없을 수밖에요. 카톡방 방장이 카카오톡 회사에 인원 늘려달라고 전화했어요. 하루나 이틀 후였던가? 결국 늘려줬어요. 그때 정진희 국장님에게 들었는데 '직장갑질119'도 1000명 정원에 묶여 있었데요. 아마 우리가 최초일 거예요."

시비충의 회고다.

11. 너무 조급해하지 말아요

파업 2일 차, 날이 밝았다. 파업 참여 인원은 더 늘었고 진행은 순조로웠다. 보건의료노조 소속 지부와 지역의 노동조합 그리고 시민사회 단체, 개별 인사의 지지 방문이 끊이지 않았다. 파업 첫날부터 끝나는 날까지 하루도 빠짐없이 오는 노동단체도 있었다.

대책 회의에서는 하루하루 일과의 대략적인 가닥을 마련했다.

5:30~6:00 철야 농성조 기상

6:30~7:20 출근 선전 활동(대책 회의)

7:20~8:00 조장 회의

8:00~9:30 전체 집결 및 자리 잡기(조별 모임, 몸풀기, 사전 마당)

9:30~10:30 출정식(개회사, 격려사, 연대사, 파업가 제창)

10:30~11:30 놀이(각종 행사, 기자회견, 외부 집회, 자유로운 프로그램 등)

11:30~13:30 점심 식사

13:30~14:00 조별 모임

14:00~14:30 율동 및 노래 배우기(율동패)

14:30~15:30 교육

15:30~16:00 마무리(생일자 축하, 하루 경과보고 등)

16:00~16:30 주변 정리 후 귀가

16:30~17:20 조장 회의

17:30~18:30 쟁의 분과장 회의

18:30~20:00 저녁 식사

20:00~ 분과 및 임원 회의 후 농성조 철야 대기

병원 측의 적대적 태도는 2일 차에 접어들자 한층 노골적이었다. 똑같은 내용의 공문이 반복됐다. "로비에서 구호를 제창하는 등의 행위는 환자의 안정과 비조합원의 업무 수행을 방해하는 행위로 이후에도 유사한 상황이 발생할 때는 개개인 모두에게 법적 책임을 묻겠다"는 것이다. 또한 소음이 크다며 로비에 측정기를 설치했다. 밥도 주지 않겠다고 했다. 병원에서 제공하는 1일 1식은 근무할 때 무상으로 주는 것인데 파업 참여는 무급이므로 식사를 할 수 없다며 공지까지 붙였다. 그러나 아무도 개의치 않았다. 오히려 기름을 부은 격이 됐다. 조합원들은 "치사하다", "해도 해도 너무한다"라며 분통을 터트렸다. 오히려 동료에게 파업 참여를 권유하며 각오를 다졌다.[29]

"점심시간을 많이 주니까 조합원들이 너무 좋아하는 거예요. 직원 식당을 이용하지 못하게 했잖아요. 자비로 식사했는데도 그 시간만 기다리는 것도 같고. 언제 간호사들이 점심 먹고 차 한잔 마시면서 수다를 떨 수 있겠어요. 그게 좋았던 것 같아요."

정영민의 회고다.

식비 제공은 논란이 되었다. 신규 노조로 조합비가 많지 않았다. 결국 조합원 스스로 해결하는 것으로 했다. 파업이 길어지면서는 도시락

---

29 "[길병원 총파업] 파업 참가자는 밥도 먹지 마라?", 인천투데이, 2018. 12. 20. 〈https://www.incheontoday.com/news/articleView.html?idxno=112620〉

을 싸 오는 조합원이 늘어갔다. 조별로 삼삼오오 친한 조합원끼리 각각 별미를 곁들인 점심은 가장 즐거운 시간이 됐다. 조합원들은 점심을 먹고 이야기를 나누다 식곤증이 밀려오면 은박 깔판 위에 그대로 몸을 맡겼다.

오전 10시 30분 '뇌과학연구원' 회의실에서 단체교섭이 예정돼 있었다. 예정된 시간이 되었는데 회의실 불이 꺼져 있었다. 평소 같으면 병원 측 교섭위원들이 먼저 도착해 불을 켜놓고 기다렸을 것이다.

"인력관리팀장 박춘만이 연락이 안 된다고 합니다. 지금 찾고 있다는데…." 정영민이 인력관리팀에 확인했다.

교섭으로 파업 사태를 해결해야 했다. 병원 측 모든 교섭 과정을 총괄했던 박춘만이 그 역할을 해야 한다. 그런데 연락이 닿지 않는다는 것이다.

"아니 박춘만 없다고 천 명이 파업하고 있는데 교섭을 못 한다고? 이게 말이 돼?" 정진희가 교섭을 참관하러 온 근로감독관이 들으라는 듯 날카롭게 소리를 높였다.

근로감독관들도 당황한 모습이었다.

"병원 만나보고 연락드리겠습니다."

박춘만이 사라졌다. 인력관리팀에서 집에까지 찾아가 확인까지 했다고 한다. 그는 가족에게 며칠 집에 못 들어올 거라는 말만 남겼다 한다. 핸드폰도 받지 않는다고 했다. 강원도에 머리 식히러 갔다는 말도 들렸다.

"상황 모르시겠어요? 아니 지금 병동 운영이 중단되고 천 명이 넘는 조합원이 무노동무임금 맞아가며 파업하고 있는데 머리 식힌다고 강원도 갔다는 게 말이 돼? 그리고 병원장도 있고 행정원장도 있고 다른 실무자는 다 있잖아요. 정탐만 하지 말고 교섭하라고 하세요." 정영민이 '바람개비'로 찾아온 근로감독관에게 쏴붙였다. 그러나 속내는 편안하지 않았다. 박춘만은 병원의 핵심이며 가장 총애를 받는 인물 중 한 명이었다. 가천대길병원 60년 최초로 병원을 전면 마비시키는 일을 자신이 일으켰다고 생각할 수도 있겠다 싶었다. 혹시 이상한 마음을 품지 않을까 하는 걱정도 일었다.

"솔직히 마음 한쪽에선 약간의 걱정과 경영진이 무책임하다는 생각이 겹쳤어요. 며칠 뒤 면도도 안 하고 털북숭이가 돼 나타난 박춘만을 보니까 그냥 어이없어 헛웃음만 나오더라고요."

정영민의 회고다.

결국, 교섭은 이루어지지 않았다. 근로감독관이 병원 측을 설득했지만, 요지부동이라는 것이다. 파업 3일 차도 마찬가지였다.

이에 새 노조는 "지역사회 의료공백 무책임, 필수유지업무 악용, 불법파업 매도, 단체교섭 해태, 가천대길병원은 파업 사태 장기화를 유도하는가?" 제하의 성명을 발표하고 성실 교섭을 촉구했다.

"일주일 내에 교섭 안 할 거예요. 간 보겠지요. 파업 대오가 얼마나 될지, 자중지란은 없는지, 조합원을 흔들어볼 수 없을까, 간만 보려 할 거여요. 너무 조급해하지 말아요." 몇 해 전 다른 병원 파업에서 정해선 부위원장이 했던 말을 곱씹었다. 그러나 '얼마나 더 기다려야 하는가?'와 '질긴 놈이 이긴다!'가 가슴속에서 자꾸 교차했다.

1000여 명의 파업 대오는 흐트러짐 없이 하루하루를 견뎌냈다. 조합원들은 아침 8시에 집결하여 오후 4시에 귀가했다. 하루하루 분노와 투쟁의 의지를 즐겁게 드러내며 주어진 일과를 유쾌하게 마무리했다.

"로비에서 2층까지 조합원들이 쫙 자리를 잡았잖아요. 그런데 너무 좁다며 카톡방에는 3층 언제 올라가느냐는 글도 올라오곤 했어요. 아마 3층 복도 난간 쪽에 붙어 대오를 살피는 병원 측 관리자들이 꼴 보기 싫어서 더 그랬던 것 같아요. 3층뿐 아니었어요. 4층에도 5층에도 쫙 달라붙어… 그뿐만 아니었어요. 어떤 수간호사는 지나가는 척하면서 파업 대오 이쪽저쪽을 훑어봤어요. 아마 눈이라도 마주쳐 어린 간호사들을 쫄게 만들려는 심보였겠지요. 그런데 분위기는 그러거나 말거나였어요."

이왕희의 회고다.

"3, 4층에서 내다보는 감시자들이 정말 많았어요. 감시자인 병원 측 관리자들의 시야를 가리기 위해 간부들과 질서유지대에서 바리케이드를 쳤어요. 인간 바리케이드이지요. 어떤 관리자는 대오 속으로 들어오려고도 했는데 간부들 위세에 번번이 밀려났어요, 그래도 조합원들은 참 질서 있게 행동했던 것 같아요."

이왕희의 말을 심성보가 거들었다.

하루를 마무리할 때 빠짐없이 등장하는 노래가 있다. 이왕희의 랩 〈투쟁〉이다. 〈투쟁〉은 12월 5일 조정 신청 보고대회에서 처음 선보였다. 물론 파업 전야제 때도 불렸다. 불과 두 번이었지만 단순하면서 반복되는 가사와 가락으로 이루어진 훅송(hook song)의 중독성으로 조합원들은 어느 대목에서 어떻게 응답해야 하는지 정확히 꿰뚫고 있었다.

이왕희는 무선마이크로 1층 로비 중앙 무대에서 시작하여 에스컬레이터로 2층을 오르내리면서 파업 대오 구석구석까지 훑으며 노래 불렀다. 조합원들은 이왕희가 지나갈 때마다 손 피켓을 더 격하게 흔들어 댔다. 가사 말이 '자유를 원해/ 권리 찾길 원해/ 그럼 필요한 건/ 필요한 건'이라 흐를 때는 떠나갈 듯 '투쟁'을 외쳤다. 그때마다 이왕희의 목소리는 더 커지고 이에 질세라 조합원들의 몸동작도 격렬함이 더했다.

"조금 낮추고, 자제하면 좋겠는데…."

소음 측정기를 가리켜봐도 '투쟁'의 폭발음은 하루가 다르게 커졌다.

"랩 〈투쟁〉은 정진희 국장이 한번 만들어보라고 해서 시작했어요. 제가 학교 다닐 때 음악을 약간 했는데, 안양에 녹음실을 가진 친구가 있어요. 거기에서 녹음까지 해왔는데 영 반응이 안 좋은 거예요. 근데 정진희 국장이 계속 채근해서 만들게 된 거예요. 아, 그리고 제가 그때 가천대에서 학위 밟고 있었잖아요. 그래서 노래 부르는 건 제가 안 하려고 했어요. 다른 사람을 찾았는데 마땅한 사람이 없는 거예요. 그때 성보가 래퍼 마미손처럼 얼굴 없는 가수로 하자고 했는데 그게 쉬운 일이 아니잖아요. 그냥 부르게 된 거지요."

이왕희의 회고다.

"파업할 때 하루 일정이 '투쟁'으로 시작해서 '투쟁'으로 끝났지요. 사실 왕희가 그 노래를 만들어 왔을 때 처음 우리가 먼저 들었어요. 처음 들었을 때는 노래 같지 않은 거예요. 이것 빼고 저것 빼고 고쳐봤는데 마찬가지였어요. 이게 무슨 노래냐 많이 놀렸지요. 근데 정진희 국장이 괜찮다고 부르자고 해서 부르게 된 거예요. 반응은 폭발적이었지요."

정영민의 회고다.

노랫소리가 잦아들고 조합원들이 귀가하면 로비는 세상의 모든 정적을 빨아들여 시간이 멈춘 듯 느껴졌다. 그만큼 이왕희의 '투쟁'으로 묶는 하나 됨은 강했다. 시나브로 '투쟁'의 여운과 정적이 빠져나가면 서서히 간부들의 시간이 됐다. 간부들은 조합원이 떠난 자리부터 정리했다. 저녁 식사 후에는 하루를 평가하고 부족함을 보완하여 다음 날 진행할 프로그램 운영 계획을 세우며 준비 상황을 점검했다. 어느덧 밤 10시다. 일부는 귀가하고 일부는 남았다. 남아 있는 간부들은 철야를 하며 농성장에서 쪽잠을 자고 새벽 5시 30분에 기상했다. 그런데도 누구도 힘들다고 하지 않고 아니 힘들다는 생각도 없이 모두 신명을 냈다. 3일 차 교육은 보건의료노조 법규부장 송혜미가 나섰다. 교육 주제는 '쟁의행위의 정당성과 부당노동행위'였다. 송혜미는 일방적인 연설도 아니고 1000여 명을 대상으로 교육한다는 것을 난감해했다. 특히나 1, 2층으로 나뉘어 조합원들이 보이지도 않는 여건에서 교육이 가당한가라는 의문도 들었단다. 그러나 보건의료노조 법률 담당 간부로서 고사할 수 없는 일이었다. '피할 수 없으면 즐겨라!', 그랬다. 최선을 다해서 즐기면 된다. 그렇게 생각하니 답이 나왔다. 지나치게 상세하고 복잡하면 1000명을 감당할 수 없다. 교육 내용을 최대한 간추리고 압축해 몇 장의 파워포인트(PPT) 자료로 만들었다. 마지막으로 긍정의 힘이 중요하다. 그녀의 교육은 시종일관 조합원들이 옳으며 부당노동행위 그까짓 거 별거 아니라는 냉소의 말법으로 냉소 너머의 웃음을 만들었다.

법규부장으로서 송혜미에게 맡겨진 역할은 교육뿐이 아니었다. 파업 과정에서 병원 측과 가장 부딪칠 수 있는 부분이 필수유지업무였다. 송혜미는 파업 내내 보건의료노조 가천대길병원지부 의료부장 김묘선, 보건의료노조 가천대길병원지부 조사통계차장 유은주와 필수유지업무 배정을 지휘했다. 필수유지업무 배정은 비조합원을 우선으로 하면서 조합원 가운데 파업 참가에 대한 열의, 개별 사정, 형평성 등을 참작했다. 유은주는 이 밖에도 파업 전체 과정을 기록하는 중요한 역할을 했다.

"송혜미 법규부장은 교육도 좋았는데, 그것 말고도 그 당시에 우리에게 제기되는 많은 법률적 문제를 정말 객관적으로 분석하여 알려주었어요. 카톡방에서도 팩트로 얘기할 수 있게 다 근거를 만들어주신 게 송부장님인데, 인상적이었어요. 나한테는 거의 네이버 지식인 수준이었으니까…."

양영모의 회고다.

"파업 프로그램 중 제일 재미있었던 것은 '사랑의 작대기'였어요. 수영이가 진행했는데, 진짜 웃겼어요. '사랑의 작대기'는 지부 간부들뿐 아니라 지켜보는 병원 측 관리자들도 재미있었는지 많이들 웃더라고요. 간부들이 그 정도였으니 조합원들은 어떻겠어요. 어떤 커플에게는, 사귀어라! 사귀어라! 1, 2층 파업 장소가 떠나갈 듯 소리를 질렀어요. 아마도 제일 집중했던 프로그램이었던 것 같아요. 아무래도 미혼 여성이 많은 사업장이라서 더 그랬을 수 있고요. 지금 생각해도 정말 웃겨요. 수영이가 저렇게 유머러스하고 재주가 많았어? 솔직히 놀랐어요. 밤새 준비했다고 하더라고요."

안병훈의 회고다.

병상 운영은 하루가 다르게 떨어졌다. 1100여 가동 병상이 파업 하루가 지나자 500여 병상으로 줄었다. 이틀이 지나자 80% 이상의 가동률이 23%로 떨어졌다는 소리도 들렸다. 토요일인 22일에는 응급실을 통한 입원이 2건, 수술이 2건 정도였다 한다. 이 때문에 필수유지업무로 운영되는 진단검사의학과와 영상의학과 업무는 여느 때보다 한산하기만 했다. 그런데 평간호사 95% 이상이 파업에 참여한 병동은 달랐다. 병동의 환자 수가 급감했지만, 남아 있는 수간호사와 비조합원은 하루 16시간을 일할 정도였다.

주말엔 조합원들을 쉬게 했다. 간부들은 전체 대책 회의를 통해 낮번, 밤번으로 나누어 대기 농성을 했다. 그러나 대기조가 아님에도 병원에 나와 집회 장소와 주변을 청소하고 물품을 정리하는 간부들이 많았다. 김휘동은 세 살이 다 된 딸아이와 함께 왔다. 파업 준비 때문에 근 한 달을 늦게 귀가했는데 자꾸 아빠를 찾았다 한다. 모처럼의 휴일, 아이에게 모든 시간을 맡겼다. 그래도 눈길이 병원으로 뻗었고, 하여 함께 온 것이었다. 마침 청소 중이었다. 아이에게 작은 밀대를 쥐여주었더니 간부들의 모습을 보고 은박 깔판을 계속 밀고 다녔다. 재미있었는지 연신 웃음이다. 누구랄 것 없이 아이 어르기에 마음을 냈다.

또 다른 조합원은 애완견에 머리띠를 묶어 카톡방에 올리기도 했다. 한바탕 댓글이 달리고 시름을 잊는 듯했다. 민철호는 영화 〈레미제라블〉의 〈민중의 노래〉를 개사해 카톡방에서 응원했다.

"쉬는 날에는 조합원들도 많이 왔어요. 먹을 걸 싸서…. 아, 영민이 형 딸 하람이와 아내 홍수은 조합원이 아무도 없는 로비 가운데 은박지에 덩그러니 앉아 있던 모습은 지금도 눈에 선해요. 둘 다 체구가 작잖아요. 영민이 형 때문에 거기 있었겠지만, 텅 빈 로비에 작은 체구의 모녀가 앉아 있는 모습이 마음 짠하게 오래도록 남아 있어요."

이왕희의 회고다.

"아, 파업 당시 솔직히 집에 딱 한 번 들어갔어."

이왕희의 말을 이어 정영민이 한마디 붙였다.

개사한 〈민중의 노래〉가 장중하게 울려 퍼진 파업 6일 차 월요일이다. 크리스마스이브이기도 했다. 파업 농성장에는 12월 초부터 병원에서 설치해놓은 트리가 있었다. 가뜩이나 공간이 비좁은데 자리만 차지하는 트리를 치우고 싶었다. 그러나 병원 측이 자칫 기물 파손을 주장할 것만 같이 조합원들에게 손대지 말 것을 당부했다. 프로그램이라도 진행하려면 트리에 장식된 깜박등의 불빛이 신경에 거슬렸다. 이브라 생각하니 거슬림이 더 컸다. 크리스마스 전에 끝낼 수 있겠지 하는 기대가 허망하게 무너졌기 때문이다.

조합원들은 달랐다. 병원 노동자의 대부분을 차지하는 간호사, 특히 3교대 나이 어린 간호사는 일과 집 사이를 쳇바퀴 돌듯 왔다 갔다 하는 경우가 다반사다. 그들에게 파업은 어쩌면 용인된 일탈로 받아들여질 수 있었다. 감추고 숨기는 일탈이 아니라 곁에서 지지하는 자존감 있는 일탈이라면 충분히 즐길 수 있다. 그 때문인지 프로그램 도중에 쉬는 시간에는 동료들과 재잘거리며 웃는 소리가 1, 2층을 가득 메웠다. 그렇게 조합원들은 '웃으면서 끝까지 함께, 투쟁!'했다. 24일, 대전을지대병원 신문수 지부장의 "파업 투쟁 이렇게 승리했다"라는 교육은 '웃으면서

—!'를 한 번 더 마음속에 확인해줬다.

헌혈 행사도 준비했다. 병원 입구에 세워둔 적십자사 인천혈액원 헌혈차에 조합원들은 조별로 바통을 이어받아 동참했다. 또한, 병원장에게 빠른 해결을 촉구하는 편지 쓰기도 했다.

"카톡방 조합원 글을 보면 재미있기도 하고 서글프기도 했어요. 3교대 간호사들은 근무시간 중에 밖으로 나갈 수가 없잖아요. 상근자들이 점심을 먹고 '스타벅스' 커피 사 들고 오는 것이 그렇게 부러웠나 봐요. 카톡방에 '스타벅스' 커피 사진을 올리며 '너만 먹냐 스타벅스? 나도 먹는다 스타벅스!'라는 글들이 올라오기도 했어요."

정영민의 회고다.

자칫 장기화로 접어들 수 있는 가천대길병원 파업에 인천시도 24일 관계기관 비상대책회의를 열어 대책을 논의했다. 대책 회의에는 인천 권역 응급의료기관 20개소가 참가했다.[30] 전국적 총파업이 아닌 개별 병원 사업장의 파업으로 광역지자체가 비상대책회의를 개최한 것은 이례적이다. 그만큼 인천 지역 최대 규모 병원으로서 가천대길병원 파업의 위력이 컸다. 그러나 병원은 새 노조와 해결하려는 노력을 보이지 않았다. 아니 방관하는 듯했다. 노동청에 계속 교섭을 할 수 있는 중재 역할을 요청했지만, 돌아오는 건 박춘만이 없다는 것뿐이었다. 파업 상황실에는 어이없는 노동 탄압 사례가 들려오기도 했다. 다름 아닌 신규 간호사 중심으로 고향 부모님께 전화해 협박했다는 것이다. 무슨 말을 했

---

30 "길병원 파업에 인천 의료 비상—대책 마련 부심", KBS 뉴스, 2018. 12. 25. 〈https://news.kbs.co.kr/news/view.do?ncd=4102218〉

을까? "빨갱이다" "인생 망친다" "해고한다" 등이 자연스럽게 떠올랐다. 낡고 묵은 70, 80년대 노동 탄압의 수법에 그저 헛웃음만 나왔다.

지도부는 기민하게 움직였다. 원종인은 허종식 인천시 정무부시장을 만나 파업 사태 해결을 위한 인천시의 적극적인 노력을 요청했다. 나순자, 강수진은 국회의원 윤소하와 함께 김양우 병원장을 만나 교섭을 촉구하기도 했다. 그 만남에서 25일 오전 10시 교섭을 약속받았다.

크리스마스, 조합원은 쉬고 예정된 교섭은 열렸다. 실무 단위 교섭이었다. 오전, 오후, 장시간 교섭에도 4개 조항밖에 합의에 이르지 못했다. 여전히 길이 멀어 보였다. 27일 병원장이 참석하는 확대 교섭을 약속받고 저녁 7시 무렵 교섭을 끝냈다.

다음 날인 26일에도 교섭이 열렸다. 27일 병원장을 포함하여 대표자가 참석하는 교섭에서도 합의점을 찾지 못하면 파업 사태가 악화될 수 있어 실무 단위에서 먼저 조율하자는 취지였다. 오후 4시부터 자정 무렵까지 진행됐다. 뜻은 좋았지만, 결과는 없었다.

한편, 24일 인천평화복지연대는 가천대길병원이 불법 정치자금 제공 의혹이 있다며 수사의뢰서를 제출하기도 했다. 그렇게 인천 지역 시민사회단체들은 계속 설립자 이길여와 병원을 압박했다.[31]

---

31 "가천대길병원, 파업에 정치자금 수사 의뢰까지 '설상가상'", 한겨레, 2018. 12. 25. ⟨https://v.daum.net/v/20181225140601112?rcmd=rn&f=m⟩

12. 다시 그 '벽'을 마주하고 있다

"이길여 자택으로 갑시다."

"자택은 마지막 선택이어야 합니다."

"조합원들이 지쳐갑니다. 이탈하는 조합원도 있어요. 끝장 투쟁을 해야 합니다."

"아니 마지막 수단을 써버리면 더 이상 할 수 있는 게 없어요. 우선 인천시에 사태 해결을 촉구합시다."

업무에 복귀하는 이탈은 없었다. 이탈이 있었다면 노조 탈퇴도 같이 이루어졌을 것이다. 조합원은 파업 시기에 오히려 늘기만 했다. 다만 개인적인 일들로 출석하지 않는 조합원이 나타나기는 했다. 그리고 아침 출석 확인 후 사라졌다 끝날 무렵 얼굴을 내미는 조합원도 있었다. 처음 몇몇이 요령 부릴 때는 그저 얄밉다 싶을 뿐이었다. 열흘이 다 되어 가자 요령 부리는 조합원이 두 자릿수로 늘었다. 규율을 더 엄격하게 하자는 주장도 있었고 신경 쓸 일 아니라는 의견도 있었다. 그런데 조합원이 간부를 찾아와 동료들이 지쳐 간다고 말했다는 소리가 들렸다. 조합원의 말을 전하는 간부를 보며 심란해지기도 했다. 말하는 간부 자신이 지치지는 않았을까 하는 생각 때문이다.

"투쟁 과정에서 본조, 본부의 판단을 못 믿겠다고 하는 간부도 있었어요. 사실 교섭이 되게 민감하게 진행되고 소수만 얘기하게 되니까 파업 대오 현장을 지키고 있는 간부들은 불안했을 거예요. 그때 제가 화를 많이 냈어요. 왜 내가 뭐 땜에 여기 있는지 아냐? 그렇게 못 믿으면 아무

것도 할 수 없다. 화를 냈지요. 지금이 얼마나 중요한 시기인데 설사 결과가 안 좋아도 믿어야 한다고 했지요. 그 간부가 나중에 사과하더라고요. 아, 그리고 영모가 라이딩 영상을 보여주며 일상으로 돌아가고 싶다고 말하는데 그렁그렁 눈이 빛나는 건만 같았어요. 그 모습이 짠하게 남아 있어요."

정진희의 회고다.

"본조, 본부와 갈등은 모르는 이야기예요. 그게 만약 문제가 됐다면 저희가 모를 리 없잖아요. 누군가 이야기했다 해도 심각하게 이야기하지 않았을 거예요. 심각했다면 간부들과 이야기했겠지요. 근데 듣는 사람은 다를 수 있겠네요. 저는 우리 간부들 보며 세상이 아름다웠어요."

양영모의 회고다.

"혜지 때문은 아니고?"

정영민의 한마디에 그때를 떠올리며 모두 웃었다.

그렇게 힘을 북돋우며 간부 모두가 파업을 견뎌냈다.

"윤영이가 '우리 승리합니다' 했던 것 기억나? 조출 선전 때였는데 간부들이 돌아가서 한마디씩 구호를 외쳤어요. 근데 윤영이는 진짜 떨려하는 거예요. '우리 승리합니다'를 구호가 아니라 여리게 소리 내며 얼굴이 홍당무가 됐어요. 그런데 오히려 간부들이 윤영이 모습에 더 힘을 받는 거예요. 그런 힘으로 버틴 것 같아요."

정영민의 회고다.

27일 교섭에서 끝을 보아야 한다. 간부들이 설립자 이길여 자택으로 갈 것인지, 다른 압박을 한 번 더 할 것인지 옥신각신했다. 논의 끝에 우

선 인천시에 사태 해결을 촉구하는 것으로 결정했다. 파업으로 지역 최대 규모인 가천대길병원의 병상 가동률은 10%에 불과했다. 인천시로서도 지역의료 공백의 문제를 마냥 보고만 있을 수만은 없는 문제였다. 당연히 파업 사태 해결에 나서야 했다. 인천시에 촉구했음에도 해결되지 않는다면 이길여 자택 투쟁을 이어서 하는 것으로 했다.

12월 27일, 영하 12도의 강추위였다. 한파주의보까지 내렸다. 칼바람에 살이 에였다. 체감온도는 영하 20도를 밑도는 것만 같았다. 그해 겨울 가장 추운 날이었다. 그 추위 속에 파업에 참가한 1000여 명의 조합원은 '인천 시민에게 드리는 글'을 들고 길병원 본관에서 길병원사거리, 시청입구 삼거리를 거쳐 시청 앞까지 사태 해결을 촉구하며 행진했다. 도보 10여 분의 거리였지만 행진에 한 시간이나 소요됐다. 그만큼 행렬은 길었다.

파업, 9일째다. 인천지역 최대 규모, 병상 수 기준 전국 Big5 가천대길병원의 현재 상황은 처참하다. 1400병상을 갖고 있지만, 현재 운영 병상은 200병상에도 못 미친다. 응급실 운영도 절반 이하로 내려앉았다. 수술 건수는 평일에도 하루 1~2건에 불과한 것으로 알려졌다. 외래진료도 1000여 명 넘게 급감했다. 국가지정암센터와 인천서해권역 응급의료센터를 운영하는 상급종합병원의 역할은 정지된 셈이다.

인천시청 들머리에서 보건의료노조와 인천지역연대 공동 주최로 진행한 '지역사회 의료공백 및 가천대길병원 파업 사태 조속 해결 인천광역시 역할 촉구 기자회견'을 통해 밝힌 병원 상황이다.

참석자들은 "가천대길병원의 민낯은 추악하다. 먼저 노동 갑질이다.

간호사들은 새 건물이 들어서거나 리모델링을 하면 이삿짐 나르기, 청소, 제반 설비 등에 근무 외 시간에 강제 동원된다. 그러나 시간외수당은 없다. 병동 근무의 경우, 환자 인수인계로 인하여 항상 초과근무가 뒤따른다. 역시 보상은 없다. 이른바 의무교육으로 진행된 직원 역량 강화 교육은 '이길여 산부인과 기념관'을 견학하여 설립자를 추앙하는 것이다. 역량 강화 교육도 근무 외 시간에 이루어졌다. 물론 보상은 없었다. 가천대길병원은 출근 시각은 기록하지만, 퇴근 시각은 기록하지 못하게 출퇴근관리를 하고 있다. 시간외수당을 주지 않으려는 악랄한 수법이다. 또한, 승진 혹은 결혼 시에 상급자에게 선물 상납은 당연시되고 있다. 공짜 노동에 상납까지, 직원을 종처럼 부린 것이다"라며 성토했다.

"대부분 간호사가 6시 출근해 12시간씩 일하고 있습니다."

"임신 8개월 차에 홀로 밤 근무를 해야 하는 상황에서 눈물을 흘릴 수밖에 없었고, 근무용 임부복도 지급되지 않아 사비를 털어야 했습니다."

절절한 현장 증언이 이어졌다. 증언자들은 가면을 썼다. 복귀와 동시에 괴롭힘이 뒤따를 것으로 확신했기 때문이다.[32]

기자회견에 참석하지 않은 1000여 명에 이르는 조합원들은 시청 앞 열린 광장에서 〈우리는 가지요〉 등의 노래에 맞추어 율동으로 강추위를 녹였다.

---

32 "'파업 9일 차' 거리 나선 가천대길병원 노동자들", 뉴스1, 2018. 12. 27. 〈https://n.news.naver.com/mnews/article/421/0003758366?sid=001〉

당일 예정된 교섭은 열리지 않았다. 병원 측이 수정안이 없다며 교섭에 응하지 않은 것이다. 오후엔 병원장 명의의 입장이 발표됐다. 다른 병원의 경우 대개 파업 돌입 첫날 임직원에게 빠른 해결을 위해 노력하겠다는 의례적 입장을 발표하는 것과 비교하면 늦은 감이 있었다. 그런데 내용은 오히려 새 노조를 자극했다.

입장문에서 병원 측은 2800여 직원과 1000여 협력업체 직원에게 "책임이 크고 무겁다"라고 자못 자세를 낮추었다. 거기까지였다. 파업 사태 해결의 의지는 없었다. 오히려 노조 탓만 들고나왔다. 병원 측은 적극적으로 교섭하고 있는데 노조가 경영권과 인사권을 요구해 합의가 이뤄지지 않고 있다는 주장을 펼쳤다. 또한 임금인상을 한꺼번에 하기 어려우며 간호 인력은 2019년에 590명을 충원하겠다고 했다.

즉각 반박했다.[33] 먼저 병원장의 교섭 의지가 전혀 없었음을 지적했다. 병원장은 조정 신청 이전 10차례의 교섭에 단 한 차례만 참석했다. 조정중지가 예상되자 조정회의마저 참석하지 않았다. 파업에 들어가고 노동조합의 교섭 요구가 잇달았음에도 실무자 연락 두절을 이유로 교섭에 응하지 않았다. 8월 28일 "병원장으로서 재량권을 갖고 직원이 만족하는 병원을 만들도록 노력하겠습니다"라는 말은 빈말이었다.

경영권, 인사권을 요구했다는 것도 왜곡이다. 교섭에서 새 노조는,

---

33 [1228보도자료] 가천대길병원, 복지부의 각종 시범사업 및 정책사업에 발 빠른 개입은 관피아(?)의 역할? 〈https://bogun.nodong.org/xe/index.php?_filter=search&mid=khmwu_5_4&search_keyword=%EA%B0%80%EC%B2%9C%EB%8C%80%EA%B8%B8%EB%B3%91%EC%9B%90&search_target=title_content&page=3&division=-692892&last_division=0&document_srl=527543〉

친인척으로 얽힌 경영진이나 상급자의 눈에 들면 승진하고 아니면 평생 제자리인 인사 문제를 꼬집어왔다. 줄 세우기밖에 없다는 것이다. 직원이 3000여 명인데 어떻게 제대로 된 기준이 없느냐고 따져도 봤다. 그리고 오해하지 말라며 노조는 특정인 인사에 관여할 의도가 전혀 없다고 거듭거듭 밝혔다. 그런데 약방의 감초처럼 노조가 인사권을 요구했다고 악선전을 한 것이다. 경영권도 마찬가지다. 새 노조는 병원의 재무 상황을 정확히 알아야 인건비 비중 등을 지역의 동급 병원과 비교해 임금인상의 근거를 갖고 조율할 수 있다고 밝혔다. 재무 상황을 노조가 아는 게 어떤 문제가 있느냐고도 따졌다. 그것을 경영권 요구로 분칠한 것이다. 무리한 임금인상도 확연한 차이가 있다. 새 노조는 광범위한 공짜 노동을 우선 해결한 후 논의를 주장했다. 다만, 간호인력 충원에 대해서는 긍정적으로 평가했다.

반박 보도자료에는 정경유착도 꼬집었다. "가천대길병원, 복지부의 각종 시범사업 및 정책사업에 발 빠른 개입은 관피아(?)의 역할?"이 그 제목이다. 부제로는 "정경유착, 연구중심병원 선정 과정의 3억5천억 원의 뇌물뿐인가 하는 합리적 의심 키워'를 달았다. 보도자료의 주요 내용이다.

(메디칼타임즈는) "보건복지부를 퇴직한 고위직 공무원들이 언제부터인가 보건의료계와 인연을 맺고 제2 인생을 살아가고 있다. 현직에 있을 때 보건의료 압박정책을 추진하던 이들은 2017년 현재 병원과 대학교수, 대형로펌 감투를 쓰고 무언의 로비스트 역할을 수행하는 아이러니한 상황이다"라며 "길병원은 복지부

보건의료정책본부장과 청와대 고용복지수석을 역임한 노○○ 가천대 부총장을 위시해 보건의료정책실장 경력의 박○○ 교수, 복지부 출신으로 건강보험공단 급여상임이사를 지낸 한○○ 길병원 행정원장 그리고 인구정책실장 출신 최○○ 새누리당 전 수석전문위원까지 교수로 영입했다"고 보도했다.

2017년 2월 6일 메디칼타임즈가 보도한 '관피아'(관료와 마피아 합성어)를 추적하는 기획 기사[34]를 따온 것이다. 보도자료를 통해 정경유착 의혹을 거듭 들추며 연말까지 파업 사태가 해결되지 않았을 때 더욱 강도 높게 문제 삼을 것임을 예고했다.

28일 월급을 받았다. 조합원들의 얼굴빛이 안 좋았다. '무노동 무임금' 때문이었다. 가장인 조합원이 특히 심했다. 지도부도 부담이 컸다. 조합원들의 마음을 사전에 헤아려 오후 교육은 웃음치료사 김윤선에게 맡겼다. 조합원들의 얼굴이 한결 나아졌다.

한편 가천대길병원 파업에는 연일 지지 방문이 이어졌다. 또한 보건의료노조 각 지부, 본부를 포함하여 전국에서 후원과 응원의 메시지가 쇄도했다. 환자, 보호자들은 익명으로 야쿠르트와 같은 음료나 빵류 등을 들고 오기도 했다. 지지 방문과 후원 사항을 기록(상세한 후원 사항은 182~183쪽에 남겼다)했다. 금전 후원이 아닌 경우 누락도 상당수 있다.

"인천 시민들이 길병원 파업에 지지와 응원을 보낸 데에는 다 이유가 있어요. 길병원이 여하튼 인천에서 가장 큰 병원이잖아요. 그런데 인천

---

34 "보건복지부 퇴직 고위 공무원들 어디로 가나", 메디칼타임즈, 2017. 2. 6. 〈https://www.medicaltimes.com/Users/News/NewsView.html?ID=1109830〉

시민이 믿고 치료받는 병원은 아니에요. 여러 가지 불만들이 있어요. 그걸 알고 있는 직원들 마음이 어떻겠어요. 많이 불편했지요. 자기가 다니는 병원이 자랑스러웠으면, 인천 시민에게 유익한 곳이었으면 하는 마음이 다 있잖아요. 그런데 3차 대형 병원으로는 수준에 못 미치는 것들이 많았어요. 인천 시민들은 아마 이런 것들이 고쳐졌으면 하는 마음이 있었을 거예요. 99년에도 마찬가지였어요."

시민들의 호응에 대한 오명심의 생각이다.

주말이었다. 조합원들은 휴일을 보내고 있었다. 그런데 병원 중간관리자들이 휴식을 취하는 조합원들을 만나려 한다는 소문이 돌았다. 병원 안에서는 확성기 소리에 민원이 많다며 방음 차단막을 설치했다. 장기 파업에 대비하는 듯했다. 1층 로비 에스컬레이터 옆과 2층 원무과 앞 환자 대기 공간 등에 조합원이 접근할 수 없도록 한 것이다. 가뜩이나 비좁은 파업 농성 장소의 4분의 1 정도가 막혔다. 병원 주변에 걸려 있던 연대 지지 현수막 몇 개가 훼손되거나 도난당하는 일도 벌어졌다.

"도대체 뭐 하자는 거지? 해결할 생각은 안 하고 조합원은 회유하고 차단막에 현수막은 훔쳐 가고, 가지가지다. 지부장님! 조합원들에게 중간관리자 접촉하지 말라고 긴급 지침이라도 내려야겠어요." 정영민의 얼굴에 독기가 일었다.

"다음 주 투쟁을 앞두고 병원 측을 최대한 압박하고 있습니다. 우리의 투쟁 수위가 최고조에 달하는 시기인 만큼 병원 측 중간관리자들도 우리 조합원들에게 회유와 접촉을 시도하고 있음이 확인되고 있습니다. 연내 타결을 1차 목표로 긴장감을 늦추지 말고 조합원들께서는 관리자들과 어떠한 접촉도 하지 말아주시기를 거듭 당부드립니다." 강수진의 글이 곧바로 조합원들에게 전달됐다.

차단막은 좋은 게시판이기도 했다. 사실 마땅히 붙일 공간이 없어 보관해놓았던 조합원들이 재기발랄하게 쓴 대자보가 상당량 있었다. 주말 대기조 간부들은 공사를 마치자 대자보를 이곳저곳에 붙였다.

배진교, 그가 교착상태에 있던 교섭을 중재하겠다고 나선 것은 29일 토요일, 파업 11일 차 오후였다. 가천대길병원 소재지인 남동구의 전 구청장으로서 지역사회 현안을 계속 관망만 할 수 없었던 듯하다. 새 노조로서도 흔쾌했다. 배진교의 중재로 29일 노사교섭이 재개됐다. 장소는 병원 내가 아닌 인천 경인일보사였다. 경인일보사는 가천대길병원 인공지능병원 건물 3층에 있다. 경인일보는 가천대길병원을 포함하여 관련 재단의 홍보 매체라는 소문이 자자했다. 사실 경인일보는 지역 언론으로서 중앙 일간지도 보도하는 파업을 일절 보도하지 않았다. 함구령이 내려졌다는 소문도 돌았다. 경인일보의 가천대길병원 파업 관련 보도 검색 결과 디지털뉴스부의 "길병원 노사 합의…새해부터 정상 진료"(2022. 11월 현재 경인일보 홈페이지에서 기사 제목 검색)가 유일했다. 경인일보사 회의실은 병원 측 교섭위원들에게는 마치 제집인 양 편해 보였다. 교섭은 서로 수정안을 제출하라며 정회와 속개를 반복했다. 정회할 때마다 계속 어그러지고 더는 못 한다는 말이 반복됐다. 그 사이를 배진교는 셀 수 없이 오갔다. 그렇게 일요일 새벽 4시까지 교섭을 이었지만, 합의에 이르지 못했다. 다만, 노동위원회 사후 조정 신청을 약속받다. 배진교도 아쉬움이 컸다. 노사 양측에게 오후 교섭을 다시 요청했다.

끝내야 한다. 끝을 보기 위해서는 더 큰 투쟁으로 압박해야 한다. 오후 교섭을 앞둔 대책 회의에서는 31일 설립자 이길여 자택 앞에서 파업 사태 해결 촉구 결의대회를 결정했다. 또한, 1월 2일 보건의료노조 수도권 전임자를 모이게 해 가천대길병원에서 투쟁을 선포하며 새해 시무식을 열기로 했다. 시무식 당일 천주교 인천교구 구월1동 성당 본당에서 "인권유린 슈퍼 갑질, 환자 부담 가중 의료비리, 정·관·언론계 유착 뇌물, 가천대길병원의 실태를 고발한다"(가칭)라는 증언대회 개최도 기획했다. 그리고 1월 9일에는 보건의료노조 소속 전국의 지부장과 간부들을 총집결시켜 인천 지역 전역을 누비는 집중 투쟁 계획을 세웠다.

세워진 계획은 오후 4시 교섭 직전에 "가천대길병원 파업 사태 장기화, 이길여 설립자 직접 해결 촉구 결의대회 개최"라는 취재요청서로 언론사에 배포됐다.

오후 4시, 다시 교섭이 열렸다. 밤샘 교섭이었다. 30여 개의 단체협약 미합의 사항은 이제 10여 개로 줄었다. 임금도 다루었다. 배진교는 전날과 같이 어그러지는 교섭을 계속 이어가도록 노사를 채근했다. 새벽 4시 무렵까지 정회와 속회를 계속하며 자율 합의를 모색했다. 병원 측이 제시한 임금 최종안은 6.18%였다. 더는 안 된다고 병원 측은 버텼다. 새 노조는 단체협약의 임금성을 포함하여 최소 두 자릿수가 아니면 물러설 수 없다고 했다. 그리고 예정된 송도의 이길여 자택으로 가겠다고 자리를 박찼다. 교섭이 결렬됨에 따라 사후 조정은 난망했다. 법적 강제력이 약해 노사 어느 쪽이든 취소 혹은 연기, 참석하지 않을 수 있기 때문이다.

연 이틀간 밤샘 교섭, 밀고 당기는 줄다리기에 몸이 반응했다. '바람개비' 의자에 앉았는데, 스르르 눈이 감겼다. 얼마나 지났을까? 시간이 혼미하게 흘렀다. 그때 배진교가 찾아왔다. 병원 측에서 설립자 이길여 송도 자택에 가지 않으면 지방노동위원회에서 논의할 수 있다고 했다는 것이다. 또한, 본인은 여기까지 최선을 다했다며 더 이상의 중재는 어려울 듯하다고 했다. 그리고 자리에서 일어났다.

귀가하는 그를 배웅했다. 영하 10도의 새벽 어스름 길, 잎사귀를 다 떨구고 가지마저 싹둑 잘린 가로수 밑 인도를 휘청이며 걸어가는 그의 뒷모습이 뜨거웠다.

회의 끝에 설립자 이길여 송도 자택 결의대회는 보류하기로 했다. 이미 취재요청서가 발송되었기에 새벽 5시 45분 '긴급알림'으로 "가천대 길병원 파업 사태 장기화, 이길여 설립자 직접 해결 촉구 결의대회 일단 보류"를 언론사에 배포했다.

한 해를 보내는 12월 31일, 시간의 끝을 가늠할 수 없었다. 출정식에 앞서 조합원들에게 교섭 상황을 설명했다. 병원 측에서 여전히 임금인상 6.18%를 주장하고 있지만, 지방노동위원회의 사후 조정을 받아들이면서 집회 연기를 요청해와 수용했음을 알렸다. 아쉬워하는 조합원들도 있었다. 상황을 설명하며 만약 합의에 이르지 못한다면 1월 2일 설립자 이길여 송도 자택 집회를 하겠다고 밝혔다. 그리고 새해맞이를 위하여 오전 일정만 끝내고 귀가하도록 했다. 조합원들은 이른 귀가를 반겼다.

"설립자 자택 투쟁 보류는 끝나고도 말이 많았어요. 거기까지는 가보고 합의해야 하는 것 아니냐는 거지요. 그 다다음 해 자택 앞에서 투쟁했는데, 막상 해보니 별다른 임팩트가 있는 것도 아니었어요. 그해 갔다면 어땠을까? 아무튼 논란이 많았지요."

이왕희의 회고다.

"파업이 길어졌겠지. 그래도 가장 긴장감을 높인 상황에서 합의한 것은 잘한 것 아닐까? 칼이 칼집 안에 있을 때 더 두렵지. 막상 꺼내 한번 휘두르면 상처만 남고 그 상처가 어느 정도 아물어야 교섭도 할 수 있을 텐데, 시간이 오래 걸리지 않았을까?"

이왕희의 의문에 대한 정진희의 답이다.

지방노동위원회 사후 조정을 앞두고 노사는 오전 10시부터 다시 자율교섭을 진행했다. 병원 측은 근 몇 년간 최대의 인상률이라며 6.18%로 마무리하자고 거듭 주장했다. 새 노조의 교섭위원들도 다른 병원과 비교하여 인상률로만 볼 때 절대 낮지 않음을 알고 있었다. 그러나 조합원들은 임금 자체가 낮으므로 비교할 수 없다는 분위기였다. 두 자릿수에 대한 기대였다. 자율교섭에서 새 노조는 임금보다 여남은 미합의 단체협약에 집중했다. 임금인상률 두 자릿수는 자율교섭에서 합의가 어렵고 지방노동위원회 사후 조정에서는 임금에 초점을 맞출 것이 뻔했기 때문이다. 그렇게 되면 임금에 휩쓸려 미합의 단체협약 사항을 놓칠 수도 있다. 그리고 한 가지가 더 있었다. 새 노조 설립의 계기가 된 시설관리팀 '감시·단속적 업무' 문제를 해결하는 것이었다. 새 노조 설립이 시설관리팀에서 시작되었다는 것을 알고 있는 병원 측은 '감시·단속적 업무' 문제 해결을 완강하게 거부했다. 자율교섭은 진전 없이 끝났다.

오후 2시, 사후 조정 회의가 열렸다. 병원 측은 임금인상에 대하여 2.33%에서 수정을 거듭하여 6.18% 인상을 제시했는데 새 노조는 15.3%에서 전혀 수정안을 내지 않는 불성실 교섭을 한다고 몰아붙였다. 조정위원들도 새 노조를 압박했다. 새 노조는 미합의 단체협약과 시설관리팀 '감시·단속적 업무' 문제 해결에 긍정적인 안이 나온다면 유연성을 갖겠다며 임금인상률을 유지했다. 조정회의장 노사 양측 뒤에서는 중부고용노동청과 인천시 관계 공무원들이 자리를 지켰다. 그들은 상황을 지켜보다 정회 때마다 조정위원들을 만나기도 하고 어딘가에 수시로 보고하는 듯 보였다.

단체협약은 새벽 3시경 어느 정도 마무리됐다. 그러나 병원 측은 시설관리팀 '감시·단속적 업무' 문제 해결에 대해서는 전혀 진전이 없었다. 새 노조도 두 자릿수를 유지하며 임금인상률에 대한 수정안을 제출했다.

조정위원들은 계속 노사 개별 면담을 이어가며 합의를 종용했다. 새벽 4시 넘어서자 지방노동위원회의 최종 조정안을 내겠다고 노사를 불렀다.

최종 조정안은 '임금 총액 9.35% 인상, 단체협약 노사 합의로 붙임 첨부, 향후 시설관리팀의 기본급을 적정하게 정하고 실제 근무표는 2019년 2월 28일까지 노사 합의로 정한다'였다. 임금인상률이 두 자릿수에 못 미치고 시설관리팀 문제 해결 역시 말끔하지 못했다. 그런데 지방노동위원회의 최종 조정안을 거부한다면 명분과 실리를 다 잃을 수도 있다. 장기 파업으로 인한 조합원의 이탈과 균열이 생길 수도 있었다.

나순자, 강수진은 고민에 빠졌다. 찰나의 선택만이 남아 있을 뿐이었다.

노사는 조정안을 수락했다. 합의 문서를 하나하나 토씨까지 확인하고 서명을 마치니 새벽 5시가 넘어가고 있었다. 합의 사실은 곧 보도자료로 배포됐다.

2018년 7월 20일 노조를 설립하고 임금 및 단체협약 체결까지 새 노조는 "물 한 방울 없고 씨앗 한 톨 살아남을 수 없는"(도종환, 「담쟁이」) 거대한 "절망의 벽"을 넘어왔다.

그러나 새 노조가 마주한 벽은 겹겹이다. 하나의 벽을 넘으면 또 하나의 벽, 그 벽을 새 노조는 "서두르지 않고 앞으로" "한 뼘이라도 꼭 여럿이 함께 손을 잡고" "푸르게 절망을 다 덮을 때까지"(도종환, 「담쟁이」) 오르고 있다.

후기

"2018년 파업을 어떻게 했는지 신기하게 기억이 안 나요. 저는 프로그램 진행하다가 갑자기 교섭하러 가고, 교섭하고 와서 또 진행하고 그러니까 죽겠더라고요. 근데 기억이 안 나요. 기억이 하나도 없는데 사람들은 보여요."

정영민의 말이다.

가천대길병원지부 몇몇 남성 간부들은 이따금 가족 모임을 한다. 1박 2일 정도의 캠핑을 하거나 저녁 식사 자리다. 사실 모임의 주인공은 남성 간부가 아니다. 모임의 초대자는 노조 활동으로 집안일에 소홀했던 미안함이다. 또래 어린아이를 앞세워 부인들 사이 서로 마음을 나누는 자리다. 캠핑과 같이 마음먹고 밖으로 나가는 모임은 이왕희가 앞장서는 일이 많았다. 이왕희는 전국 곳곳의 쉼터를 훤히 꿰고 길라잡이를 했다. 모임 때마다 들려오는 아이들의 웃음소리는 그 자체로 심란했던 일을 씻겨주곤 했다. 어느 때는 노조 일에서 이탈하려는 마음도 잡아주는 노릇을 한다고 했다.

몇몇 간부들의 가족 모임까지 이어진 2018년 새 노조 설립을 그들은 어떻게 바라볼까?

"노조가 뭔지 사실 몰랐어요. 기업노조가 존재감이 없으니까, 노조라는 게 있는지조차 몰랐어요. 노조가 있다고 생각했으면 노조를 만들 생각도 안 했겠지요. 그러니까 새 노조 만들면서 진짜가 뭔지 가짜가 뭔지 생각해볼 필요도 없었어요."

이왕희의 말이다.

"만약, 지금만 같았으면 새 노조는 안 만들어졌을 거예요. 무슨 말이냐 하면 이제 활동성이 많이 생겼잖아요. 그게 다 우리 노조가 있었기에 가능했던 거예요. 지금은 우리가 조금 어렵지만 그만큼 해낸 거예요. 직원들이 그걸 알았으면 좋겠어요."

김상우의 말이다.

"나는 맺힌 게 있었어요. 그 응어리가 깊었지요. 나는 기업노조에 철저하게 버림받았어요. 영상의학팀 있잖아요. 당시에 야간 당직하면 고정급 받다가 야간 수당으로 바뀠어요. 진단검사실도 그랬고. 그런데 시설과만 안 되는 거예요. 거기서 버림받았고, 그다음에 또 얘기했는데 또 버림받았고 도저히 감당이 안 되는 거예요. 도대체 그 분노를 어떻게 할 수 없었어요. 분명히 불합리한데 그런 데서 그냥 저게 노존가? 불신이 너무 많았어요. 나는 저렇게 안 한다. 그것 때문에 새 노조 만들었어요."

정영민의 말이다.

정영민에게 새 노조를 만들게 한 시설관리팀 '감시·단속적 업무' 문제는 합의대로 이행되지 않았다. 결국 2019년 임금 및 단체 교섭에서 다시 핵심 쟁점으로 제기해 '감시·단속적 업무'의 굴레를 벗었다. 이에 따라 근로시간이 상당할 정도로 줄었음에도 임금은 엇비슷하게 맞춰졌다.

"감시·단속 업무가 해제되니까 일단 규칙적인 생활이 가능해졌어요. 밤 근무 끝나고 아침에 퇴근해 다음 날 아침 출근하는 나이트-오프-데이 근무도 사라졌어요. 생활이 어느 정도 잡혔잖아요. 시설과 직원들이 건강에도 좋다고 해요. 아침이 있는 일상이 되었고요."

이정구의 후일담이다.

가천대길병원 새 노조의 2018년 파업은 병동가동률이 10%대로 떨어질 정도로 위력적이었다. 파업 투쟁에 따른 노동조건 개선은 괄목할 만하다. 그러나 집요하게 계속된 부당노동행위는 파업을 마치자 더욱 극렬했다. "파업은 끝났다. 이제 짓뭉개자! 야만적 부당노동행위로 노조

파괴 광란", 2019년 1월 21일 국회 정론관에서의 기자회견 현수막 문구 중 일부다. '짓뭉개', '야만', '파괴', '광란' 등의 단어 하나하나에서 무참함이 선명하다.

탈퇴하지 않으면 부서를 해체하고, 어떤 관리자는 '부서 찢겠다'라고 했다. 승진에서 누락시키고, 갑작스러운 전보 발령으로 업무 부적응을 유발하고, 이를 빌미로 괴롭히고, 투명 인간 취급하며 따돌리고, 온갖 수단을 쓰다가 마지막으론 네가 탈퇴해야 내가 산다며 울며불며 가슴을 날카롭게 긁었다.

이 때문에 2018년 말 1500명에 다다랐던 조합원은 2022년 4월 현재 급감했다. 물론 조합원 급감에는 병원 사업장 특성도 있다. 간호사 사직률이다. 사립대병원의 경우 간호사 사직률은 평균 15%이며 신규의 경우는 최대 45%까지 치솟는다. 그러나 중간 연차 간호사 조합원에 대한 부당노동행위가 없었다면 여느 병원 사업장처럼 부서별 대의원 간부들이 신규 입사자를 계속 가입시켰을 것이다. 코로나19 영향도 컸다. 감염 문제로 현장 순회에 제약이 많았다. 이에 따라 조합원들이 현장에서 겪는 고충과 괴롭힘을 제때제때 파악하여 대처하는 것도 어려웠다. 조합원들로서는 해결이 안 된다고 해도 공감받고 의지하고 지지를 얻는 게 그만큼 어려웠을 것이다. 부서 내 상급자가 괴롭히고 태우며 눈치 주는 노동조합에 신규 입사자가 선뜻 나선다는 게 쉽지 않을 수 있다.

그러나 '따뜻한 공동체!' 그 목마름은 오늘도 계속되고 있다. 2018년 '불꽃'을 일궜던 강수진과 간부들은 형형하다. 그들에게 '따뜻한 공동체!'의 내일이 있다.

카톡방에 어느 조합원이 남긴 글이다.

  몇 개월간의 감동으로 평생을 살 수 있을 것 같습니다. 진정한 챔피언들을 만났고 뜨거웠습니다. 특히 20년을 지켜오신 선배님들에게 깊은 감사의 말씀 드립니다. 늘 가까운 곳에 남아 노동조합이 큰 나무로 무럭무럭 잘 자라길 기도하겠습니다.

  그 기도가 "물 한 방울 없고 씨앗 한 톨 살아남을 수 없는" 거대한 "절망의 벽"에 공명(共鳴)하고 있다.

✚

지지와 후원단체 파업 일지 기록

✚

12월 19일 대의원-초코파이, 야쿠르트, 커피 등

12월 20일 국립암센터/ 보건의료노조 인부천본부/ 익명(야쿠르트 50개)

12월 21일 보건의료노조 경기본부 및 지부장/ 인천성모병원 지부장 및 간부들·민주노총 인천본부 이인화 본부장 및 산하단체 대표/ 정의당 인천시당 김응호 위원장, 조선희 의원, 미추홀구 문영미 위원장/ 민중당 인천시당 용해랑 위원장/ 건강과나눔 장정화 상임이사/ 노동자교육기관 이옥희 교육실장/ 사회진보연대 이아림 사무처장/ 조선희 시의원 등-핫 팩

12월 22일 푸드 코트 점장 카페일마지오커피/ 이미정 대의원/ 응8 조합원 과자/ 노사모 비타500, 박카스/ 열혈조합원 핫 팩/ 보호자 햄버거 200개와 콜라/ 진검(김기석 구론산바몬드와 박카스, 이은형 계장 커피, 조경애 야쿠르트, 최우재 치킨)/ 응10 간호사 핫 팩/ 이철행 부지부장 지인 감귤 2박스

12월 23일 정의당 남동구 위원회/ 공공운수노조 인천본부 강동배 본부장/ 조혜은 대의원 김밥/ 진검 퇴사자 조민경 음료/ 신소연 대의원 커피와 샌드위치/ 김현숙 대의원 컵라면

12월 24일 정의당 윤소하 국회의원/ 북녘 어린이 영양빵 공장 인천본부(박대식 운영위원장, 장경수 집행위원장, 김덕수 조직국장, 김형배 기획국장 빵 1000개 우유 1000개)/ 진검 허봉순 계장 핫팩 음료/ 응10 간호사 케이크/ 내시경실 조합원 만두/ 이철행 부지부장 샌드위치/ 인천여성회 연수지부 팥죽 간식

12월 25일 중구 공무원 노동조합 30만 원/ 보호자-호두과자

12월 26일 노동자교육기관 회원 김병원 초코파이 1056개 물/ 김병완 차장 캔 커피

12월 27일 정의당 경북도당 농민위원회 당원들 사과 3박스 곶감 2박스 사과즙 3박스/ 조합원 음료

12월 28일 부천성모병원지부 20만 원/ 인천평화복지연대 100만 원/ 인천의료원지부 10만 원/ 인천성모병원지부 10만 원/ 인천기독병원지부 5만 원/ 인천사랑병원지부 30만 원

12월 20일 파업 11일 차 총후원 내역 정리; 노동자교육기관회원 45명 289만9300원/ 정의당, 인천여성회, 평화복지연대 등 시민단체 및 회원 320만3000원/ 보건의료노조 45개 지부 530만 원

12월 30일 정의당 이정미 대표, 전교조 인천지부 조합원 2명 피자/ 전교조 인천지부 중등북부지회 10만 원/ EHS 프렌즈 정태진 30만 원/ 익명 인천시민 30만 원

12월 31일 정의당 이응호 시당 위원장, 공무원노조 남동구지부-후원금과 응원 방문

주요 경과

2017년 10월 19일 첫 조직화 모임(나순자, 유나리, 정진희, 정영민, 박상준, 김수영)

2017년 12월 13일 안병훈 회의 첫 결합

2018년 1월 12일 1999년 '노민추' 관련자 오명심, 강수진, 김현미, 고은순 첫 모임

2018년 4월 26일 카카오톡 '길병원 직원모임방' 개설

2018년 6월 26일 새 노조 추진 모임. 안병훈, 정영민과 '카톡방' 개설 3인 시비충, 체게바라,

청수순대국 간담회

2018년 6월 29일 14차 전략 조직화 모임('카톡방' 개설자 첫 참여)

2018년 7월 11일 기업노조 위원장 선거(대의원회 소집) 공고

2018년 7월 20일 보건의료노조 가천대길병원지부 설립 총회(천주교 인천교구 노동사목)

·2017년 10월 19일부터 2018년 3월 7일까지 9차례 조직화 모임

·2018년 1월 12일부터 2월 22일까지 99년 노민추와 3차례 간담회

·2018년 3월 16일부터 7월 19일까지 11차례 조직화 모임과 '노민추' 합동 회의

·전체 23차례 모임 외 개별 만남

·기업노조 위원장 선거(대의원회)

2018년 7월 21일 보도자료 배포 "가천대길병원, '을의 반란' 새 노조 설립"

·병원 측 '교섭 요구 사실의 공고' 게시

2018년 7월 23일 보도자료 배포 "고용노동부는 가천대길병원의 '교섭 요구 사실의 공고' 게시 의혹과 만연한 부당노동행위에 대하여 즉각 수사하여 관련자를 구속하라!"

2018년 7월 25일 중부고용노동청 앞 기자회견 "슈퍼갑질', 노조파괴 부당노동행위 가천대길병원 고용노동부는 특별근로감독 실시하여 관련자를 즉각 구속하라!"

2018년 7월 27일 조합원 1052명으로 교섭 요구

2018년 7월 29일 교섭 요구 노동조합 확정 공고 보건의료노조 1052명(기업노조 525명)

2018년 7월 29일 "'VIP 18원' 가천대길병원, 특별근로감독 촉구" 서명 진행, 총 3689명 취합 9월 13일 고용노동부 전달

2018년 8월 2일 인천지역 35개 노동, 시민사회, 제 정당 공동성명 "가천대길병원은 인천 시민 건강권 위협하는 노동 탄압 중단하라!"

2018년 8월 28일 1차 단체교섭

2018년 10월 17~26일 내 임금 바로 알기('호봉이' 찾기) 설명회 총 4차(88명 참가)

2018년 11월 4일 확대 간부 단합대회(인천대공원)

2018년 11월 14일 대의원 선출

2018년 11월 17~18일 확대 간부 수련회(인천 YWCA)

2018년 10월 31일 노동조합, 인천지방노동위원회에 '필수유지업무' 결정 신청(12월 14일 결정)

2018년 12월 3일 조정 신청(총 10차례 교섭, 임금·단체협약 90개 조항 미합의)

2018년 12월 5일 조정 신청 보고 및 승리결의대회(800여 명 참가)

2018년 12월 10~12일 쟁의행위(파업) 찬반 투표(조합원 1383명 중 1195명 참가 1159명 찬성, 투표율 86.4% 투표자 수 대비 97%, 재적 대비 83.8% 찬성)

2018년 12월 18일 총파업 전야제(800여 명 참여)

2018년 12월 19일 조정 만료, 총파업 돌입 1일(1000여 명 참여)

·기자회견 "이길여 가천대길병원 설립자 파업 사태 직접 해결 촉구"

·인천지역연대 성명 발표 "길병원노조의 파업은 '비정상의 정상화'를 위한 정당한 투쟁"

2018년 12월 21일 성명서 발표 "지역사회 의료공백 무책임, 필수유지업무 악용, 불법파업 매도, 단체교섭 해태, 가천대길병원은 파업 사태 장기화를 유도하는가?"

2018년 12월 24일 인천평화복지연대, 가천대길병원 불법 정치자금 제공 의혹 관련 검찰 수사 의뢰

2018년 12월 27일 파업 참여 1000여 조합원 가천대길병원부터 인천시청까지 시가행진

 ·인천지역연대, 보건의료노조 인천시청 앞 공동기자회견 "지역사회 의료공백, 가천대길병원 파업 사태, 인천광역시가 해결하라!"

2018년 12월 28일 보도자료 "가천대길병원, 복지부의 각종 시범사업 및 정책사업에 발 빠른 개입은 관피아의 역할?" 배포

2018년 12월 30일 사후 조정 신청(쟁점-임금·단체협약 11개 조항 미합의)

2019년 1월 1일 새벽 5시 30분 사후 조정 합의

 ·2018년 교섭 승리 보고대회

2019년 1월 21일 국회 정론관 기자회견(보건의료노조, 국회의원 윤소하, 이정미 공동 주최) "파업은 끝났다. 이제 짓뭉개자! 야만적 부당노동행위로 노조파괴 광란 이어가는 가천대길병원, 이사장 및 부당노동행위자 구속과 특별근로감독 촉구"

※ 2018년 7월 21일부터 2019년 1월 1일까지 소식지 『돈보다 생명』 총 28호, 파업 속보 4호, 특별호 1호 발행

2부

한 걸음 한 걸음

부산대학교병원

김인주 부산대학교병원 부원장(병원장 직무대행)

김종태 보건의료노조 부산지역본부 교육부장

김효원 양산부산대학교병원 노동조합 위원장

문미철 보건의료노조 부산대학교병원지부 사무장

민병훈 보건의료노조 부산지역본부 조직부장

민지환 보건의료노조 부산대학교병원지부 양산 대의원

박남철 부산대학교병원 병원장(2012년)

박해성 부산대학교병원 관리처장

서정관 보건의료노조 부산대학교병원지부 부지부장

서정은 부산대학교병원 노무팀장

성시찬 양산부산대학교병원 병원장

오민석 보건의료노조 부산대학교병원지부 지부장

유지현 보건의료노조 위원장

윤영규 보건의료노조 부산지역본부 본부장

정대수 부산대학교병원 병원장(2013년)

정재범 보건의료노조 부산대학교병원지부 부지부장

조원철 양산부산대학교병원 노사협의회 근로자 대표, 직원협의회 회장

최권종 보건의료노조 부위원장

✚

1. 울다, 웃다, 그리고

서정관 보건의료노조 부산대병원지부 부지부장의 눈가가 젖는가 싶더니 이내 닭똥 같은 눈물이 맺혔다. 애써 감추려는 울음에 숙연한 분위기가 또렷했다. 문미철 사무장이 따라 나와 서정관의 어깨에 손을 얹고 고개를 돌렸다. 그도 젖어 있었다. 오민석 지부장이 두 사람의 어깨를 부여잡았다. 콧날이 시큰해 붉었다. 그 옆에서 정재범 부지부장이 우두커니 천장만 바라봤다. 뒤따라 나온 유지현 보건의료노조 위원장이 작은 체구로 모두를 감쌌다.

자리에 함께한 노동조합 간부들도 테이블 곳곳에서 눈시울이 붉어져 서로의 울음을 엷게 담아냈다. 그 사이를 파고든 이는 윤영규 보건의료노조 부산 본부장이다.

"허허, 다 울었나! 자, 자 진정하고, 좋은 날 아입니까? 오민석 지부장님 말씀 한마디 들읍시다." 여전히 울음소리가 간간이 들려왔다.

2013년 8월 6일 무더위 속에 보건의료노조 부산대학교병원지부(이하 '부산대병원지부')의 '행동하라 PNUH! 2013 임단협 승리 보고대회'를 마치고 병원 인근 음식점 '이바돔'에 뒤풀이를 위해 100여 명이 모인 자리였다.

"아, 그때 이제야 우리가 노동조합을 인정받았구나, 그런 느낌이었죠. 만감이 밀려오는데 주체할 수 없는 감격이었어요. '승리보고대회'를 진행할 때 분명히 긴장했을 텐데. 그 기억은 새하얗게 지워지고 이바돔 눈물만 기억나네요. 너나없이 같이 울었죠. 동료애가 이런 것 아닐까? 서로 위로하는 마음이었지요."

서정관의 회고다.

부산대병원지부는 2012년 6월 8일 설립됐다. 임금과 노동조건 향상을 위한 단체교섭은 그해 9월 27일 상견례를 시작으로 다음 해 8월 6일까지 이어졌다. 본교섭 24차, 축조교섭 24차, 실무교섭 5차까지 무려 50차례 이상의 교섭[1] 결과다.

사용자, 그들은 거대한 벽이었다. 임금 문제가 아니었다. 그저 노동조합과는 함께할 수 없다는 것만 같았다. 모든 조직은 생명과 같은 본

---

1 부산대병원의 단체교섭은 본교섭, 축조교섭, 실무교섭으로 구분하여 진행됐다. 본교섭은 노사의 최고 대표권자가 참석했다. 축조교섭은 노동조합에서 중앙의 실무 책임자가, 사용자 측에서 차상위권자를 대표로 진행했다. 실무교섭은 노동조합에선 중앙의 실무 책임자가 사용자 측에서는 행정 책임자가 각각 대표가 되었다. 교섭위원 숫자는 각 교섭 단위마다 다르다. 본교섭 위원 숫자가 가장 많고 실무교섭 숫자가 가장 적다.

성이 있다. 살아가는 게 본성이다. 노동조합도 마찬가지다. 노동조합도
숨을 쉬어야 하지 않느냐? 단체협약이 바로 노동조합을 숨 쉬게 하는
공기다. 노동조합을 거부하지 마라! 왜, 성실하게 교섭하지 않느냐? 그
들은 답하지 않았다. 그저 한 귀로 흘려들을 뿐이었다. 그러다 누군가

말실수라도 있으면 그 틈을 파고들어 깐죽였다.

그렇게 1년여를 버틴 응어리가 터질 듯 차오르다 순식간에 눈 녹듯 흘러내린 것이다. 뒤풀이가 끝나 뿔뿔이 흩어지고 남은 몇몇은 술잔을 더 기울였다. 정재범이 조금 전 울음이 떠올랐는지 "너 참 잘 울던데"라며 짓궂게 말을 꺼냈다. 서정관이 계면쩍었는지 피식 헛웃음을 터트렸다. 누구라도 할 것 없이 깔깔깔 웃음이 폭발했다. 한바탕, 아쉬운 짧은 밤이 흘렀다.

그날 밤의 웃음은 채 보름을 넘지 못했다. 부산대병원지부의 합의를 그대로 본뜰 것으로 알았던 양산 부산대학교병원노동조합(이하 '양산 기업노조')의 단체교섭이 소식 없이 늦춰지더니 엉뚱한 소리가 들려왔다.

"양산 기업노조가 어떻게 합의했다고요?"

2013년 8월 26일 문미철로부터 전화를 받았다. 화가 잔뜩 묻어났다.

"노동조합 창립기념일을 유급휴일에서 제외하고 보수교육비를 9만 원으로 합의했다네요. 아, 그리고 교통지원비 15만 원을 신설했네요, 교통지원비야 양산 개원하면서 출퇴근 거리가 멀어져 기왕에 주던 것이니까 문제는 없는데 우리가 6만 원에 합의한 보수교육비가 문제네요."

"알겠습니다. 제가 지금 양산 치과병원에 있으니 바로 넘어갈게요. 본부에도 연락해놓으세요."

오후 5시 부산대병원지부 사무실에 윤영규, 민병훈 보건의료노조 부산본부 조직부장, 김종태 보건의료노조 부산본부 교육부장, 오민석, 정재범, 서정관, 문미철 등이 모였다.

사실 양산 기업노조는 부산대병원지부의 합의를 후퇴시킨 것이다. 노동조합 창립기념일을 유급휴일로 포함하면 하루를 쉬든가 일할 경우 일급의 150%를 추가로 받게 된다. 근속연수에 따라 다르겠지만 2012년 부산대병원 일반직군 평균임금 기준으로 보면 14만여 원에 해당하는 금액이다. 그런데 3만 원의 보수교육비를 더 받자고 유급휴일 하루를 포기한 것은 이해할 수 없었다. 그것도 보수교육비 9만 원은 무조건 지급하는 것이 아니라 실제 비용의 한도를 정한 것이다. 만약, 실제 비용이 9만 원에 못 미치면 실비만 받을 뿐이다.

문제는 부산 본원과 양산 분원의 노동조건을 분리하는 데 있었다. 이렇게 되면 양산 분원에서 끊임없이 제기했던 이른바 '책임경영제'의 발단이 될 수 있기 때문이다. 부산대병원지부는 '책임경영제'가 본원에 노동조합이 설립되고 양산 분원까지 조합원이 확대되는 것을 막고자 계획한 것으로 판단하고 있었다.

'책임경영제'는 부산 본원과 양산 분원은 같은 법인이지만 회계를 분리하고 3급 이하 직원에 대한 독자적 인사권을 부여하여 정원 관리를 하겠다는 것이다. 문제는 독자적 인사권과 정원 관리였다.

부산대병원은 1877년 관립 제생의원으로 개원했다. 100여 년이 넘는 역사다. 그런데 불과 몇 년 전 개원한 양산 분원과 인사를 분리하면 양 병원 사이에 균형, 형평 인사가 무너진다는 것이 노동조합이 제기한 문제다.

사람에 따라 다를 수 있지만, 직장 생활에서 승진은 성취감을 느끼는 하나의 지표다. 부산대병원도 다르지 않다. 부산대병원 일반직은 대부분 6급부터 시작된다. 팀장 등의 보직을 맡게 되는 급수는 3급부터다. 그런데 오랜 역사의 부산 본원은 3급 이상의 인사 적체가 심해 4급에 머무는 기간이 길 수밖에 없다. 반면에 신생 양산 분원은 상대적으로 인사 적체가 없고 상위직에 공석이 있다. 그만큼 3급 이상으로 승진할 기회가 많을 수 있다. 인사를 분리하면 부산 본원에서 오랫동안 4급으로 근무했어도 승진할 수 없고 양산 분원에서는 짧은 기간 4급으로 근무해도 승진할 수 있다. 문제는 또 있다. 양산 분원은 5, 6급의 신규 직원이 많은데 바로 위 선임이 이른 나이에 3급으로 승진하여 길을 막고 있으면 4, 5, 6급에서 정체되는 기간이 길어질 수밖에 없다. 이러한 문제로 노동조합은 양 병원의 통합 인사를 통하여 균형과 형평에 맞는 인사 운영을 주장했다.

'책임경영제' 논의가 시작된 것은 2011년 1월부터다. 핵심은 회계 분리였고, 일단락됐다. 그런데 노동조합 설립 후 6월 중하순경 양산 분원 직원협의회에서 군불을 지피고 8월 하순에 독자적 인사권과 정원 관리를 주요 사항으로 논의를 다시 시작한 것이다. 그리고 불과 열흘이 지나 9월 4일, 직원들의 의견을 수렴하겠다며 공식화했다. 노동조합이 설립된 지 3개월 만이다. 이 무렵 부산대병원에서는 단체교섭권을 둘러싸고 보건의료노조 부산대병원지부에 뒤이어 설립한 양산 기업노조와 다툼이 계속되고 있었다. 양산 기업노조는 8월 10일 "본원 노조와 사원 복지 등 여러 측면에서 입장 차가 두드러져 독자적인 길을 걷기로 했다"[2]라

---

2 "부산대병원에도 복수노조 출범", 『부산일보』, 2012. 8. 14. 〈http://www.busan.com/view/busan/view.php?code=20120814000150〉

는 명분을 내세웠다.

노동조합에서는 법인이 같은 병원에서 '사원 복지 등 여러 측면에서 입장 차'라고 하는 것이 바로 양산 분원의 소수 4급이 자신의 승진 기회 확대를 위한 것으로 판단하고 있었다. 양산 기업노조는 부서장이 중심이 되어 설립됐다. 8월 9일 양산 분원 노동조합 설립준비위원회라는 이름으로 수간호사들이 낮번 근무를 마치고 퇴근하는 간호사들부터 일사불란하게 노동조합 가입원서를 받아냈다.

사실 어느 정도 근로조건이 갖추어진 사업장에서 노동조합 설립은 쉽지 않다, 우선 관심이 많지 않다. 특히나 교대 업무를 하는 간호사의 경우엔 더 심하다. 이 때문에 가입 독려에 관심을 보이는 경우도 드물다. 그런데 간호사 직종은 군대 사회와 같이 위계가 엄격하다는 게 의료계의 일반적인 평이다. 이러한 특성을 이용하여 수간호사라는 우월적 지위로 집단 가입을 받아낸 것이다. 양산 기업노조의 설립은 '책임경영제'로 부산대병원 본원과 분원을 분리해 부산대병원지부의 영향력을 최소화하려는 의도로 부산대병원지부는 판단했다.

양산 기업노조가 잠정 합의한 단체협약은 바로 다음 날인 8월 27일 법인의 대표인 정대수 부산대병원 병원장과 김효원 양산 기업노조 위원장이 본원 별관 2층 회의실에서 서명하는 것으로 예정돼 있었다.

대책 회의에서는 서명식에 양산 분원 성시찬 병원장이 참석한다는 것을 확인하고 회의실 앞에서 항의하는 것으로 결정했다. 다음 날 서명식을 앞두고 2층 회의실 앞 복도가 어수선했다. 서너 명의 간부들이 피켓을 들고 "노노갈등 부추기는 성시찬 원장 각성하라!"는 구호를 외쳤다.

복도 입구에 들어선 성시찬 병원장의 얼굴이 붉으락푸르락했다. 그는 몇 걸음 옮기다 버럭 소리를 질렀다.

"뭐 하는 거야!"

"병원장님! 단체협약이 다르잖아요, 그러면 안 되는 것 아닙니까? 노동조합 탄압하는 부당노동행위[3]입니다. 같은 병원에서 근로조건이 다르면 어떻게 해요?"

문미철이 느릿느릿 말의 높낮이를 조절하며 항의를 이어갔다. 뒤따르던 병원 간부들의 관자놀이에 핏대가 올라 있었다. "각성하라! 각성하라!", 구호 소리가 더 커졌다.

한 걸음 뒤에 있던 본원 노무팀장 서정은이 귓불까지 붉어져 앞으로 나섰다. "비키세요, 비켜!" 목소리가 앙칼졌다. 그 소리에 순식간에 간부들이 그녀를 막아섰다.

"뭐야! 지금 비켜 있잖아, 뭔데 비켜라 마라 해, 똑바로 해 똑바로!" 좁은 복도에 노동조합 간부들과 병원 측 관리자들이 엉켰다. 곳곳에서 고함이 들려왔다.

"조용히 하세요, 조용히!"

"뭘 조용히 해, 노동조합 탄압이야, 탄압, 부산대병원 수준이 이것밖에 안 돼?"

서정은의 "비켜!"로 시작된 실랑이는 끝날 것 같지 않았다.

---

3 '노동조합 및 노동관계조정법'은 사용자가 노동조합의 설립 또는 운영에 개입하거나 이를 이유로 부당한 처우를 하는 모든 행위를 포괄적 범위에서 부당노동행위로 규정하고 있다. 그러나 실제 법 적용은 대단히 엄격하여 노사의 다툼이 계속되고 있다.

"서정은은 노사관계의 걸림돌이었어요, 노무 유엠(Unit Manager, 중간관리자)을 맡고 있었는데 교섭 공가 논란 때에는 복무 관리한다고 하면서 자기에게 보고하라는 거예요. 그래서 우리는 보고할 테니 시간외 수당과 출장비 내놓으라고 했지요. 오죽했으면 교섭에서 빼라고 했겠어요."

정재범의 회고다.

뒤따르던 양산 기업노조 김효원 위원장 일행은 어쩔 줄 몰라 하며 엉거주춤 뻘쭘하게 지켜만 보고 있었다. 돌연 성시찬 양산 분원 병원장이 곁에 있던 정대수 부산 본원 병원장에게 소리를 높였다. "이 망신 주려고 여기까지 오라고 했소?", 분을 삭이지 못했는지 숨소리가 거칠었다. 정대수 병원장은 아무 말이 없었다. 성 병원장은 "에잇!" 다시 소리를 높이며 뒤돌아 복도를 성큼성큼 걸어 나갔다. 재킷 위로 드러난 목덜미가 시붉었다.

"그날 정대수 원장은 서명하지 않았어요. 아마도 성시찬 원장이 선배이기도 하고 전임 박남철 원장의 비리 혐의가 불거졌을 때 비상대책위 위원장으로 역할을 한 것도 부담이었을 거예요. 비상대책위가 없었다면 정대수 원장의 취임도 없었을 테니까요. 다음 날 양산에 가서 서명했다네요."

정재범의 회고다.

2. 혼란의 틈, 길을 열다

2012년 6월 부산대병원의 병원장은 공석이었다. 전임 박남철 병원장을 이사회에서 연임을 제청했지만, 김기섭 부산대학교 총장이 재가하지 않은 것이다.

> 박 원장 연임은 당초 병원 이사회가 지난 5월 박 원장을 1순위 후보로 임용 제청을 의결했으나 지난 4월 말 부산대병원 교수 75명이 박 원장의 연임을 반대하는 탄원서를 제출하는 등 논란이 일자 이사장인 김기섭 부산대 총장이 재가하지 않았다.
>
> 이로 인해 5월 20일 이후 부산대병원은 원장 없이 대행 체제로 운영됐으며 지난달 29일에는 비상대책위 소속 교수 22명이 부산대병원에 재정적 손해를 끼쳤다며 박 원장을 업무상 배임 혐의로 부산지검에 고발했다.[4]

부산대병원 노동조합 설립은 오민석이 대학 선배인 윤영규와 우연한 만남에서 시작됐다. 그러나 간부 구성 등 준비가 부족했다. 다만, 공공병원이라는 특성과 병원장 공석이라는 행정 공백 속에 별다른 탄압은 나타나지 않았다.

"설립총회가 쉽지 않았을 거예요. 저는 설립총회를 모르고 있었어요. 그날 경북대병원에 출장을 갔다가 전화를 받았어요. 밤늦게 부산으로

---

4 "박남철 부산대병원장 연임결정에 내부 반발", 뉴시스, 2012. 7. 2. 〈https://news.v.daum.net/v/20120702082305572〉

내려와 동래에 있는 음식점에서 가입원서를 썼어요. 다음 날이 토요일인데 대책 회의가 있으니 꼭 나와달라고 연신 당부했지요."

문미철의 회고다.

"저는 오민석과 친하지는 않았지만, 대학 동기 동창인데, 설립총회한다고 연락을 받지 못했어요. 아마 보안 유지한다고 그랬던 것 같아요. 근데 병원에서 연락이 왔어요. 노동조합 설립한다는데 알고 있느냐고. 모른다고 하니까 섭섭하다 하더라고요. 그러고서 밤늦게 오민석한테 전화를 받았어요. 다음 날 대책 회의를 하려니까 막상 나올 사람이 없었던 거예요. 노조 설립했다며 대책 회의에 함께하자는 거예요. 은근히 디스당한 것 같아 탐탁지 않았지만 합류했어요."

정재범의 회고다.

사실, 설립총회에 참석했던 조합원 가운데 서정관과 차계춘(설립 당시 사무장) 외에 아무도 간부로 나서지 않았다. 노동조합을 이끄는 핵심은 다음 날 대책 회의에 정재범과 문미철이 결합하면서 짜임새를 갖출수 있게 된 것이다.

수도권 외 지역 단일 규모 최대 병상을 보유한 부산대병원은 부산 본원만 노동조합 가입 대상이 2012년 당시 1650여 명으로 추정됐다. 불과 45명으로 설립된 부산대병원지부는 무엇보다 조합원 확대에 주력할 수밖에 없었다.

설립총회 당일 50여 명의 시설·기능직을 서정관이 별도의 장소에 모아 가입시키고 다음 날은 부산시민회관으로 달려갔다. 시민회관에서는 부산 지역 간호조무사 보수교육이 진행되고 있었다. 교육에는 부산대병원 직원 70여 명이 참가했다. 이어 6월 19, 20일에는 '부산대학교병원 직원들의 무한도전!'이라는 이름으로 노동조합 설명회를 진행했다. 최권종 보건의료노조 부위원장이 '노동조합이란 무엇인가?'라는 주제로 노동조합 설립 여부에 따른 국립대병원의 노동조건을 비교하는 교육을 진행했다. 이 밖에도 윤영규, 백흠만 보건의료노조 고신대복음병원지부 지부장, 김대현 보건의료노조 부산백병원지부 지부장, 강신원 보건의료노조 광주·전남지부 지부장 등이 함께해 부산대병원지부에 대한 지지와 관심을 보였다.

6월 19일 오민석은 설명회가 열리는 E동 9층 대강당 앞 로비에서 창밖을 바라보고 있었다. 어젯밤부터 제법 굵게 내리던 비는 늦은 오후부터 잦아들기 시작했다.

비는 잦아들었지만 멀리 물안개 구름이 아미산 능선을 휘감고 있었다. 피곤한 탓일까? 설립총회 후 열흘간 숨 가쁘게 내달렸던 몸이 아득히 먼 안개 속으로 빠져드는 듯했다.

"뭐 하노?"

정재범이다. 그는 성큼성큼 강당을 향해 갔다. 오민석은 혼곤했던 몸을 깨우려는 듯 마른 손바닥으로 얼굴을 감싸 문지르고 뒤따랐다.

"우리 병원 곳곳에 붙어 있는 '모두에게 칭찬받는 부산대학교병원'은 건전한 노사관계 없이는 이룰 수 없는 꿈입니다. 그 꿈을 노동조합이 만들겠습니다. 조합원의 든든한 버팀목이 되는 노동조합을 만들겠습니다."

오민석의 인사말로 시작된 설명회는 양일간 300여 명이 참석할 정도로 성황이었다.

첫째 날 설명회가 끝나자 오민석은 자갈치시장 친구의 횟집을 예약했다며 간부들을 이끌었다. 함께했던 간부들은 생각 이상으로 뜨거웠던 설명회를 마친 흐뭇한 마음으로 뒤따랐다. 중앙과 본부, 지역의 다른 지부 간부들도 잘됐다며 입 부조를 늘어놓으며 함께했다. 모두 희망했던 하루를 거나하게 마무리했다.

그런데 이튿날 설명회에 오민석이 핼쑥해져 나타났다.

"괜찮아, 배탈 안 났어? 죽는지 알았다. 새벽에 응급실까지 갔다 왔어."

"뭐야? 밤새 배가 살살 아프던데, 나만 그런 줄 알았지. 그럼 우리 모두 식중독이었던 거야? 밤새 화장실 들락거리느라고 죽는지 알았다. 약 먹고 지금은 좀 괜찮아졌는데 아직도 개운치 않아."

"야 그게 낙지 먹고 그런 거야, 너도? 너도, 너도….."

손가락질 끝에 약 봉투를 꺼내 들고 서로를 마주 보며 웃어댔다. 그러곤 설명회가 끝나자, 저녁 식사를 하자는 말에 모두 손사래를 치며 흩어졌다. 다른 지역에서 출장 와 돌아갈 곳 없는 몇몇도 조촐한 저녁 식사를 마치고 이내 숙소로 향했다.

간호사 직종만을 특화한 별도의 설명회도 진행했다. 6월 20일 간호직 낮 근무 퇴근 시간에 맞춰 오후 4시경 진행한 '무모한 도전에서 무한 도전'이다. 캐치프레이즈가 말해주듯 간호사 직종의 노동조합 가입이 쉽지 않을 것을 예상한 기획이었다. 참가자는 많지 않았지만 이날 설명회에는 간호사 출신으로 한미정 보건의료노조 부위원장, 김미화 보건의료노조 전남대병원지부 지부장이 참석해 노동조합을 만들고 나서 간호사의 노동조건이 어떻게 바뀌었는지 함께 이야기를 나눴다.

"많은 직원이 노동조합 설립에 응원의 메시지를 보내왔어요. 병원 측은 약간 긴장된 분위기였고, 인사팀은 의기소침했지요. 아미동 부산 본원에서는 직원협의회를 중심으로 중간관리자들이 협력해줬고요, 지부장이 보건직이라 보건직 협조가 두드러졌어요. 수간호사도 적극적이었던 것 같아요."

노동조합 설립에 따른 부산 본원 분위기에 대한 정재범의 회고다.

'부산대학교병원 직원들의 무한도전!'으로 이름 붙인 노동조합 설명회까지 잠정 집계된 조합원은 700여 명이다. 조합원 확대를 계속해야겠지만 적지 않은 숫자다. 노동조합 설립 당시 오민석은 A동과 E동 연결 통로에 있는 시티(CT)실에서 근무했다. 점심시간마다 가입원서를 들고 시티실로 찾아오는 동료들이 늘었다. 그렇게 열흘이 흘렀다.

오민석, 윤영규는 6월 14일 임영탁 병원장 직무대행을 면담했다. 이 자리에서 오민석은 노동조합 활동에 전념할 3명의 전임자와 조합사무실, 게시판 설치 등을 요청했다. 임영탁 직무대행은 미리 준비해 나온 듯했다. 전임자는 우선 1명에 대해 내부 간부회의에서 공유한 후 인정하겠다고 밝혔다. 그 외 사항에 대해서도 쉽게 답을 줬다. 면담 결과, C동 3층에 임시 사무실이 우선 제공됐다. 그런데 제공된 사무실은 서너 명이 앉기도 힘들 정도의 작은 크기였다. 두루미를 초대한 여우 꼴이었다.

노동조합 가입 활동이 활발해지자 사용자는 쉽게 진행됐던 면담과 다르게 곧바로 경고의 메시지를 띄웠다. 6월 18일 직원 전용 전자게시판(PHIS)에 병원장 직무대행 명의로 '화합하고 단결된 노사관계를 위한 제언'을 게시한 것이다. 제언이라 하지만 가시투성이였다. 노동조합 가입을 강요하지 마라는 것과 함께 외부인의 사전 허락 없는 무단침입 금지와 가입 범위 제한에 화합이라는 이름을 덧씌웠다. 외부인은 바로 보건의료노조 중앙과 본부, 민주노총 관계자를 지칭한 것이다.

제언에 대해 노동조합은 다음 날 노사 화합에는 공감하지만, 진정성이 없다는 반박 입장을 'PHIS'에 게시했다. 요지는 직원들이 노동조합 가입 여부를 자율적으로 판단할 수 있도록 실질적인 분위기를 만들라는 것이다. 당시 조합원이 700여 명으로 늘었지만, 어떤 부서에서는 단 한 명도 가입하지 않았다. 부서장의 성향과 은근한 압박에 따라 노동조합 가입은 부서마다 천차만별이었다. 간부들은 사용자의 제언을 천연덕스레 받아안아 일종의 노이즈마케팅을 펼쳤다. 조금이라도 노동조합 존재를 알려야 하는 처지에서 'PHIS'의 논란은 오히려 홍보 효과를 키웠다.

부산대병원지부의 설립은 지역사회에 나름의 반향을 일으켰다. 제일 먼저 환영의 인사를 보내온 곳은 부산대학교 총학생회다. 총학생회는 병원 내에 현수막 게시를 통해 연대를 밝히고 학교 홈페이지 게시판에 응원의 메시지를 올리며 병원의 현실에 예리하게 날을 세웠다. "열악하고 불합리한 제도와 관행으로 (…) 부산대에서 배우고 (…) 모교 병원에서 일을 하는 것이 더 이상 꺼려지는 일이 아니길 바란다"라는 것이 그것이다. 때마침 부산대학교 학보 『부대신문』에 모교 병원의 노동조건에 관한 기사가 실렸다. 그만큼 노동조합에 관한 관심도 커졌다.

"지역사회의 환영도 뜨거웠지요. 윤영규 본부장님은 부산지역본부 최대 숙원 사업이 이루어져 여한이 없다는 말까지 했을 정도였어요. 시민사회에서 환영했고, 언론도 뜨거웠어요."

정재범의 회고다.

보건의료노조 소속 다른 국립대병원지부에서도 일제히 한배를 탔다며 환호하며 노동조합 설립을 반겼다.

"처음 시작은 여러 가지로 낯설고 어렵습니다. 20년 전 노동조합을 처음 만들었을 때 그랬습니다. (…) 함께 뭉치면 얼마나 놀라운 일들이 우리 앞에 펼쳐질지 즐거운 상상을 하며 노동조합의 깃발 힘껏 나부껴 보십시오."

전남대병원지부를 대표한 김미화의 축하 메시지다. 이외에도 다른 국립대병원지부의 응원 메시지가 이어졌다.

3. 아생연후살타(我生然後殺他)

부산대병원 노동조합 설립에 양산 분원 노사협의회가 민감하게 반응했다. 양산 분원 노사협의회 근로자 대표이며 직원협의회 회장인 조원철은 6월 19일 노사협의회 근로자위원과 직원협의회 운영위원 총 14명 가운데 13명의 의견이라며 사내 전자게시판에 입장을 밝혔다. 물론 부산대병원지부 설립에 대하여는 축하의 말을 담았지만, 실제는 거리가 멀다. 주요 내용이다.

첫째, 양산 부산대학교병원 책임경영제 진행 상황 및 향후 추진 방향에 대한 병원장 설명회를 개최하자.

둘째, 책임경영제 조기 정착 후 노동조합 설립 여부에 관한 여론조사를 실시하자.

셋째, 노동조합을 설립한다면 어떤 조직으로 갈 것인가에 대한 공청회, 설명회 등을 개최하여 단계적. 체계적으로 준비하자.

게시판에 밝힌 '개최하자, 실시하자, 준비하자'가 누가 누구에게 말하는 것인지 드러나 있지 않다. 어떤 부분은 사용자에게 촉구하는 듯하고 어떤 부분은 직원협의회 자체의 의지로 보인다. 구경꾼 같은 말법이다. 분명한 것은 '책임경영제' 강조다. 2011년 회계 분리로 정리됐던 '책임경영제'를 다시 수면 위로 올린 것이다.

"직원협의회는 부산과 양산 따로따로 있었어요. 노조가 없던 때에 일종의 노조 역할을 한다고 했지요. 직원들의 경조사도 챙겨주고 직원들의 여론이라며 입바른 소리도 곧잘 병원 전자게시판에 올리기도 했는데요. 근데 사실 직원협의회 임원들의 승진 불만이 주였어요. 부산 본원에서는 삼국지의 '와룡봉추'라는 필명으로 활동이 꽤 활발했어요. 양산 분원에서는 주로 4급들이 임원을 맡아 자신들이 불모지에서 병원을 일궈냈다며 일종의 불가침, 넘보지 말라는 식의 글들이 올라오곤 했지요."

직원협의회에 대한 정재범의 회고다.

양산 분원 직원협의회가 '책임경영제'를 제기했지만, 사용자는 추이를 지켜보는 듯했다. 제기된 '책임경영제'의 내용도 밝히지 않았다. 부산대병원지부는 경과를 조금 더 지켜보는 것으로 가닥을 잡았다. 노동조합을 설립하고 열흘이 갓 넘은 상황에서 무엇보다 조합원 가입 활동이 중요했기 때문이다. 여력이 없었을 뿐 아니라 자칫 내용이 확연히 드러나지 않은 '책임경영제' 논란이 부산 본원에서 양산 분원 직원의 권리를 빼앗는 것으로 선전되어 빗장을 걸 수 있다는 판단도 있었다.

양산 분원의 움직임을 제어할 수 없는 더 큰 이유는 병원장의 공석이었다. 병원장 공석은 길어질 듯 보였다. 6월 25일 비상대책위원회는 박남철 전 병원장이 연임을 여전히 고집하고 있어 감내하기 힘든 참담함과 허탈감을 갖고 있다며 다섯 가지 비리 혐의에 대하여 해명하라고 공개 질의했다. 질의문은 병원 게시판에 공개했다. 그런데 공개 질의가 있은 지 불과 나흘 만에 김기섭 총장의 제청이 없었음에도 교육과학기술부는 직권으로 박남철 병원장의 연임을 승인했다. 절차를 중요시하는 행정의 특성상 이례적이었다. 반발도 수그러들지 않았다. 오히려 증폭되는 양상이었다. 교육과학기술부의 병원장 승인까지 계속되던 1인 시위는 박남철 원장을 배임 혐의로 고발하며 중단됐다. 그러나 국정감사에서 또다시 공금횡령 의혹이 제기됐다. 부산대병원지부에도 동참 요청이 있었다.

6월 말 비상대책위원회 차민주 교수가 시티실로 오민석을 찾아왔다. 차민주 교수는 같은 영상의학과 소속의 직속상관으로 시티실 출입은 지극히 자연스러운 일이다. 그런데 시티실에는 오민석 외에 아무도 없었지만, 주변을 살피면서 말소리를 낮췄다. 그는 노동조합에서 비리 혐의 병원장 재임용 반대 입장을 냈으면 좋겠다고 찾아온 이유를 짧게 밝혔다. 갑작스러운 제안에 오민석은 선뜻 가부를 말하지 않고 생각을 가다듬었다. 그사이 차민주 교수가 다시 말을 이었다.

"혼자 결정할 수 없겠지요, 이야기해보시고 연락주세요."

오민석은 차민주 교수의 말을 듣고 몇몇 간부에게 비상대책위원회의 입장을 전했다. 간부들은 혼란스러워했다. 비리가 있다는데 노동조합이 당연히 반대해야 한다는 의견과 아직 힘이 없으니 한쪽에 기울면 괜한 탄압만 불러온다는 의견이 엇갈렸다. 침묵은 곧 방조다, 그렇지 않다, 쉽게 자를 수 없었다. 다만, 어느 한쪽을 선택하여야 했다.

"입장이 없어서가 아니라 입장을 내지 않을 뿐입니다. 아생연후살타 아닙니까? 노동조합을 지켜나가는 게 중요합니다. 반대한다고 입장을 밝히면 속은 시원할지 모르겠습니다. 그런데 만든 지도 얼마 안 되는 노조가 무슨 힘이 있습니까? 노조가 먼저 살아야 뒷일도 할 수 있습니다."

오민석이 마무리했다.

병원장 연임과 관련하여 논란을 매듭짓고 대외비로 문구를 정리했다. 전문이다.

당연히 노동조합은 병원의 민주적 운영과 투명성 확보를 지지한다.

그러나 현재 부산대학교병원 노동조합은 설립 1개월이 안 되는 상황이다. 병원의 민주적 운영과 투명성 확보에 대한 내부의 의견은 그동안의 다양한 관계들이 복잡하게 얽히어 통일되어 있다고 보기 어렵다. 현 상황에 대해 입장을 표명할 때 내부의 갈등으로 이어질 소지가 있다.

또한 부산대학교병원 직원들은 그동안 무노조 상태에서 노동자로서 권리의식이 높지 않다. 이러한 상태에서 노동조합이 입장을 표명할 때 이에 대해 이해관계가 다른 중간 간부들이 노동조합을 탄압한다면 스스로의 대응이 취약할 수밖에 없다. 이는 자칫 노동조합 탈퇴로 이어져 조직력을 심각하게 위협할 수 있다.

이에 현 단계에서는 현재 상황에 대한 입장 표명보다 내부의 조직력을 키우는 활동을 우선하여 진행하고, 이후 병원의 민주적 운영과 투명성 확보를 위한 활동을 전개할 것이다.

병원장 문제에 대해 공개적인 의견을 내놓지 않자, 연임을 찬성하는 쪽이든 반대하는 쪽이든 노동조합에 적대감을 드러내지 않았다. 어느 쪽이든 노동조합을 크게 문제 삼지 않는 분위기였다. 문제는 서정은을 위시한 인사·노무를 담당한 행정 쪽이었다. 그들은 노동조합과 병원의 주요 역할을 맡은 보직자와의 소통을 막아섰다. 노동조합에서 요청하고 제기한 것들을 보고하지 않거나 뒷전으로 미뤘다. 혹은 와전시키거나 심지어 왜곡하는 일도 있었다. 노동조합이 없을 때 그들은 직원들과 의사소통의 길목을 틀어쥐고 있었을지 모를 일이다. 그런데 그 길목이 열린다면 어떨까?

행정 출신의 문미철의 말이다.

"의사결정을 주도하다가 뺏기면 어떻겠어요! 완장을 뺏기는 기분일 거예요. 지금 그 완장을 놓지 않으려 발버둥 치는데 어쩌겠어요."

그는 허허 웃었다.

박남철 병원장 연임 승인에 앞서 임영탁 직무대행은 6월 27일 오민석 지부장을 전임으로 인사 발령했다. 연임된 박남철 병원장과 면담은 7월 5일 진행됐다. 교육과학기술부 승인 일주일 만이다. 이 자리에는 오민석을 비롯하여 최권종, 윤영규 등이 함께했다. 박남철 병원장은 선선했다. 노동조합과 모든 것을 함께하는 사람임을 몇 번씩 강조했다. 노동조합 사무실 요청에는 가까운 시일 내 넓은 곳을 찾아보겠다고 확답했다. 면담 후 얼마 되지 않아 새로운 노동조합 사무실이 제공됐다. 사무 및 회의 운영에 지장이 없을 정도의 크기로 병원 내에서 비교적 접근성이 좋은 곳이었다. 사무실 개소식은 산적한 문제로 늦어져 석 달 뒤인 10월 5일 열렸다.

　개소식이 열리는 본관 옆 마당, 층층 구름에 가을 햇살이 은은했다. 바람도 선선했다. 정오 무렵 여린 길놀이 장단을 따라 내외빈들이 속속 모여들었다. 유지현을 비롯해 최권종, 정해선 보건의료노조 부위원장, 윤영규, 국립대병원 소속 지부 전임 간부와 부산 본부 소속 지부장 등이 대부분 참석해 부산대병원지부 간부들과 함께했다. 박남철 병원장도 몇몇 보직자와 인사·노무팀을 이끌고 참석했다. 그는 축사를 통해 본인은 노사 화합을 무엇보다 중요하게 생각하는 동반자임을 거듭 강조했다. 오픈 커팅 후에는 옆에 있던 오민석 지부장을 끌어안기도 했다. 축하 화분은 물론이고 별도로 자신의 애장품이라며 선물까지 전달했다. 그런데 노동조합 사무실 개소식에서 박남철 원장이 보여준 모습과 실제 노사관계는 전혀 달랐다. 병원장 취임 이후에도 인사·노무팀과 노동조합의 마찰이 계속됐지만 아무런 조치 없이 계속 수수방관할 뿐이었다.

개소식에서 노동조합과 동반의 길을 가겠다던 박남철 병원장은 불과 일주일도 안 돼 10월 11일 돌연 사퇴서를 제출했다. 공금횡령 혐의가 국회에서까지 제기되자 부담이 컸을 것이라는 게 주변의 시각이다. 재임용되어 4개월을 못 채운 것이다.[5]

4. 한 걸음 한 걸음

7월 초 부산 본원의 조합원은 800여 명으로 늘었다. 늘어난 조합원과의 소통을 위해서는 조직 체계 정비가 필요했다. 곧바로 대의원 조직 마련에 들어갔다. 23개 선거구를 확정하고, 25명의 대의원을 7월 11일부터 13일까지 3일간 투표를 통해 선출한다고 공고했다. 그런데 누구 하나 자발적으로 대의원을 하겠다고 나서지 않았다. 간부들은 입후보 마감 직전까지 선거구별로 누가 대의원으로 적임자인지 수소문하여 커피를 챙겨 달려가고 퇴근 후 식사를 함께하며 설득했다. 그 결과 21명의 대의원이 선출됐다.

길은 첩첩했다. 조합원이 늘어난 만큼 보다 책임감 높은 간부들이 필요했다. 우선 임원을 보강해야 했다. 설립총회 당시 모두가 선뜻 나서

---

5 "부산대병원 박남철 원장, 결국 자진 사퇴", 채널PNU, 2021. 10. 29.〈http://weekly.pusan.ac.kr/news/articleView.html?idxno=2396〉

지 않는 분위기에서 지부장으로 영상의학과 오민석, 부지부장으로 원무시설관리 서정관, 사무장으로 외래 간호사 차계춘과 회계감사를 선출했다. 사실 오민석, 서정관 외에는 떠밀리다시피 역할을 맡은 것이다. 핵심 역할이어야 할 사무장은 한 달여 만에 고개를 절레절레 저었다. 대의원을 선출한 후 이를 보강하기 위하여 곧바로 임시대의원회를 소집했다.

7월 18일 열린 임시대의원회를 통해 신임 부지부장에 정재범과 사퇴한 사무장 자리에 문미철을 선임했다. 또한 임금 및 단체교섭 추진 일정을 확정하고 '조합원 배가 운동 실천단' 구성을 결의했다. '조합원 배가 운동 실천단' 단장은 서정관이 맡았다. 아울러 대의원 선출이 성공적이었음을 자평하고 투표자 가운데 제비뽑기를 통해 작은 경품을 전달했다.

'조합원 배가 운동 실천단'은 7월 23일부터 8월 3일까지 1차 운동 기간을 설정했다. 기간 동안 가장 주력한 것은 각 대의원 선거구별 80% 이상의 조직화였다. 또한 임원과 집행위원, 대의원이 기간 내 1회 이상 자정부터 새벽 2시까지 심야 병동 순회를 결의했다.

부산 본원 조직화가 어느 정도 가닥이 잡히자, 오민석과 정재범은 양산 분원 조직화에 매진했다. 양산 분원 조직화는 친화력이 있는 연고자를 중심으로 본원에서 진행했던 설명회 방식을 택했다.

6월 8일 노동조합 설립 후 양산 분원으로 전출된 몇몇과 전화 통화로 가입을 권유하고 내부 상황을 알아봤지만, 누구도 흔쾌한 답을 주지 않았다. 양산 분원 노사협의회 근로자위원과 직원협의회 간부들은 노조의 움직임이 활발해지자 상황을 관망하는 듯 보였다. 그들은 가까운 시일 내에 '책임경영제'를 확정하고 양산 분원을 별도로 운영한다는 소문을 퍼트렸다. 양산 분원 성시찬 병원장이 박남철 병원장의 사퇴를 촉구하는 비상대책위원회 위원장을 맡고 있어 '책임경영제'가 유리하다는 말도 들려왔다. 그리고 양산 분원 직원이 노동조합에 가입하면 불이익을 당할 것이라는 분위기가 팽배해 있다고 했다. 그런데도 노동조합에 관심은 높다고 했다.

연고가 있는 양산 분원 직원에게 만나자는 요청을 했지만, 대부분이 손사래를 쳤다. 그렇게 몇 번 거절당하다 어렵게 첫 약속이 잡혔다. 행정직군으로 무기계약직인 민지환이다. 7월 3일 양산에서 부산으로 내려오는 길목인 구서동 식당에서 만남을 잡았다.

오민석, 정재범, 문미철은 퇴근 시간에 맞춰 약속 장소로 향했다. 낮게 드리운 구름에 엷은 안개가 흐르고 있었다. 민지환은 동료 2명과 함께 왔다.

내부 상황을 설명하는 데 이미 다 들었던 내용이었다. 가입원서를 내밀었지만, 시기상조라는 말이 되돌아왔다. 겨우 설득한 것이 다음 날 점심시간을 활용해 설명회를 열기로 한 것이다. 문제는 설명회 장소였다. 양산 분원 직원들은 한결같이 본관에서 진행하면 다른 직원 눈에 띄는 부담 때문에 관심이 있어도 오지 않으리라 예측했다. 고민 끝에 떠오른 곳이 본관에서 떨어져 있는 한방병원이다. 한방병원은 근무자 자체가 몇 명 안 되고 본관 직원의 출입도 드문 곳이다. 그리고 점심시간이 짧아 식사할 겨를도 없을 것 같아 별도로 도시락을 준비하기로 했다.

흐렸다, 개였다, 지쳤다, 맑았다. 몸이 그랬다. 몇 명이나 모일까? 의외였다. 30여 명이 모인 것이다. 추가로 도시락을 준비하느라 발을 동동 굴려야 했다. 그러나 가입원서는 쓰지 않았다. 고민해보겠다는 것이다. 다만, 다음 설명회에 나오겠다는 다짐을 받았다.

7월 12일 오전 양산 분원으로 향하는 몸이 어느 때보다 가벼웠다. 전날에 내리던 장대비도 멎고 화창했다. 지난 설명회 이후 한방병원 중심으로 가입자가 있었다. 가입자들은 행정직군의 무기계약직으로 비정규직이었다. 사실 비정규직이기 때문에 노동조합 가입에 따른 불이익을 가장 염려하는 직군이었다. 민지환은 대의원으로 출마까지 했다. 때마침 대의원 선출 투표가 진행되고 있어 점심시간을 이용해 독려하고 퇴근 후 있을 2차 설명회를 점검했다. 장소를 승용차로 20여 분 걸리는 민주노총 양산시지부로 정했던 터라 퇴근에 바쁜 직원들이 얼마나 모일 수 있을까 염려됐다. 점검 결과 의외로 약 40여 명이 모일 것으로 예상됐다. 조금씩 물꼬가 트이는 느낌이었다. 오후 6시, 양산시지부에 삼삼오오 직원들이 모이기 시작했다. 사정이 있다며 참석 못 한 직원이 있지만 30여 명이 모였다. 지난번과는 달리 회의실에 들어오면서 가입원서를 받았다. 민지환이 앞장서 가입원서를 내밀었다. 같은 병원의 낯익은 직원이 내민 탓인지 모두 가입원서를 썼다. 어떤 이는 "이것 살생부 아니야?" 농담을 늘어놓기도 했지만, 선선히 가입원서를 건넸다. 민지환에게 가입원서를 건네받은 문미철의 얼굴엔 엷은 미소가 번졌다.

양산 분원에서 대의원을 선출하고 30여 명이 집단 가입하자, 곧바로 양산 분원 본관 내에서 설명회를 추진했다. 양산 분원 직장협의회 움직임도 빨라졌다. 직장협의회는 본관 내에서 설명회가 열리는 만큼 전체 직원을 대표하여 자신들이 행사를 주관하겠다고 나섰다. 부산대병원지부로서는 직장협의회가 양산 분원 내 장악력을 가진 상황에서 마냥 노동조합이 단독 주관하겠다고 고집할 수 없는 노릇이었다. 탐탁지 않았지만, 직장협의회에 설명회의 주관을 맡겼다.

7월 24일 양산 분원에서 가장 큰 강당인 중앙진료동 4층 모암홀에서 열린 설명회에는 100여 명이 참석했다. 참석자가 100여 명에 이른 것은 직원협의회의 독려가 큰 몫을 했다. 설명회는 윤선희 직원협의회 총무부장의 사회로 진행됐다. 그녀는 전문 앵커와 같이 깔끔한 목소리를 갖고 있었다. 개회 선언에 이어 국민의례를 생략한다는 진행이 여유와 절제가 물씬 묻어났다. 인사말에 나서는 조원철 노사협의회 근로자 대표이며 직원협의회 회장을 소개할 때는 음색을 높였다. 그녀는 조원철이 양산 분원 직원들의 고유한 권리, '책임경영제' 정착을 위하여 불철주야 고군분투하고 있음을 강조했다. 인사에 나선 조원철은 '책임경영제'로 양산 분원의 모든 문제를 풀어가겠다고 했다. 노동조합은 양산 분원 직원협의회에서 어떻게 할 것인지 결정하겠다며 "우리끼리 해나가자"라고 힘주어 말했다. '우리끼리'는 몇 번이나 반복됐다. 그리고 그는 설명회는 단지 참고할 뿐이며 직원협의회에서 충분히 논의하겠다고 가림막을 쳤다.

인사말 이후 본격적인 설명회가 이어졌다. 사회자는 부산대병원지부를 마치 외부에서 물건을 팔기 위해 방문한 마케팅업체처럼 소개했다. 설명회는 최권종이 다른 국립대병원 노동조합 현황과 부산대병원의 노동조건 차이에 대하여, 오민석이 부산대병원지부의 과제와 역할 그리고 앞으로의 계획에 대한 설명 등으로 이어졌다. 처음 말문을 열 때는 참석자들의 곱지 않은 시선이 느껴졌다. 그런데 시간이 지나면서 집중하고 있다는 촉감을 느낄 정도였다. 설명이 끝나자 참석자들은 노동조합의 기능과 역할, 활동 그리고 조합비 기준과 쓰임에 대하여 구체적으로 물었다. 주최한 직원협의회는 예약 시간이 지났다며 질의를 제한하고 서둘러 행사를 끝냈다. 1시간을 예정했던 설명회가 30분이나 길어진 것이다.

한 걸음 한 걸음 내처 걷는 사이 어느덧 조합 가입자는 1000여 명으로 늘었다. 사이사이 사용자의 노조에 대한 경계 메시지는 계속됐다. 7월 20일 노동조합 선거관리위원으로 적극적으로 활동해온 서영은 간호조무사와 계약을 해지했다. 서영은은 2008년 7월부터 용역업체 소속으로 파견되어 일해왔다. 법률은 2년 이상의 파견을 금지하고 있어 보통 2년이 도래한 시점에서 계약을 해지해 해고하고 있다. 그런데 서영은은 업무의 필요에 따라 불법 파견 소지를 없애기 위하여 또는 업무 자체가 파견받아 수행할 수 없는 이유로 계약직으로 직접 고용했다. 당사자로서는 정규직 업무에도 2년 단위의 계약직이 있으나 2년이 지나면 무기계약직으로 전환하는 관례가 있기에 이를 받아들이고 무기계약직 전환만을 손꼽아 기다렸다. 그런데 2년이 도래하자 계약을 해지한 것이다. 노동조합은 서영은의 해고에 선거관리위원회 활동이 문제가 된 것으로 판단했다. 부산대병원지부는 부당노동행위에 해당하는 부당해고라며 반발했으나 받아들여지지 않았다.

5. 겉과 속

부산대병원지부가 단체교섭을 요구한 것은 설립 후 두 달여가 지난 8월 7일이다. 보통 노동조합을 설립하면 일사천리로 하루 이틀 내에 단체교섭을 요구한다. 내부 직원의 관심을 높이고 사용자에게 다른 틈을 주지 않기 위해서다. 그러나 부산대병원지부는 여러 가지 상황을 고려해 늦춘 것이다. 가장 큰 이유는 병원장 공석이었다. 공공기관으로서 단체교섭을 요구해도 결정할 사람이 없다고 차일피일할 것이 분명했기 때문이다. 6월 29일 교육과학기술부로부터 연임이 승인되었지만 비리혐의로 사퇴 압력이 계속되고 있어 혼란스러운 점도 고려됐다. 물론 사용자도 다양한 경로로 상황을 설명하며 노동조합을 설득하기도 했다. 그런데 가장 중요한 이유는 사실 조직화 정도였다. 2012년 당시 부산대병원지부의 조직화 대상은 양산 분원과 합하여 3000여 명에 이르는 것으로 파악되고 있었다. 불과 45명으로 설립총회를 진행한 부산대병원지부는 조합원 확대와 이에 따른 운영 방안 마련이 시급했다. 또한, 직종별 고충을 수렴하고 이를 문서로 만드는 시간도 필요했다. 지부장 한 사람만으로는 역부족이기도 했다. 이 때문에 본격적인 단체교섭에 앞서 노사관계 정착을 위한 우선 논의를 요청했다. 그러나 사용자는 단체교섭 사항이라며 거부로 일관했다.

8월 7일 단체교섭 요구에 대해 사용자는 '단체교섭 요구 사실의 공고'[6]를 이행하지 않고 있었다. 몇 차례의 공고 게시 요구가 받아들여지지 않자 8월 10일 부산지방노동위원회에 시정 신청을 했다. 시정 신청에 따른 행정 조치는 상당한 시일이 필요했다. 이에 노동조합은 노동위원회에 처리 절차를 밟기에 앞서 단체교섭 요구 사실 공고를 게시할 수 있도록 행정지도를 요청했다.

그러나 사용자 측은 계속하여 단체교섭 요구 사실을 게시하지 않고 이 날 저 날 했다. 그사이 양산 분원 중간관리자의 움직임이 부산했다. 노동조합을 설립한 것이다. 보건의료노조는 양산 분원 노동조합 설립 소식이 전해지자, 곧바로 성명을 발표하여 우려를 표명했다.

> 병원 측은 노사관계 정착을 위한 우선교섭 요구를 단체교섭 사항이라며 묵살하더니, 지난 8월 7일 자의 단체교섭 요구에는 현행 노동관계법조차 지키지 않고 교섭 요구 사실조차 13일 오전 현재까지 공고하지 않았다. 이는 단체교섭을 고의로 해태하는 명백한 부당노동행위이다. (…) 복수노조 시대, 노동자라면 누구나 노동조합 설립의 권리를 갖고 있다. 그러나 '책임경영제'를 주장하며 노동조합의 불필요성을 강조하던 양산 부산대병원에서 우리 노조의 단체교섭 요청이 구체화되자 부서장 회의 후 현행 노동법의 허점을 이용하여 신규 노조 설립을 가시화한

6　노동조합이 단체교섭을 요구하면 사용자는 요구했다는 사실을 사내에 누구나 알 수 있도록 공지하여야 한다. 이는 복수노조가 전면 허용됨에 따라 단체교섭을 요구할 다른 노동조합에 대해서도 그 권리를 보장하기 위한 것이다. 우리나라는 1997년 노동법 개정으로 연합 단체 등 초기업 단위 복수노조가 허용됐고 기업 단위 복수노조는 2011년 7월 1일부터 허용됐다. '교섭 요구 사실의 공고'는 요구를 받은 날부터 7일간 하도록 법률은 정하고 있다.

것은 석연치 않은 부분이 많다. 우리 노조는 양산 부산대병원에서 신규 노조 설립이 합리적 노사관계 정착과 함께 결코 둘이 아닌 동일 법인의 부산대학교병원 직원으로서 자긍과 보람을 함께 나누며 일할 수 있는 환경을 조성하는 데 장애로 작용할 수 있어 심각한 우려를 표하지 않을 수 없다.

13일 자로 발표한 "부산대학교병원은 성실히 교섭하고, 합리적 노사관계 정착을 위한 조치를 강구하라!"는 성명서 일부다.

단체교섭 요구 사실의 공고 게시를 둘러싼 노사 공방의 와중에도 노동조합은 8월 6일 대의원 간담회를 통해 직종별 의견 수렴 일정을 잡았다. 이를 토대로 8일 원무직, 9일 간호조무직, 10일 양산 한방병원 13일 행정·전산·시설직, 14일 보건직, 16일 병동과 외래 간호직, 27일 양산 분원 등과의 숨 가쁜 만남을 이어갔다.

사용자 측의 대응도 노골적이었다. 병원은 법무법인 '창조컨설팅'과 노무관리 워크숍을 했다. '창조컨설팅'은 당시 노조 탄압으로 악명이 높았다. 고용노동부는 2012년 12월 부당노동행위를 부추기고 사실상 실행에 이르기까지 책임이 있다며 노무사법 위반으로 설립인가를 취소했다. 노무법인 설립인가 취소는 전무후무한 일이다. 이 워크숍에 병원장이 직접 참석했다. 이런 가운데 노사관계는 계속 악화되어갔다. 그 중심에 노무팀이 있었다.

"사측에서 노동조합에 편의 시설 제공 차원에서 지급된 팩스기에 팩스 번호가 없어서 2주가 지나도록 사용하지 못하고 있다면 지금 이 글을 읽고 있는 직원분들은 믿어지십니까?" 2012년 8월 27일 부산대병원지부가 '겉과 속이 다른 병원장님께 고함!!'(이하 '겉과 속')이라는 제목으로 'A3' 크기로 노동조합 게시판에 붙인 글의 첫머리다. '겉과 속'은 사소한 것까지 협조가 되지 않는 이유가 병원장의 지시에 의한 것인지 아니면 노무 담당자가 할 일을 안 하는 것인지 따져 물었다. 그리고 각종 탄압 사례를 나열하며 노무 담당자 교체만이 병원장이 강조한 상생적 노사관계의 출발점임을 강조했다.

같은 날 노동조합 중앙에서도 별도의 성명을 발표했다.

노무 담당자는 통상적 노조 활동에 대한 협조마저 거부하고 있으며, 노조 탄압 전문 노무법인과 함께 병원장이 직접 참석하여 워크숍을 개최하기도 했다. 또한 우리 노조의 교섭 요구 사실 공고를 지연시키는 가운데 양산 부산대병원에서는 관리자들이 주도하여 신규 노조를 설립하기도 했다.

이런 가운데 극소수만을 위한 불평등 인사를 초래하여 노노 갈등만을 부추기는 부산병원과 양산병원의 인사 분리를 검토한다는 소문도 무성하다. 단체교섭 역시 이를 부추기기 위하여 관리자 주도의 양산부산대병원노동조합과 개별교섭할 것이라는 풍문도 들린다. 최근 부산, 양산병원장의 만남은 이를 뒷받침하려는 게 아닌가 하는 의구심이 커질 수밖에 없다.

논란이 됐던 단체교섭 요구 사실의 공고는 8월 16일 게시됐다. 이 공고에 의해 다른 노동조합은 23일까지 교섭을 요구할 수 있다. 물론 공고 기간 내 양산 기업노조도 교섭을 요구했다. 이후 절차는 노동법에 따

라 진행됐다.[7]

사용자는 법에 따라 24일 '교섭 요구 노동조합 확정 공고'를 했다. 확정 공고에 따라 공고 내용에 대한 이의신청 기간 5일이 지난 후 14일 안에 교섭을 요구한 노동조합은 자율적으로 교섭 단위를 하나로 묶어 단체교섭을 진행할 수 있다. 사용자는 이 기간 내에 교섭을 요구한 각각의 노동조합과 개별로 교섭할 수 있다는 의견을 줄 수도 있다. 만약, 교섭 단위가 하나로 묶어지지 않거나 사용자의 개별교섭 의사가 없으면 교섭을 요구한 전체 노동조합의 조합원 과반수로 구성된 노동조합과 교섭해야 한다. 이때 3개 이상의 노동조합이 교섭을 요구하여 어느 노조도 과반수가 아닌 경우에는 과반수가 되도록 연대도 가능하다.

부산대병원지부는 '교섭 요구 노동조합 확정 공고'가 게시되자 과반수 노동조합으로 단체교섭권 확보가 확실했지만 양산 기업노조에 곧바로 교섭 단위 단일화를 요청했다. 단일화는 보통 소수 노조가 요구한다. 노동조합이지만 교섭을 못 한다면 무용지물이 되기 때문이다. 그런데 부산대병원은 그 반대였다. 다수인 부산대병원지부는 단일화를 추진하고 소수인 양산 기업노조는 거부했다. 단일화를 요청한 부산대병

---

7 '노동조합 및 노동관계조정법'에 따르면 '교섭 요구 사실의 공고' 기한 내 해당 사업장 내 모든 노동조합은 교섭을 요구할 수 있다. 사용자는 '교섭 요구 사실의 공고' 기한 다음 날 기한 내에 교섭을 요구한 모든 노동조합에 대하여 '교섭 요구 노동조합 확정 공고'를 시행하여야 한다. 공고 이후 교섭 요구에 참여한 노동조합은 14일 안에 자율 협의를 통해 하나의 교섭 단위로 단일화할 수 있다. 사용자는 이 기간 내 교섭 요구 노동조합에 대하여 각각 교섭하겠다는 의사(이를 '개별교섭'이라 한다)를 밝힐 수 있다. 교섭 요구 노동조합의 자율적 단일화가 이루어지지 않고 사용자가 개별교섭에 응하지 않으면 특정 노동조합이 교섭 요구에 참여한 노동조합 전체 조합원의 과반수를 주장하며 과반수 노동조합으로 통보할 수 있다. 물론 이 통보에 대해서는 노동위원회에 이의신청을 통해 바로 잡을 수도 있다. 일련의 과정을 '교섭 창구 단일화 절차'라 한다.

원지부는 양산 기업노조를 지렛대로 양 노조의 조합원 또는 부산 본원과 양산 분원의 노동조건을 분리할 수 있다는 우려가 있었다. 그런데 소수인 양산 기업노조로서는 개별교섭에 대하여 사전 약속을 받았다면 굳이 단일화할 이유가 없었다. 예상한 대로 교섭은 개별교섭으로 진행됐다.

6. 아, 머나먼

단체교섭 진행을 위한 준비 절차는 9월 12일 종료됐다. 준비 절차 시한이 임박해오면서 병원 측의 민주노조 탄압의 의도는 노골적으로 드러났다. 병원 측은 노조법에 따른 자율적 단일화 기간 만료까지 불과 1시간여를 앞두고 공문을 보내왔다. 내용은 11일 양산 기업노조에서 개별교섭 요청이 있었다며 간부 회의를 열어 동의를 결정했다는 것이다. 부산대병원지부는 11일 병원장을 면담하여 교섭 비용을 낭비하고 노노 갈등을 부추겨 민주노조를 탄압하는 개별교섭은 안 된다는 의견을 피력했다. 병원장 역시 "교섭을 두 번 할 필요가 있겠는가?"라며 개별교섭에 대해 부정적이었다. 그런데 병원장이 말을 바꾼 것인지, 노동조합 활동에 사사건건 딴지를 걸던 노무팀이 나선 것인지 돌변한 것이다.

현 상황의 본질은 명확하다. 현재까지 진행된 시나리오는 첫째, 우리 노조의 교

섭 요청이 있자 교섭 요청 사실 공고조차 늦추면서 양산병원에서는 중간관리자 주도로 노동조합을 만든 점 둘째, 곧바로 교섭 요구를 한 점 셋째, 노조 파괴로 악명 높은 창조컨설팅이 양 병원을 방문한 점 넷째, 양산병원 소수의 중간관리자에게만 유리한 책임경영제를 들고나온 점 다섯째, 다수 노조인 우리 노조가 교섭권을 확보하는 불과 1시간여 전에 개별교섭 동의를 공문으로 통보해 온 점 등 민주노조 탄압을 위한 수순이었던 것이다.

이제 우리의 선택은 명확할 수밖에 없다. 첫째는 민주노조를 굳건히 지켜내는 것이다. 그 힘으로 양산병원 중간관리자만을 위한 책임경영제를 막아낼 것이다. 또한 향후 진행될 단체교섭에서 우리 노조의 요구를 최대한 관철하여 그동안 무노조 상태에서 열악한 근로조건을 개선할 것이다.

9월 14일 부산대병원지부 소식지 『희망 쌓기』의 일부분이다.

책임경영제가 수면 위로 떠오른 것은 9월 4일이다. 사용자는 책임경영제에 대해 내부 임직원의 의견을 수렴한다며 내부 전자게시판에 공고했다. 공고 내용을 보면 9월 19일까지 직원의 의견을 수렴하여 9월 24일 규정 개정안을 확정하고 9월 중 규정심의위원회에 상정하여 12월 중 의사회 의결을 통해 2013년 1월 1일부터 시행한다는 것이다.

부산대병원지부는 책임경영제에 대한 반대 표명이 9월 12일까지 진행되는 '교섭 창구 단일화 절차'에 걸림돌이 될 수 있다는 판단에 일단 추이를 지켜봤다. 다만, 본격적인 교섭에 앞서 간부와 대의원 수련회를 통해 단합과 각오를 새롭게 하기로 했다.

9월 8일 온종일 굵은 비가 내렸다. 토요일인데도 비를 뚫고 하나둘 E

동 강당에 간부들이 모이기 시작했다. 창밖엔 주룩주룩 내리는 비 사이로 이따금 천둥번개가 내리쳤다. 몇몇 간부는 잠깐씩 팔짱을 끼고 창가를 서성이다 이내 회의장에 들어가 서로 가벼운 이야기에 웃음을 섞었다. 그 사이사이 몇 번 천둥소리가 요란했다. 수련회의 주제는 '간부의 역할과 자세'다. 30여 명의 참가자는 비 때문이었을까 몇 개월 동안 힘겨웠던 서로의 젖은 마음에 기댔다. 그리고 이어지는 몇 편의 동영상을 보며 질곡의 역사, 노동의 아픔에 빠져들었다. 수련회에는 최권종, 윤영규 등이 참석해 앞으로 나아가야 하는 길을 함께 헤아렸다.

개별교섭이 결정된 후 부산대병원지부는 곧바로 책임경영제 반대를 천명했다. 9월 14일 『희망 쌓기』를 통해 병원 측이 민주노조 탄압에 나섰음을 짚고 한편에선 성명서를 통해 책임경영제의 문제점을 밝히며 철회를 촉구했다. 성명서 일부다.

책임경영제의 폐단은 양산병원 극소수의 4급직 중상위 연차의 특혜적인 승진 기회 확대에만 그치는 것이 아니다. 국민의 눈높이로 볼 때는 공공의료기관으로서 본연의 역할이 축소되는 문제가 발생하게 된다. 동일 법인 내 양 병원이 경쟁 체제로 접어들게 되어 실적 위주, 돈벌이 경영에 내몰리게 된다. 이러한 수익 위주의 경영은 긴 대기 시간, 짧은 진료, 과잉 검사 등으로 이어져 환자의 불만은 늘어나고 직원의 노동 강도는 심화한다. 결과적으로 의료의 질은 낮아지고 직원과 환자 모두가 피해자가 되는 것이다.

성명서 발표와 함께 부산대병원지부는 주말을 피하여 17일 월요일부터 19일 수요일까지 전체 직원 책임경영제 반대 서명을 진행했다. 단 3일간의 서명에 1000여 명이 동참했다. 결과는 24일 병원에 전달했다. 별도로 정진후 국회의원을 면담하여 서명 사본을 전달하고 국정감사에서 문제 제기를 요청했다. 책임경영제는 노동조합의 강한 반대와 10월 초 박남철 병원장의 사퇴에 따라 흐지부지됐다.

"책임경영제는 부산 본원 직원들이 단결할 수 있도록 기름을 부어준 꼴이 됐어요. 병원장끼리도 서로 갈등했지요. 본원 입장에서는 그동안 양산 분원 적자를 메꿔줬는데 조금 나아진다 싶으니 자기들 잇속 챙기려 책임경영제 들고나왔다고 생각하는 직원들이 많았어요."

정재범의 회고다.

2012년 9월, 부산대병원은 단체교섭과 책임경영제를 둘러싼 노사 갈등으로 어수선했다. 그러나 겉으로 드러난 노사문제보다 더 첨예한 갈등과 대립은 물밑에 있었던 듯했다. 바로 각종 비리 혐의로 구설에 오른 박남철 병원장의 진퇴 문제였다. 연차가 있는 일반 직원들 사이에서 쉬쉬하며 '카더라'가 입에 오르내렸다. 그런데 비상대책위 위원장인 양산 분원 성시찬 병원장은 그 대척점에 있었다. 이 때문에 양산 분원 책임경영제가 용인되었다는 소문이 파다했다. 격화된 내부 대립으로 또 다른 적을 만들지 않으려는 셈법 때문일까? 박남철 병원장은 노동조합에도 유화적이었다. 그렇지만 단체교섭은 쉽게 풀리지 않았다.

'교섭 창구 단일화 절차'가 종료된 직후인 9월 13일 노동조합은 첫 단체교섭을 9월 20일 열자고 공문으로 요구했다. 이에 대해 병원 측이 먼저 첫 단체교섭을 원만한 노사 화합의 자리로 만들자며 이를 준비하기

위한 실무 협의를 갖자고 제안해 왔다. 노동조합은 주저 없이 받아들였다. 9월 20일 열린 실무 협의는 순조로웠다. 첫 만남에서의 참석자 수, 인사말 순서 등의 진행 방법을 정하고 이후 교섭 원칙을 논의했다. 교섭 원칙에 있어서는 참가 교섭위원 수와 교섭 일정, 교섭 방식 등이 일사천리로 정해졌다. 그리고 교섭위원 공가와 교섭 공개 원칙에 대해서는 첫 단체교섭에서 인사권이 있는 사용자 대표가 결정하는 모양새를 만들기로 했다.

9월 27일, 기다렸던 첫 단체교섭이 열렸다. 노사 대표의 인사말까지 화기애애했다. 그런데 실무 협의에서 사용자 대표의 모양새를 갖추기 위하여 남겨놓았던 조항 하나하나가 문제가 됐다. 첫 번째는 공개 교섭의 원칙이다. 사용자들은 교섭 참관이 안 된다는 것을 문구로 확정하자는, 노동조합은 공개 교섭의 원칙에 어긋나므로 문구로 못 박지 않고 실제 적용할 때 노사 합의로 하자는 주장을 펼쳤다. 교섭위원 공가도 문제였다. 노동조합은 1100여 명이 넘는 조합원의 의견 수렴을 위해서 4명의 교섭위원에 대하여 교섭 기간 공가 인정을 요구했다. 그러나 사용자는 양산 기업노조가 교섭 공가에 대하여 아무런 요청이 없었다며 형평성에 어긋나고 조합원 수 산정은 조합원의 범위를 우선 정한 후 논의할 수 있다고 버텼다. 조합원 범위에 대하여 노동조합은 기본적으로 노동조합의 규약에 따르면 되는 것이지 사용자가 왈가불가할 수 없음을 주장했다. 그리고 설사 조합원의 범위를 어떻게 정하든 1000명이 넘는 조합원이 있느니만큼 교섭 기간 전임 인정에 문제없음을 강조했다.

교섭은 한 발짝도 진전이 없었다. 결국 노사가 실무협의에서 염두에 뒀던 대표자의 모양새는 없었다. 그렇게 동상이몽의 상견례를 마무리하고, 이후 실무교섭에서 풀어가기로 했다. 단체교섭에는 노동조합 측에서 정해선을 비롯하여 윤영규와 오민석 그리고 지부 간부들이 사용자 측에서는 박남철 병원장, 배용찬 기획조정실장, 박해성 관리처장, 이형찬 관리국장 등이 참석했다.

첫 단체교섭에서 쟁점이 되었던 교섭 공개 원칙과 교섭위원 공가 문제는 11월 2일까지 본교섭, 실무교섭을 사안에 따라 탄력적으로 총 8차까지 진행했으나 합의에 이르지 못했다. 그사이 박남철 병원장은 사퇴서를 제출하고 물러났다. 사용자 측 교섭위원들은 병원장의 사퇴로 결정을 할 수 있는 책임자가 없다며 8차까지의 교섭을 그저 버티기로 일관했다. 그런 가운데도 교섭은 계속 진행됐다. 교섭 원칙만을 갖고 지루한 공방이 오고 가면서 노동조합은 성실 교섭을 촉구하며 10월 16일부터 주 2회 조기 출근하여 출입자가 많은 '아트리움' 출입구에서 피켓

시위를 진행했다. 피켓 시위는 교섭위원들 중심으로 네다섯 명이 참가했다. 직원들은 부산대병원 내에서 처음 마주하는 시위였지만, 무심한 듯 지나칠 뿐이었다. 시위 참가자들도 왠지 몸에 맞지 않는 듯 엉거주춤해 보였다. 다만, 노사협력팀은 말단 직원 두 명을 내보내 주변을 감시하도록 했다. 그중 한 명이 멀찍이서 사진을 찍으려는 듯 핸드폰에 눈을 맞췄다.

"핸드폰 내려!" 벼락같은 소리에, 순간 출근하던 발길들이 멈췄다. 그 찰나의 정적 사이 서정관이 쏜살같이 뛰어나갔다. 달음박질 소리가 들리는가 싶더니 이내 "핸드폰 내리라니까!" 큰 소리가 다시 울렸다, 그 사이 무슨 일이 있었냐는 듯 멈췄던 화면이 재생되며 다시 바쁜 발길이 이어졌다. 성겨 보였던 피켓 시위에 사뭇 긴장이 묻어났다.

11월 7일 다시 실무교섭이 열렸다. 노동조합은 교섭 참관 문제에 대하여 무엇이 문제인지 다음 본교섭에서 시범 참관을 통해 판단해보자는 새로운 제안을 했다. 사실 노동조합의 교섭 준비를 위한 사전회의에서는 시범 참관이 받아들여지겠느냐며 냉소적이었다. 밑져야 본전 아니겠냐며 제안한 것이다. 그런데 실무교섭 대표로 나온 박해성 처장이 이를 받아들였다. 박 처장의 답변에 노동조합 교섭위원들은 터져 나오는 속웃음을 붙들었다. 그런데 박 처장의 옆에서 사용자 위원들 사이에서 그건 안 된다는 소리가 터져 나왔다. 노동조합은 대표가 약속했는데 뭐 하는 것이냐며 소리를 높였다. 이어 9차까지 교섭이 진행됐지만, 교섭 원칙조차 합의하지 않는 사례가 없다며 그나마 노사 대표가 어렵게 시범 참관을 해서라도 문제 여부를 확인하고 결정하자는 취지를 받아들이라고 압박했다. 그리고 노사 대표의 약속이니만큼 어느 일방이 취소하는 것은 잘못됐다며 시범 운영을 확정했다. 이에 따라 교섭 의제 조율을 위한 14일 실무교섭, 15일 본교섭과 시범 참관에 따른 평가 실무교섭을 연속하여 개최하기로 했다.

11월 14일 다시 열린 실무교섭, 사용자는 시범 참관 약속을 뒤집었다. 이유도 없었다. 무조건 안 된다는 것이다. 실무교섭 뒤 열린 15일의 본교섭도 아무런 진전이 없었다. 사용자는 새로운 제안이라며 교섭 참관 불허를 명문화한다면 교섭위원 1명의 교섭 기간 공가를 인정하겠다고 제안했다. 노동조합에서 어린아이 어르듯 뭐 하나 주고 뭐 하나 뺏는 것이냐며 교섭 참관과 교섭위원 공가는 별개라고 반발했다. 같은 내용이 다람쥐 쳇바퀴 돌듯 2시간이 흘렀다. 교섭 내내 언성을 높여서인지 모두 기진하여 회의장을 나왔다.

7. 월급날에 대한 기대

"2년차 레지던트 ○○○는 (…) 간호사 ○○○에게 책상 위의 달력을 머리에 집어 던지며 'XX년이 미쳤나'라는 욕설을 퍼붓고 위협을 가했다. (…) 이러한 잘못된 관행 및 폭언, 폭행 등에 우리의 소중한 직장을 방치할 수 없으며…."

10월 17일 부산대병원지부가 "병원은 폭행, 폭언 관련자 즉각 중징계하라! 당사자는 즉각 공개사과하라"며 발표한 성명서 일부다.

왕왕 접하는 직장 내 폭언·폭행이 노동조합에 접수됐다. 노동조합 설립 이전까지 가벼운 사건은 몇 사람의 입에 오르내리다 묻히기 일쑤였고 심각한 사건은 오히려 외부 언론의 보도를 통해 알려지기도 했다. 부산대병원지부는 10월 16일 사건 접수 즉시 기민하게 움직였다. 당일 부원장 등을 면담하여 중징계를 요구하고 가해자와 피해자를 분리 조치했다. 사건은 노동조합이 왜 필요한지를 확인하는 계기가 되었다.

노동조합에 대한 현장의 기대가 높아지고 있었지만, 교섭 원칙을 둘러싼 공방은 어느덧 짜증과 싫증이 뒤섞였다. 교섭 원칙은 본교섭과 실무교섭을 합하여 무려 14차례의 교섭 끝에 11월 21일 합의됐다. 9월 27일 단체교섭 상견례를 갖고 2개월 만이다. 합의 내용은 교섭위원 1명 추가 전임과 그 외 교섭 당일 공가 인정이다. 사용자들이 주장한 교섭 참관 불허 문구 명시는 신임 병원장 선임 후 재논의하기로 했다. 노동조합으로서는 교섭 참관 불허를 명시하지 않아 관련 문제에 자유로울 여지가 있고 단체협약 체결 이전에 추가 전임을 확보했다는 면에서 긍정적인 결과다.

교섭 원칙 합의 이후 본격적인 교섭이 시작되었지만, 사용자는 전문을 포함하여 170여 조항 가운데 어느 것 하나 쉽게 넘어가지 않았다. 자구 하나하나, 모든 게 문제였다. 그런데 문제로 삼는 말본새가 신규로 노동조합을 만든 다른 병원과 엇비슷했다. 어떤 부분은 국립대병원과 전혀 맞지 않는 민간병원에서 나왔던 논리가 그대로 흘러나왔다. 창조컨설팅으로부터의 자문, 경영자총협회의 노사관계 매뉴얼을 그대로 읊는 듯도 했다.

"조합원의 정치·경제·사회·문화적 지위를 향상하고⋯."

"전문에서 '정치'는 빼세요."

"아니 정치가 뭔데 빼라는 겁니까? 이 세상에 정치 아닌 게 뭐가 있나요? 경제, 사회, 문화가 다 정치와 연관된 것 아닌가요? 그것 넣는다고 해서 병원 측에서 재정이 더 들어가는 것도 아니잖아요. 누가 빼라고 하던가요? 다른 국립대병원 전문 보셨나요?"

"삭제하세요."

"단결권, 단체교섭권, 단체행동권 앞에 '정당한'을 넣어주세요."

"아니 단결권, 단체교섭권, 단체행동권에 '권' 자(字)가 무슨 권 자인지 아세요? 권리 권 자잖아요. 우리나라에서 권리를 임의로 인정받을 수 있나요? 다 법률에 따라 인정받는데 그 권리 앞에 왜 굳이 '정당한'을 넣어야 하나요? 권리가 정당한 게 있고 부당한 게 있는 게 아니고 권리를 행사하는 절차도 법으로 다 정해져 있잖아요? 노동조합에서 요구한 원안으로 합의하시지요."

"'정당한'을 넣지 않으면 합의 못 합니다."

매사가 이랬다.

교섭을 마치며 모두 맥 빠진 얼굴들이었다. 그래도 문미철이 조금 여유로웠다.

"벽에 대고 말한 것 같지요. 교섭으론 안 될 것 같으니 너무 기운 쓰지 말아요! 뭔가 확 뒤집을 생각을 해야지요."

확 뒤집자는 말에 그나마 생기가 돋았다.

"우리도 우리지만, 갸들 표정 봤어? 독기 품은 서정은 빼놓곤 다 심드렁한 표정이잖아, 갸들도 되도 않는 말 듣느라고 힘들겠지, 그래 고만 기운 쓰고 뒤집자 뒤집어."

서정관이 어느새 활기를 되찾았다.

횟수만 쌓이는 단체교섭이 진행되면서 노동조합은 간부 다지기에 주력했다. '간부 노동 교실'이 그것이다. 첫 교육은 '노동자는 세상의 주인'이라는 주제로 한진중공업 정리해고 철회 골리앗크레인 투쟁의 상징 김진숙이 맡았다.

형형(炯炯), 꿰뚫는 듯한 김진숙의 눈빛에 노동 교실 참가자들은 숨소리를 참았다. 몇몇은 또렷또렷 낮고 높은 갈라진 듯한 김진숙의 음색을 좇아 골리앗크레인에 오르는 것도 같았다. 특별하지 않았던 일상, 메말랐던 하루의 일, 거리가 멀었던 골리앗크레인, 모두 한순간에 꽃 사태였다.

총 6강으로 계획한 노동 교실은 11월 29일부터 매주 목요일에, 영화 속의 노동, 보건의료노조 역사와 산별노조, 전태일 평전, 간부 활동론 교육과 토론으로 이어갔으며 2013년 1월 5일 솔밭산 노동 열사 묘역 참배와 함께 졸업식으로 마무리했다.

2013년 1월 10일 사용자는 임금을 올려주겠다며 노동조합의 눈치를 살폈다. 노동조합이 만들어지기 전 매년 공무원 임금인상률에 맞춰 지급해오던 관행을 그대로 시행하겠다는 것이다. 노동조합은 즉각 반대했다. 그러자 비조합원에게만 적용하겠다며 어깃장을 부렸다. 실제로 달리 적용할 의지가 있는 것인지 확인되지 않았지만, 주장은 맹랑했다. 노동조합은 크게 네 가지 이유로 반대했다. 우선, 차별이다. 조합원과 비조합원을 구분하여 보수를 다르게 적용하는 것 자체의 문제를 꼽았다. 또한, 조합원 명단을 밝히지 않은 상태에서 사용자들이 노동조합 가입 여부를 파악하려 나서는 것 자체가 직원에게 위화감을 주는 부당노동행위임을 강조했다. 그리고 노동조합에 있어 가장 중요한 역할이 임금과 노동조건을 결정하는 단체교섭인데 이를 무용지물로 만드는 것은 노동조합 탄압임을 제기했다. 마지막으로 노동조합이 있는 모든 국립대병원에서 노사 합의에 따른 임금을 지급하고 있음을 피력했다.

공무원 임금인상률을 우선 적용하겠다는 공격은 다방면으로 진행됐다.

"직장 생활하는 최고의 낙이 월급 받는 것인데 올려준다는 월급마저 내팽개치는 게 근로자를 위해서 할 일입니까? 나중에 소급하여 받을 수 있다고 하는데 늦게 준 만큼 반대한 사람들이 이자 붙여서 줍니까? 하루라도 빨리 올린 월급 받았으면 하는 게 다 같은 마음 아닙니까?"

양산 분원 노사협의회 근로자 대표인 조원철이 병원 전자게시판에 올린 글이다. 양산 기업노조도 가세했다. 양산 기업노조는 내부 소식지를 통하여 공무원 임금인상률 2.8%를 우선 적용하되 다른 국립대병원의 임금인상이 결정되면 조사하여 이를 반영하자고 주장했다. 사용자도 압박의 강도를 높였다. 사용자는 의사직 가운데 전공의, 퇴직 예정자, 비조합원들이 공무원 보수 규정 우선 적용 의견이 강력해 어쩔 수 없다는 것이다. 그리고 전공의의 임금은 교섭에 포함되어 있지 않았다는 틈새를 파고들기도 했다. 이에 부산대병원지부는 전공의의 노동조건은 교섭 대상에 포함되어 있지 않으니 이후 임금 협약 적용 없이 별도로 우선 지급해도 무방함을 밝혔다. 그러자 사용자는 현행 보수 규정으로 어렵다고 한발 물러섰다. 사실상 조합원과 비조합원을 구분하여 임금을 지급하겠다는 것이 빈말이었음을 스스로 밝힌 것이다.

1월 14일 사용자는 임금인상률 선(先)적용과 관련한 입장을 공문을 통하여 다시 물어왔다. 공문을 근거로 직원들의 기대심리를 노동조합이 외면하고 있다는 프레임을 덧씌우려는 의도가 명백했다. 그러나 좌고우면할 문제가 아니었다. 선적용 불가, 단호하게 맞받았다. 그리고 부산대병원지부와 양산 기업노조, 사용자가 참여한 3자협의를 통하여 임금교섭부터 조속히 마무리할 것을 역제안했다. 또한, 1월 17일 공문답변과 함께 사용자의 공세에 앞서 "전 직원에게 드리는 글"을 통하여 임금 협약 없는 공무원 임금인상률 적용을 반대한다는 입장을 밝혔다.

그런데 양산 기업노조는 임금인상률 미적용이 취업 규칙을 위반한 체불임금에 해당한다며 노동청에 진정을 접수했다. 3자협의를 거부하고 노동청의 행정해석에 맡긴 것이다. 부산대병원지부는 참고인으로 노동청에 출석해 취업 규칙의 보수표를 개정하지 않은 상황으로서 근거가 없음을 밝히고, 임금 협약 없는 보수 지급은 노동조합을 무력화하려는 의도임을 주장했다.

공무원 임금인상률을 적용하지 않으면 병원 운영에 혼란이 있을 것이라고 노동조합을 압박하던 사용자는 정작 교섭을 시작하자 소극적이었다. 노동조합은 1월 23일 15차 본교섭을 통해 조속한 2012년 임금 협의를 제안했다. 이에 따라 1월 30일, 31일 연이어 실무간담회와 본교섭을 진행했지만, 회계 마감으로 임금교섭을 할 수 없다고 버텼다. 병원 측은 2012년 1월 1일 자 내부 공문으로 다른 국립대병원 임금협상 결과에 따라 임금을 조정할 수 있다고 공지했었다. 노동조합은 해당 공문을 근거로 임금 협약을 맺고 소급분을 회계에 반영하면 2013년 임금교섭에 유연성을 갖겠다고 밝혔다. 그러나 사용자는 2013 공무원 임금인상률 선적용이 우선이라는 입장만을 고수했다.

2012년 임금교섭, 단체교섭이 아무런 진전이 없는 가운데 2월 1일 자로 정대수 신임 병원장이 임명됐다. 병원장이 공석인 상황에서 오랫동안 노사갈등이 계속되었기에 노동조합은 2월 4일 환영 인사와 함께 노무팀 인적 쇄신을 촉구하는 성명을 발표했다. 그 일부다.

신임 병원장에게 가장 중요한 책무는 투명한 민주적 경영으로 영남권 최대 공공의료기관으로서 부산대병원의 위상과 역할을 높이는 것이 될 것이며. 직원들 역시 이를 기대할 것이다. 우리 노조는 신임 병원장이 이러한 역할을 다하는 데 있어서 동반(자)적인 협력을 다할 것이다. (…) 16차의 본교섭 및 8차의 실무교섭, 간담회 등 2012년 임금 및 단체협약 체결을 위한 단체교섭을 진행했지만, 어느 하나 진척되지 않고 있다. 노사관계가 이렇듯 갈등과 대립, 소모적으로 치달은 데에는 병원 측 노무팀의 반노동조합적 태도와 무능이 핵심적 이유다. (…) 노사관계 정상화는 신임 부산대병원장에게 주어진 중요한 책무 가운데 하나이다. 이러한 소임을 다하기 위해서는 △노사관계를 왜곡시키고 있는 당사자의 인적 쇄신 △조속한 단체협약 체결 △노사 현안 문제 해결을 위한 적극적인 대화 노력이 필요하다. 특히 '인사가 만사'라는 격언이 말해주듯 인적 쇄신이 첫 단추가 될 것이다. 신임 병원장의 단호한 조치를 기대한다.

정대수 신임 병원장과의 면담도 진행됐다. 2월 6일 윤영규, 오민석, 정재범, 서정관, 문미철 등은 병원장과의 면담을 통해 축하 인사를 건넸다. 며칠째 내리던 빗줄기가 그친 화창한 날씨에 어느 때보다 화기애애하게 말문이 열렸다. 저마다 건네는 덕담에 정대수 병원장도 노동조합과 함께하는 것이 자신의 소신이라며 화답했다. 다만 동석하고 있는 직무대행을 맡았던 부원장 김인주와 사무국장 박해성은 입을 다문 채 잠잠했다. 어느 정도 대화가 무르익을 무렵 정재범이 천천히 찻잔을 내려놓으며 노무팀의 문제를 하나하나 짚었다. 순간 냉랭하게 분위기가 반전됐다. 이어 오민석이 노무팀 쇄신 없이는 노사관계가 어긋날 수밖에 없다

고 일침을 가했다. 정대수 병원장은 약간은 상기됐지만 말없이 듣고 있
었다. 옆에 있던 김인주 부원장과 박해성 사무국장이 노무팀 교체는 있
을 수 없다며 얼굴색이 변했다. 정대수 병원장의 취임식은 임명받은 지
2달여가 되는 3월 27일 열렸으나 노사관계는 전혀 언급하지 않았다.

2월 6일 면담 이후 노동조합은 노무팀 인적 쇄신에 대한 일말의 기대
를 하고 단체교섭 일정을 미루었다. 그러나 반응은 없었다. 노동조합에
도 관행적으로 적용하던 공무원 임금인상률을 마냥 거부하기에는 부담
이 클 수밖에 없었다. 이에 2월 21일 정대수 병원장의 참석을 전제로 17
차 단체교섭을 추진했다. 물론 노무팀 쇄신과 관련한 입장은 박해성 사
무국장과 실무선을 통하여 계속 확인했지만 아무런 진척이 없었다. 2
월 21일 유지현 위원장 부산대병원 병동을 순회를 마치고 정대수 병원
장과 노사 대표로 마주 앉았다. 신임 정대수 병원장 임명 후 사실상 노
사 대표의 첫 자리였다. 유지현 위원장은 여느 때와 같이 공공의료기관

으로서 부산대병원의 발전에 노력을 다할 것임을 강조했다. 또한, 그동안 껄끄러웠던 노사관계를 신임 병원장이 잘 풀어갈 것을 믿는다는 덕담도 건넸다. 정대수 병원장도 이에 화답하여 지난 면담에서 말했듯 노동조합과 함께하겠다며 미소를 지었다. 이후 문제는 실무에서 원만하게 풀 수 있다고 자신감을 보이는 여유까지 부렸다. 실무교섭 이야기가 나오면서 상견례는 이내 끝났다.

노무팀의 인적 쇄신이 노사의 첨예한 쟁점으로 떠오른 가운데 양산 기업노조에서 갑자기 양산 분원에서 미채용한 간호조무사 정원을 간호직과 의료기사직에게 배분할 것을 요구하고 나섰다. 반발은 부산 본원 간호조무사들로부터 터져 나왔다. 간호조무사가 버젓이 비정규직으로 근무하고 있는데 정규직화하지 않고 정원을 줄인다는 게 맞느냐는 것이다. 당연한 항변이었다. 노동조합은 즉각 입장을 밝혔다. 2월 22일 발표한 "병원은 비정규직 문제 해결을 위해 기확보 직종 정원을 우선 정규직화하고 추가 정원 확보에 최선을 다하라!"라는 성명이다. 간호조무사 직종과 노동조합의 반대로 16명의 간호조무사에 대한 정규직화의 길을 만든 것이다.

8. 끝과 시작

신임 정대수 병원장과의 단체교섭 상견례 이후 임금교섭이 급물살을 탔다. 2012년 임금을 해가 넘어갔는데도 확정하지 못한 것은 노사가 서로 부담이 아닐 수 없었다. 노동조합은 2월 28일 본교섭을 통하여 임금 요구 수정안을 제출하고 집중 교섭을 요청했다. 또 한편으로 양산 기업노조와 상황을 공유하고, 조속한 임금교섭 마무리에 발맞출 것을 제안했다. 이후 3월 6일, 7일 이틀간 축조교섭을 통해 임금 합의에 이르렀다.

주요 합의는 대민 업무 수당 년 30만 원 인상, 2012년 임금 보전 24만 원, 야간근무자 야식비 인상, 콜 수당 1만 원 인상 등이다. 이는 노동조합 설립 이전에 인상된 임금을 제외하고 추가 인상한 것이다.

대다수 직원이 임금 합의에 뜨거운 반응을 보였다. 해가 지난 2012년 임금을 교섭을 통해 소급해 받을 수 있다는 것에 직원들은 환호했다. 바로 노동조합의 역할을 이제야 알게 됐다는 직원들도 있었다. 축조교섭 결과는 당일 부산 본원과 양산 분원 각각에서 본교섭을 열어 잠정 서명에 이르렀다. 이후 긴급 간부회의를 통하여 공유하고 8일에는 대의원 설명회를 진행한 후 11일부터 3일간 조합원 찬반투표가 일사천리로 이어졌다. 조합원들은 임금 합의를 찬반투표로 결정한다는 것도 놀라워했다. 조합원 찬반투표는 1160명의 조합원 가운데 789명이 투표에 참여해 774명이 찬성했다. 98.1%의 높은 찬성률이다. 투표율이 68%로 저조한 것은 조합비를 걷고 있지 않은 상황에서 가입 사실을 제대로 인지 못 했거나 3교대를 하는 병원 사업장의 특성상 밤 근무자 또는 휴일을 붙여 쓰는 경우가 많기 때문이다.

조합원 찬반투표 결과에 따라 정식 조인식을 추진하는 한편 단체협약 체결을 위한 교섭을 병행했다. 노동조합은 예민했던 임금을 합의하는 과정에서 사용자의 태도가 어느 정도 바뀌었을 것으로 예상했다. 3월 14일 노사가 다시 마주 앉았다. 그러나 기대는 곧 꺾였다. 오히려 개악안을 들고나온 것이다.

이튿날은 양산 기업노조가 단체교섭을 진행했다. 양산 기업노조가 교섭 후 "'멘붕'이었습니다. 우리는 벽 앞에 놓여 있습니다"라는 대자보를 통해 공개한 교섭록(交涉錄)이다.

"단체협약에서 정한 기준은 관계법과 모든 제 규정보다 우선한다. 가운데 '모든'은 삭제해주세요."

"네, 삭제합니다. 합의하시지요?"

"'제 규정'에서 '제' 자도 삭제하고 대신에 '근로조건과 관련된'으로 수정하지요."

"근로조건이라는 말로 국한시키면 문제가 일어났을 때 해결은 뒷전이고 근로조건이다, 아니다로 다투기만 하지 않겠습니까? 요구안은 근로기준법상 단체협약이 관계법이나 제 규정에 우선하기 때문에 만들어진 당연한 요구입니다."

"'제'라는 말도 '모든'이란 말과 똑같습니다. 그렇게 되면 임상시험센터 규정, 진료 규정 등도 포함될 수 있지 않습니까?"

"요구안에는 분명히 '단체협약에서 정한 규정'이라 되어 있습니다. 임상, 진료 규정을 단체협약에서 다룹니까? 다른 국립대병원 전체가 이미 체결한 내용입니다."

"다른 국립대병원은 10년에서 20년 전에 노조가 만들어지고 체결한 것으로 옛날 것입니다. 지금은 바꿔야 합니다."

"다른 국립대병원은 노조 설립 이후 지금까지 1년에 한 번씩은 갱신 교섭을 했을 것입니다. 문제가 있었다면 수정되지 않았겠습니까? 또 법이 바뀌면 할 수 있는 보충 교섭도 있습니다."

"안 됩니다."

"…."

이렇듯 양 노조가 진행한 4개월여의 교섭은 파행을 거듭했다. 130여 개의 단체협약 요구안 전체에 대하여 하나하나 몇 차례 의견을 나누었지만, 어느 것 하나 순조로운 게 없었다. 임금 합의 이후 나아질 것이라는 기대가 있기도 했다. 그러나 기대는 배신감으로 이어지고 있었다.

단체교섭이 파행인 가운데 '2012 임금 협약 조인식'이 3월 21일 열렸다. 유지현 위원장은 "신임 정대수 병원장 취임 후 노동조합과의 관계가 나아졌다"라며 정대수 병원장에게 공을 돌렸다. 또한 유 위원장은 진주의료원 폐업을 거론하며 "공공의료를 확충해나가는 데 부산대병원이 노동조합과 함께 협력"하자는 당부도 잊지 않았다. 정대수 병원장은 "노사는 공동체로서 함께 발전하는 것"이라며 "이를 바탕으로 우리 사회 공동체에 긍정적 역할을 기대한다"고 화답했다. 조인식에는 윤영규, 오민석 등 노동조합 간부 9명과 김인주 등 사용자 측 주요 보직자 7명이 참석했다.

조인식 당일 열린 단체교섭에 사용자는 뜻밖의 반응을 보였다. 노동조합 요구안 일부를 수용하며 교섭 시간까지 늘릴 것을 제안했다. 노동조합은 4월 내에 단체교섭을 마무리할 것을 제안하고, 합의가 이루어지

지 않으면 5월 초 조정 신청을 검토하겠다며 긴장을 이어갔다. 사용자는 5월 이내 매듭 짓겠다고 밝혔다.

그런데 노무팀이 또다시 엇박자를 냈다. 임금 협약에 따라 3월 급여일에 지급하기로 한 임금보전수당을 빠트린 것이다. 확인 결과 노무팀에서 회계과로 급여 지급일 이틀 전에 합의 내용을 알려줘 5000여 명에 달하는 직원에게 이를 반영하는 데 물리적 시간이 부족했다는 것이다. 부산대병원지부는 노동조합 설립 후 전체 조합원에게 적용되는 첫 약속이 지켜지지 않는 데 분개했다. 곧바로 사내 전자게시판을 통해 노무팀의 늑장 행정을 질타하며 밤을 새워서라도 약속을 이행하라고 촉구했다. 전자게시판에 꽂힌 노무팀에 대한 차가운 시선이 병원 전체로 퍼져나갔다. 늦은 오후 임금보전수당은 정상 지급되었다.

노무팀의 늑장 행정을 둘러싼 갈등은 또 하나의 장애였다. 조인식 후에 보였던 기대와는 다르게 다시 교섭이 얼어붙었다. 4월이 가고 5월 중순을 넘어섰지만, 매듭의 가닥은 보이지 않았다. 이에 부산대병원지부는 5월 16일 대의원대회를 열어 조정 신청을 결의하고 구체적인 이행은 집행부에 위임했다. 조정 신청 결의에도 조합원들의 관심은 높지 않았다. 사용자의 무성의한 교섭 태도를 바꾸기 위해서는 조합원의 관심을 높이는 계기가 필요했다. 대안을 찾은 것이 2013년 임금교섭 요청이다. 사실 불과 얼마 전 '2012 임금 협약 조인식'이 있었기 때문에 서두르는 것만 같아 2013 임금교섭은 단체협약이 마무리된 후 진행하는 방안이 검토됐다. 그러나 단체교섭 마무리를 쉽게 기약할 수 없는 상황이었다. 단체교섭 타결 후 임금교섭을 요청하게 되면 마냥 시기가 늦춰지고 부산대병원지부 간부와 조합원의 피로가 높아질 것은 불을 보듯 뻔했다. 이에 5월 28일 임금교섭을 요청했다.

복수노조 상황에서 개별교섭을 진행한 부산대병원은 2013년 임금교섭을 진행하기 위해서는 또다시 교섭 창구 단일화가 필요했다. 사용자는 노동조합의 임금교섭 요구에 29일 교섭 요구 사실을 공고하고 절차를 밟았다. 이에 따라 한 달여가 지나 6월 28일에 2013 임금교섭 상견례를 진행했다. 이와 별도로 6월 17일에는 필수유지업무 협정 체결을 위한 교섭을 진행했다. 필수유지업무 협정 체결을 위한 교섭에 사용자는 변호사를 내보냈다. 변호사를 필수유지업무 협정 교섭에 참여하게 한 것은 다른 병원에서 볼 수 없었던 매우 이례적인 일이었다. 사용자가 변호사를 교섭에 내보낸 것은 전문성을 갖고 법률적 우위를 갖겠다는 의도였지만 전혀 도움이 되지 못했다. 노동조합은 변호사가 교섭에 나선 것이 대화로 문제를 풀기보다는 노동조합을 무릎 꿇리겠다는 의도로 판단하고 격한 항의를 십여 분간 이어갔다. 그런데 변호사는 병원 업무에 대한 파악이 안 되어 있어 교섭에서는 오히려 말 한마디 할 수 없었다. 이렇게 첫 필수유지업무 협정 교섭은 아무런 진전 없이 마무리됐다.

4월부터 3개월에 걸친 집중 교섭에도 끝은 보이지 않았다. 그런데 6월 말 또 다른 변수가 생겼다. 바로 진주의료원을 폐업하고 국회 국정조사마저 거부한 홍준표 경남 도지사의 양산 분원 특강이었다. 홍 지사가 7월 15일 양산에 있는 부산대 의학전문대학원에 연구소 건립비 100억 원을 지원하는 업무협약(MOU) 체결을 위해 내원하여 병원 임직원에게 특강을 한다는 것이다.

"영남권의 대표적 공공의료기관인 양산부산대병원에 공공의료 파괴 주범 홍준표 지사의 출입 자체를 인정할 수 없다. 만약 특강이 강행된다면 이는 부산대학교병원에 대한 심각한 모욕으로서 결코 좌시하지 않을 것임을 분명히 밝힌다."

특강 사실을 파악한 부산대병원지부는 "공공의료 파괴, 홍준표 도지사의 양산부산대학교병원 특강을 즉각 취소하라!"라는 성명을 발표하며 반발했다. 이뿐만 아니다. 민주노총 양산시지부와 양산진보연합 등의 노동·시민사회단체가 양산 분원 앞과 시내 중심가에 현수막을 내걸고 특강 취소를 촉구했다. 또한, 부산대병원지부는 7월 8일부터 양산 분원 식당 앞에서 중식 선전을 진행하여 특강의 부당성을 알려나갔다. 아울러 11일에는 부산대학교 총학생회와 보건의료노조 부산본부, 울산경남본부, 부산대병원지부, 민주노총 양산시지부, 양산진보연합 공동으로 "공공의료 파괴, 민주주의 파괴, 거짓말 정치, 홍준표 지사의 부산대학교 양산캠퍼스 특강은 양산 시민과 우리 사회 양심을 우롱하는 것으로 반드시 취소하여야 한다"라며 공동성명을 발표했다. 이와 별도로 부산대병원지부에서는 특강이 열리는 당일 10여 명의 간부가 휴가를 내고 행사장 안팎에서 피켓 시위를 벌이며 특강 취소를 촉구하기로 했다.

노동조합, 총학생회, 양산 지역 노동·시민사회의 거센 반발이 이어지자 양산 분원은 결국 특강을 취소한다는 발표를 내놓고 꼼수를 부렸다. 특강 사실을 알리지 않고 양산 분원 대강당 모아홀이 아닌 부산대 양산 캠퍼스 내로 비밀리에 장소를 옮긴 것이다.[8] 홍준표 지사는 특강을 통해 당시 진주의료원 폐업과 관련 국회 국정조사 특위에 출석하지 않을 것임을 밝혔다. 또한 그는 국정조사 특위 국회의원들을 "공공의료와 공공병원 개념을 아는 의원 한 사람도 없더라"고 맹비난했다.[9] 그리고 현행 국민건강보험제도를 사회주의 좌파 정책이라는 주장을 내놓기까지 했다.[10]

홍준표 지사 특강 취소 투쟁 후 부산대병원지부는 7월 22일 확대간부회의를 열어 2013 임금 및 단체협약 체결을 위한 총력투쟁 체제로 개편했다. 병원 측에는 8월 5일까지 합의에 이르지 못하면 조정 신청을 진행할 수밖에 없음을 밝혔다.

총력투쟁을 위하여 부산대병원지부는 먼저 대의원 결원 부서를 점검했다. 이에 따라 7월 19일부터 22일까지 대의원 보궐선거를 진행했다.

8　"무산 홍준표 지사 대학병원 특강 예정대로 진행", 데일리메디, 2013. 7. 15.〈http://dailymedi.com/detail.php?number=769383〉

9　"홍준표 '개념도 몰라' 국회의원들 맹비난", 노컷뉴스, 2013. 7. 16.〈http://www.nocutnews.co.kr/news/1068988?c1=225&c2=237〉

10　"홍준표 지사, 박정희 전 대통령 정책을 사회주의 좌파로 주장해", YTN, 2013. 7. 16.〈https://www.ytn.co.kr/_ln/0115_201307161900004736〉

선거 후 곧바로 대의원대회를 소집하여 상황 공유와 함께 이미 결의했던 조정 신청을 8월 6일 하겠다고 밝혔다. 아울러 주 3회의 조기 출근 선전전 활동을 진행했다. 이어 8월부터는 '응답하라 PNHU' 전체 조합원 배지 달기를 통해 점차 현장의 투쟁 분위기를 고조해갔다.

물론 단체교섭도 주 2회 이상 본교섭, 축조교섭, 실무교섭을 번갈아 진행했다. 7월 22일부터 시작한 조기 출근 선전은 처음 10여 명이 시작하여 하루가 다르게 참가자가 늘어갔다. 7월 29일부터는 매일 150여 명이 넘는 조합원이 아침 출근 선전에 참여하고 업무에 임하는 것이 일상화됐다. 또한 간부들은 매일 심야 병동 순회를 통해 교섭 상황을 알리고 8월 6일 조정 신청 보고대회 참가를 독려했다.

조정 신청을 앞둔 노사는 팽팽한 긴장 속에 거의 매일 교섭을 이어갔다. 8월 6일 조정 신청을 예고한 날이다. 퇴근 후 조정 신청 보고대회를 앞두고 있어 조기 출근 선전은 취소했다. 그리고 오전 10시 곧장 교섭장으로 향했다. 2012년 9월 6일부터 진행한 단체협약 체결을 위한 단체교섭과 2013년 6월 28일부터 시작한 2013년 임금교섭까지 무려 60여 차례의 교섭이 진행됐다.

비정규직 처우 개선, 공무원 보수표 적용 외 추가 임금 인상, 노동조건 개선, 교대근무자 보호 조치 마련, 조합 활동 보장 등이 주요 합의다.

저녁 6시 부산 본원 본관 아트리움이 떠나갈 듯 함성이 퍼져나갔다.

"자랑스럽습니다. 자랑스럽습니다. 여러분의 힘으로 오늘을 만들었습니다."

예정됐던 조정 신청 보고대회를 2013년 임단협 승리 보고대회로 바꿔 진행하고 있는 가운데 대회사를 시작한 오민석의 울컥한 목소리가 퍼져나갔다.

부산대병원지부 조합원과 유지현 위원장과 중앙간부 및 부산본부 소속 간부, 지역 시민사회단체 활동가 등 700여 명이 발 들여놓을 데도 없을 정도로 달려와 기쁨의 목청을 높였다.

2013 임금 및 단체협약 합의는 8월 12일부터 16일까지 조합원 찬반 투표를 거쳐 10월 2일 조인식을 진행했다.

후기

　양산 기업노조는 2014년 정부의 '방만 경영 공기업 혁신 방침'에 따라 복지 축소 등에 대항하기 어렵다며 부산대병원지부에 통합을 제의해 왔다. 현재 부산대병원지부는 부산 본원과 양산 분원의 유일 노조이다. 2021년 9월 현재 부산대병원지부는 가입 대상 6000여 명 가운데 3954명이 가입[11]해 보건의료노조 최대 단일 지부로 문미철 지부장과 노동 존중의 미래를 만들어가고 있다.

11　공공기관 경영정보 공개시스템(ALIO), 2021 2/4분기.〈http://www.alio.go.kr/popReportTerm.do?apbaId=C0071&reportFormRootNo=2102〉

✚

주요 경과

✚

2012년 6월 8일 전국보건의료산업노동조합 부산대학교병원지부 설립총회

2012년 6월 10일 [보도자료] 전국보건의료산업노동조합 부산대학교병원지부 설립

2012년 6월 19~20일 노동조합 설명회

2012년 6월 27일 오민석 지부장 유급 전임 발령

2012년 6월 29일 박남철 병원장 교과부 승인

2012년 7월 11~13일 1대 대의원 선거(23개 선거구 21명 선출)

2012년 7월 12일 양산부산대학교병원 직원 25명 집단 가입

2012년 7월 18일 임시대의원대회 임원 추가 선출

2012년 7월 24일 양산부산대학교병원 노동조합 설명회

2012년 8월 7일 2012 임금 및 단체교섭 요구

2012년 8월 10일 교섭 요구 사실의 공고 시정 신청

양산부산대학교병원 노동조합 설립(기업노조)

2012년 8월 13일 [성명서] 부산대학교병원, 성실 교섭 촉구

2012년 8월 24일 교섭 요구 노동조합 확정 공고

2012년 9월 17일 [성명서] 양산부산대학교병원 책임경영제 추진 즉각 중단 촉구

2012년 9월 26일 2012 임금 및 단체교섭 상견례

2012년 11월 29일~2013년 1월 5일 부산대학교병원지부 노동교실

2013년 2월 1일 정대수 병원장 취임

2013년 2월 4일 [성명서] 신임 정대수 부산학교대병원장에 바란다

2013년 3월 7일 2012 임금 협약 잠정 합의

2013년 3월 11~13일 2012 임금 협약 잠정 합의 조합원 찬반투표

2013년 3월 21일 2012 임금 협약 조인식

2013년 7월 홍준표 경상남도지사 양산부산대학교병원 특강 저지 투쟁

2013년 8월 6일 2013 임금 및 단체협약 잠정 합의

'행동하라 PNUH!' 2013 임단협 승리 보고대회

2013년 8월 12~16일 2013 임금 및 단체협약 잠정 합의 조합원 찬반투표

2013년 10월 2일 2013 임금 및 단체협약 조인식

3부

새벽 어스름의 시간

국립중앙의료원

김문자 보건의료노조 국립중앙의료원지부 지부장

김은희 국립의료원 공무원노조 위원장

나순자 보건의료노조 위원장

박재갑 국립중앙의료원 초대 원장

이기숙 국립의료원 공무원노조 사무총장

장복순 보건의료노조 국립중앙의료원지부 부지부장

정현옥 국립의료원 공무원노조 기획재정부장,

　　　　보건의료노조 국립중앙의료원지부 사무장

차현숙 국립의료원 공무원노조 기획재정국장,

　　　　보건의료노조 국립중앙의료원지부 단체교섭부장

한미정 보건의료노조 서울지역본부장

황인덕 보건의료노조 조직국장

한정호 국립의료원 공무원노조 사무국장

✚

1. 떠남 그리고 남음

이미 지난 1월 18일 보건복지가족부[1]는 15년에서 20년을 국립의료원에서 묵묵히 맡은 바 역할을 수행하던 30~50대 간호사 14명을 소록도를 비롯하여 목포, 부곡, 공주 등 먼 지방으로 발령을 낸 바 있다. 모두가 분통을 터트리며 눈물바다를 이루고 허겁지겁 가족과 생이별을 나누며 생활 근거지를 떠나야 했다.

한 가정의 어머니로서 그들의 눈앞에는 아직도 뒷바라지를 계속해야 하는 자식 걱정과 남편 생각에 세상이 무너지는 듯 깜깜했으리라. 지방 발령을 받은 간호사 가운데 육아 문제로 할 수 없이 휴직을 신청한 경우도 있었다. 복지부는 이에

---

1 '보건복지가족부', 정부조직법에 따라 2008년 2월 29일 보건복지부와 국가청소년위원회를 폐지하고, 여성가족부의 가족 행정도 이관하여 보건복지가족부를 신설했다. 2010년 3월 18일 다시 보건복지가족부를 폐지하고 보건복지부로 개편했다.

대해 초기에는 다른 사람이 휴직을 신청할 우려가 있다며 보류하다 언론 보도와 노동조합의 항의가 있고 난 뒤 휴직을 받아들이는 촌극까지 있었다. '저출산·고령화 사회'의 문제점을 떠벌리며 출산장려정책을 추진하고 있는 보건복지가족부에서 빚어진 일이라 생각하니 더욱 개탄스러울 뿐이다.

2010년 2월 16일 '행정부공무원노동조합 보건복지가족부지부'(이하 국립의료원공무원노조) 성명서 일부분이다. 국립의료원은 그해 4월 2일 법인화를 예정하고 있었다. 공무원 신분이었던 직원들은 공무원 신분을 유지할 것인지 아니면 법인화에 따라 민간 신분으로 전환할 것인지 고민을 계속했다.

국립의료원공무원노조는 대외 성명서 발표에 앞서 2월 13일 병원 내부 게시판에 별도의 "여성의 약점을 악용한 거듭된 인사 횡포 중단하라!"라는 성명서를 붙이기도 했다.

대다수 직원은 공무원 신분을 유지하며 법인화되는 국립중앙의료원에서 근무하기를 희망했다. 공무원 신분이 갖는 장점이 많기 때문이다. 젊은 층은 어렵게 공무원이 되었는데 이대로 그 지위를 잃는다는 것에 억울해했다. 핵심은 연금이었다. 모두가 알고 있듯이 공무원연금과 국민연금은 혜택에서 차이가 있다. 사실, 공무원연금과 국민연금이 연계되어 불이익이 없다고 하지만 체감은 다르다. 여전히 공무원연금이 노후보장에 유리하다는 것이다. 온전히 공무원연금 기준으로 혜택을 받기 위해서는 20년의 가입 기간이 필요하다. 20년을 불과 2~3년을 남긴 사람들은 고민이 더 깊었다. 1년 이내로 짧은 기간을 남긴 직원은 눈 딱

감고 이 악물며 타향살이를 감수하겠다며 공무원 신분 유지 쪽을 택했다. 연금 외에도 민간 신분으로 전환하는 경우 노동조건도 명확하지 않았다. 현장에는 임금과 직급에서 불이익이 많을 것이라는 소문이 파다했다. 대다수 직원이 공무원 신분 유지를 선택하는 것은 당연할 수밖에 없었다.

실낱같은 희망을 품는 직원도 있었다. '국립중앙의료원의 설립 및 운영에 관한 법률'에는 국립중앙의료원장의 요청에 따라 행정기관의 장이 공무원을 파견할 수 있다는 문구가 있다. 직원들은 이 문구에 은근히 기댔다. 실제로 국립의료원공무원노조에서는 1월 4일 성명서를 통해 "법인화 법안 통과 후 보건복지가족부에서도 공무원 신분 유지를 원하는 자에 대하여는 소속기관 또는 파견근무 방식으로도 공무원 신분을 유지, 보장해준다고 공문으로 밝힌 바 있으며, 차관도 노조에 분명히 약속한 바 있다. 그뿐만 아니라 전재희 보건복지가족부 장관도 지난해 9월 노조와 간담회에서 공무원 신분 유지자의 수가 정해지면 이에 대한 대책을 세우겠다고 말했다"라며 희망을 드러냈다.

보건복지가족부가 소속기관 또는 파견근무 방식으로 공무원 신분을 유지, 보장해준다는 공문은 논란이 됐다. 국립중앙의료원공무원노조가 공문대로 시행할 것을 정부 조직과 정원을 관리하는 행정안전부에 요구하자, 정원 외 인력을 인정할 수 없다고 답변했기 때문이다.

'국립중앙의료원의 설립 및 운영에 관한 법률'은 2009년 3월 2일 국회 본회의를 통과하여 4월 1일 공포돼 1년 경과 후 시행하게 됐다. 법률 공포 후 정부는 보건복지가족부 차관을 위원장으로 하는 설립추진단을 그해 5월 1일 구성하여 법인화 준비에 들어갔다.

연구동 4층에 자리 잡은 설립추진단이 공무원으로 남을 것인지, 아니면 민간 신분으로 전환할 것인지에 대해서 직원들에게 의사를 밝히라고 요구한 것은 2009년 11월 13일까지였다. 재조사는 없다고 압박까지 했다. 그러나 결과는 대다수가 공무원 신분 유지를 택했다. 이에 12월 11일까지 의견 조사 기간을 연장했다. 그러나 결과는 크게 다르지 않았다. 실제로 국립의료원공무원노조가 그해 12월 조사한 바에 따르면 의사직을 제외한 80% 이상이 공무원 신분 유지를 택했다. 사실, 정부는 민간 신분 전환을 낙관하고 있었다. 2009년 2월 10일 열린 국회 보건복지가족위원회 법안심사소위에서 강재규 국립의료원 원장은 간호직과 의료기사직 공무원 710명 가운데 127명만이 신분 유지를 선택했으며 시간이 갈수록 민간 신분 전환자가 늘 것이라고 답변했다.

대다수가 공무원 유지를 희망하자 설립추진단은 다급해졌다. 2010년 1월 18일의 인사 발령은 공무원 신분 유지자가 겪어야 할 본보기를 보여준 것이다. 또한, 설립추진단은 공무원 유지 희망자의 전출지에 수도권을 제외하며 공무원법 제70조에 따라 '직제와 정원의 개폐 또는 예산의 감소 등에 따라 폐직(廢職) 또는 과원(過員)이 되었을 때' 직권면직할 수 있다고 으름장을 놓았다. 설 연휴를 앞둔 2월 12일에는 직원들에게 "구정 지내고 재배치가 있을 예정입니다. 공무원으로 남아 있는 사람만"이라는 짧은 문자를 넣어 압박의 강도를 높였다.

설립추진단의 압박에도 결국 거의 절반이 공무원 신분 유지를 택했다. 공무원 신분 유지자 가운데 180여 명은 국립중앙의료원으로 파견되

어 계속 근무했다. 별도 정원을 인정하지 않겠다는 행정안전부의 입장
이 후퇴한 것이다. 그 외 인력은 국립의료원을 떠나 전국 각지의 국립병
원으로 흩어졌다.

병원 사업장은 간호직이 많은 특성상 직원의 대다수가 여성이다.
30~50대의 여성들에게 소록도를 비롯한 원거리 지방 발령은 두려움이
클 수밖에 없다. 설립추진단은 이를 집요하게 파고들었다. 그런데도 거
의 절반이 공무원 신분 유지를 택했다.

20년 공무원연금 가입 기간이 불과 몇 개월밖에 남지 않은 직원들 가
운데에는 지방 생활을 감내하다 그 기간을 채운 후 민간 신분으로 전환
하여 다시 국립중앙의료원에 근무한 사례도 있다. 기한을 정해놓고 신
분 전환을 압박했던 정부로서도 정원 외 인력에 부담이 있었음을 보여
주는 대목이다.

국립의료원 공무원노조가 운영해오던 네이버 카페에는 십수 년 이상
함께 일해온 동료들과의 이별의 아쉬움을 달래려 국립의료원 잔디밭
조경물을 배경으로 찍은 사진을 올려놓곤 했다. 또한, 목포 등 지방 발
령지에서 느낀 아픔과 동료를 격려하는 글들이 쌓여 있다.

"직원들은 공무원 유지자에 대한 지방 발령이 잇따르자 보건복지가
족부의 가족이 가족 해체를 뜻하는 것이냐며 비웃기도 했어요. 그런데
도 공무원으로 많이 남았어요. 공무원 신분 유지자는 국립중앙의료원
에 파견으로 남기도 했지만, 전국 각지의 국립병원에 발령이 많이 났
어요. 그러자 국립병원마다 정원이 초과됐잖아요. 그래서 2~3년 동안
인가 보건복지부에서 간호직과 의료기사직 공무원을 채용하지 않았어

요.”

국립의료원공무원노조 위원장인 김은희의 말이다.

2. 예고된 플랜

노동조합은 민영화로 여겨지는 국립기관 법인화에 반대했다. 그러나 당시 국립의료원공무원노조는 이를 막는 데에 힘의 부족을 느꼈다. 노동조합이 있지만, 단체행동을 제약하는 법 제도의 부담도 클 수밖에 없었다.

국립의료원 법인화가 공론화된 것은 2007년 1월경이다. 보건복지부는 2008년 법인 전환을 예고했다. 그러나 부지 선정 문제 등으로 미뤄지고 있었다. 자연스럽게 관련 법률안도 17대 국회가 끝나며 폐기됐다. 그런데 2008년 9월 25일 당시 여당이었던 한나라당 심재철 의원 주최로 '국립의료원의 바람직한 발전을 위한 전문가 토론회'가 열린다. 참석자들이 한결같이 “국립의료원의 경쟁력 제고를 위해 법인화가 시급하다”고 입을 모았다는 보도가 있다. 심재철 의원은 이를 근거로 10월 31일 '국립중앙의료원의 설립 및 운영에 관한 법률안'을 발의한다. 법안은 11월 21일 보건복지가족위원회에 상정됐지만, 심의가 연기됐다.

법인화 반대 여론도 드셌다. “국립의료원 특수법인화 추진에는 우려되는 점이 많다. 이명박 정부의 의료정책을 감안하면, 특수법인화가 재정자립도를 높이는 방향으로 진행될 가능성이 높기 때문이다. 복지부가 수익성 제고를 특수법인화 이유에 포함시켰다는 점도 이를 뒷받침하고 있다." 2008년 7월 20일 매일노동뉴스가 쟁점 분석으로 실은 기사의 일부다.[2]

국립의료원에는 1963년에 설립된 노동조합이 있다. 바로 기능직 공무원으로 구성된 국립의료원노동조합이다. 한국노총을 상급 단체로 두고 있는 국립의료원노동조합 역시 법인화 반대 입장은 분명했다. 박성수 위원장은 "대국회 활동과 투쟁을 통해 반드시 법안 통과를 막겠다. 법안을 개정하려면 지원 확대와 의료원의 구체적인 목적·역할을 명시하는 방향으로 진행돼야 한다"라고 언론과의 인터뷰를 통해 밝히기도 했다.

보건의료노조 국립중앙의료원지부의 모태인 국립의료원공무원노조는 2008년 5월 중순에 설립됐다. 수간호사인 김은희가 앞장섰다.

"노동조합이 있는 기능직에 비하여 간호직은 무언가 불이익을 받고 있다는 생각이 많이 들었어요. 가장 심각하게 느낀 것은 인력이 부족해 일이 갈수록 힘들어지는 거예요. 전임 원장 때 간호 인력을 줄인 데다 결원이 생겨도 충원을 하지 않았어요. 수간호사 몇 사람이 모여 의논하다 노조를 설립한 거예요."

2005년 제정된 '공무원의 노동조합 설립 및 운영 등에 관한 법률'에 따르면 공무원 노동조합은 행정부 전국 단위로 설립하여야 한다. 이에

---

2   "〈쟁점분석-상자기사2〉 공공의료기능 '실종 경보'", 매일노동뉴스, 2008. 7. 20.〈http://www. labortoday.co.kr/news/articleView.html?idxno=81528&page=8&total=658〉

따라 김은희와 몇몇 수간호사들이 2004년 법외노조로 출범한 행정부공무원노동조합(현 국가공무원노동조합)에 가입하고 전국에 흩어져 있는 보건복지가족부 소속기관을 포괄하는 보건복지가족부지부를 만든 것이다. 이후 수간호사들은 기능직을 제외한 간호직과 의료기사직을 속속 노동조합에 가입시켰다.

조합원이 늘어가자 김은희는 노동조합의 존재감을 높일 이벤트를 추진했다. 2008년 7월 25일 열린 출범식이 그것이다. 오후 3시경 먹구름이 낮게 드리운 스칸디나비아클럽 앞 잔디밭에 사물놀이 가락이 흥겹게 울려 퍼졌다. 행정부공무원노동조합 소속기관 곳곳에서 보내온 화환이 즐비한 가운데 길놀이 가락에 맞춰 낮번 근무를 마친 간호사들이 분홍색 단체 티를 입고 삼삼오오 모였다. 순식간에 잔디밭 가득 분홍의 물결이 넘실댔다. 다른 기관의 간부들까지 무려 250여 명이 모인 것이다. 축하 케이크를 자르고 마지막 프로그램으로 조합원들이 며칠을 준비한 축하 공연이 시작될 무렵 후드득 빗방울이 떨어졌다. 조합원들은 우산을 받쳐 들고 출범식을 끝까지 지켰다. 간부들은 부랴부랴 행사를 마치고 나눠 먹을 야외 뷔페 음식을 갈무리했다. 귀가하는 조합원 한 사람 한 사람, 음식을 나눠 주는 어깨에 힘이 났다.

출범식 후 조합원들은 네이버 카페를 통하여 소소한 일상을 나눴다. 노동조합 설립 이전까지 교류가 없던 직원들이 일터에서 느꼈던 세세한 애로를 토로하고 생활의 희로애락을 함께하는 일이 잦아진 것이다. 그만큼 노동조합에 대한 기대감도 높아졌다.

그러던 중 법인화 발의 소식을 듣게 된다. 김은희는 법인화가 아니더라도 국립의료원이 변화해야 한다는 생각을 평소에 갖고 있었다.

"1975년 국립의료원간호대학[3]에 입학했어요. 78년 자연스럽게 국립의료원 간호사로 입사했다가 1년 후 퇴사했어요. 그리고 85년 재입사했습니다. 78년 제가 본 국립의료원은 서울대병원보다 큰 국내 최고의 병원이었어요. 그런데 85년 되돌아와서 보니 아무것도 변한 게 없는 거예요. 서울대병원은 물론이고 다른 후발 병원보다 더 낙후했지요. 무언가 변화가 필요하다고 생각했어요. 그러나 아무런 변화가 없었습니다. 오히려 우수한 의료진들이 다른 곳으로 옮겨가고 점점 더 나빠진다는 느낌뿐이었어요. 나뿐만 아니라 많은 사람이 그렇게 생각하고 있었어요."

김은희가 말한 국립의료원의 낙후는 법인화를 추진하는 정부의 명

---

3 1959년 7월 간호 전문직 요원을 양성하기 위한 목적으로 설립한 3년제 국립의료원 부설 간호학교에서 출발했다. 이는 1977년 국립의료원간호학교로 1979년에 다시 국립의료원간호전문대학으로 1998년 국립의료원간호대학으로 변경됐다가 2006년 폐지되고 성신여자대학교가 승계함에 따라 성신여자대학교 간호대학으로 새롭게 출범했다.

분이기도 했다. 그런데 직원들은 정부가 투자는 하지 않고 엉뚱한 법인화를 꺼냈다는 생각이 많았다. 김은희도 법인화가 답은 아니라고 생각했다. 그리고 직원들의 불이익이 뻔히 예상되는 상황이지만 정부가 밀어붙이는데 어떻게 해야 할까? 염려되었다. 그러나 달리 뚜렷한 생각이 떠오르지 않았다. 며칠 밤 웹서핑으로 법인화가 무언지 알아봤다. 막연한 무력감만 커갔다. 도움을 받을 곳은 없을까 고민하다 인터넷 검색으로 찾아낸 곳이 보건의료노조다. 몇 번의 망설임 끝에 보건의료노조에 전화했다. 전화를 받은 보건의료노조 간부는 소속도 아닌데 생각보다 친절했다. 김은희가 밝힌 보건의료노조와 만나게 된 계기다.

2008년 11월 24일 오후 2시 무렵, 김은희는 이기숙 사무총장, 한정호 사무국장과 더불어 보건의료노조를 처음 방문했다. 보건의료노조 사무실은 행정부공무원노동조합과는 사뭇 달랐다. 행정부공무원노동조합 사무실은 근무자가 몇 명 되지는 않았지만, 광화문 네거리 오피시아빌딩 내에 깔끔하고 널찍했다. 반면에 보건의료노조 사무실은 어둑하고 낡아 보였고 작은 책상이 다닥다닥 붙어 있었다. 그곳에 꽤 많은 사람이 책상에 앉아 무언가에 열중하고 있었다. 거리에서 보았던 노동조합의 인상이 아니었다.

"보건의료노조에 찾아갈 때는 다급한 상황이었죠. 저희가 공무원노조를 만들고 처음에는 그런 일이 있으리라 상상 못 했는데 법인화가 발의된 거예요. 저희는 노동조합을 이제 막 시작했잖아요. 사실 노조가 뭔지도 모르고 있을 때였어요. 앞뒤가 깜깜했지요. 웹서핑하다 보건의료노조를 알게 됐어요. 보건의료노조에 찾아갔을 때 놀랐어요. 겉모습만 보면, 행정부공무원노동조합 사무실을 고급스러운 정식 병원이라고 하면 보건의료노조는 꼭 야전병원 같았어요. 여기저기 자료들이 정리되지 않은 채 쌓여 있었지요. 사무실 안을 들여다보니 많은 사람이 고3처럼 딱 들어앉아 무슨 공부를 하는 모습이었어요. 머릿속으로 생각했던 노동조합이 아니었어요. 그런데 더 놀란 것은 자료였어요. 많은 자료가 체계적으로 갖춰져 있었어요. 베테랑이고 전문적이다는 느낌이었죠. 잠깐 몇 마디 나눴을 뿐인데 가이드라인을 딱 세워주더라고요. 서광이 비친다는 느낌, 노동조합에 관한 고수라는 생각이 확 들었어요. 처음에는 쭈뼛쭈뼛했지요. 왜냐하면, 저희는 보건의료노조 소속이 아니잖아요. 그런데 몇 번 사무실에 들락이면서 보니까 확실한 느낌이 들었어요. 해외 노동조합에 관한 자료도 많이 얻어 갔지요. 사무실 입구 작은 회의실에서 처음 만났어요. 어수선한 주변에 개의치 않고 법인화 법안 상정 상황을 설명하고 어떻게 대응할지 의견을 구했지요. 하나하나 짚어가며 대응 방향에 관해 설명을 들었는데 여기는 준비가 되었다는 생각이 들었어요. 사실 잘 모르는 부분도 있었어요. 걱정하지 마라는 말을 뒤로하고 첫 만남은 끝났지요.”

김은희의 회고다.

보건의료노조는 첫 만남을 통해 졸속 법인화 추진 반대 성명서 발표, 전문가 간담회 진행 등을 제안했다. 그리고 바로 다음 날 아침 성명서 초안을 보냈다. 전문가 간담회 일정도 제시했다.

2008년 11월 25일 국립의료원공무원노조 이름으로 발표한 “졸속 법인화 추진에 반대하고 공공의료 전문가와 관련 당사자, 그리고 실제 업무를 담당하는 노동자의 대표로서 노동조합의 의견을 수렴, 발전 전략 수립을 촉구한다"는 성명서가 그것이다.

11월 26일 김철웅 건양대학교 예방의학과 교수와, 12월 4일 이상구 복지국가소사이어티 운영위원장과 각각 보건의료노조 회의실에서 간담회가 진행됐다. 별도로 이상이 복지국가소사이어티 공동대표도 몇 차례 만났다. 전문가들은 대체로 1958년 개원 이후 단 한 차례 증축만 이루어져 낙후한 국립의료원의 법인화 자체를 반대하는 것은 어렵다는 의견이었다. 아울러 법인화가 국가 중앙의료기관으로서 공공성을 확보하고 현 직원들의 고용안정을 위해서는 간략한 연구와 현재 발의된 법안에 대한 대체 법안 발의가 필요함을 강조했다.

전문가의 의견을 토대로 국립의료원공무원노조는 12월 5일 간략한 면담 자료를 만들어 국회 보건복지가족위원회 의원 사무실을 순회하며 의견을 전달했다. 아울러 12월 6일에는 보건복지노동조합협의회[4] 이름으로 "국립의료원, 의료영리화 일환의 법인화보다 발전 전략 수립이 시급하다"라는 성명을 발표했다. 국회를 순회하며 김은희는 법인화 자체를 막지는 못하겠다고 절실히 느꼈다.

"복지부 법안소위 국회의원들을 거의 모두 만나 법인화 반대 의견을 전했으나, 알고 보니 17대 국회에서 당시 여당인 민주당이 이미 추진한

4　'보건복지노동조합협의회'는 건강보험심사평가원노동조합, 공공서비스노조 전국사회보험지부, 연세의료원노동조합, 전국공공연구노동조합 보건사회연구원지부, 전국공공연구노동조합 한국보건산업진흥원지부, 전국공공연구노동조합 국립중앙청소년수련원지부, 전국민주공무원노동조합 보건복지가족부지부, 전국보건의료산업노동조합, 행정부공무원노동조합 보건복지가족부(국립의료원)지부 등이 참여한 협의 기구다.

사안이었어요. 18대 여당인 한나라당이 주장했다고 해서 야당이 반대만 할 수 없는 이유인 거지요. 다만, 법인화의 내용이 중요하다는 것을 확인한 거예요. 이미 국회에서는 법인화가 대세였지요."

12월 15일 다시 국회 보건복지가족위원회 법안심사소위원회 위원인 전혜숙 의원실을 찾았다. 노동조합은 법안 심의 이전 정부의 국립의료원 운영 청사진이 마련돼야 하고 이에 따른 대체 법안이 필요함을 강조했다.

12월 17일 보건복지가족위원회 법안소위에서 국립중앙의료원 법인화 법안에 대한 집중 논의가 있었다. 전혜숙 의원 등은 국립중앙의료원 법인화 법안이 제정 법률로서 공청회 등의 요건을 갖추지 않았음을 지적했다. 심사는 보류됐다. 심사 보류 결정에 노동조합의 활동이 주요하게 작용한 것이다.

법안 심사 보류 다음 날인 12월 18일, 김은희는 16개의 질문을 들고 보건복지가족부를 찾아 담당 사무관을 만났다. 그녀는 사무관에게 공공의료의 산실로서 국립중앙의료원에 대한 청사진을 제시하라며 2004년 국가중앙의료원 설립 기본계획 안에서 축소한 이유가 무엇인지 물었다. 또한, 의료비 증가를 억제할 정책 기능, 공공보건의료기관 간 연계 확보, 사스(SARS, 중증급성호흡기증후군) 등 신종 감염병 대응 체계 마련 등이 국가중앙의료원 설립의 목적인데, 제대로 반영되지 않았다며 항의했다. 아울러 신축 이전 예정지인 원지동 화장터가 접근성이 좋지 않다며 결과적으로 공공의료가 위축될 수밖에 없다고 목소리를 높였다. 끝으로 그녀는 공무원연금 승계, 공무원 유지 희망자의 고용안정대책을 요청했다.

법안 심사 보류 이후 대체 입법안이 속속 발의됐다. 손숙미 의원이 2008년 12월 23일, 전혜숙 의원이 2009년 2월 4일, 양승조 의원이 2월 9일 각각 대표 발의한 법안이 그것이다.

노동조합은 대체 법안에 공공의료 강화와 고용안정 방안을 반영하기 위해 발 빠르게 움직였다. 2008년 12월 15일 국회 입법안 마련에 전문성이 있는 복지국가소사이어티에 국립의료원 발전 방향에 대한 소주제 연구용역을 발주했다. 이후 2009년 1월 5일 중간발표를 통해 의견을 수렴하여 1월 15일 입법안을 논의했다. 연구 결과는 전혜숙 의원이 대폭 수용해 발의했으며 최종 결과는 'A4' 용지 51쪽 분량으로 3월경 발표했다.

전혜숙 의원의 입법안 가운데 가장 눈에 띄는 점은 공공의료기관에 근무할 전문 인력 양성을 위한 공공의료대학원대학교를 설치할 수 있도록 한 것이다. 또한, 이사 구성에 노동계와 시민단체 관계자가 참여할 수 있도록 했다. 아울러 신분 전환에 따라 공무원연금을 적용받지 못하는 불이익을 줄이기 위해 공무원 재직 20년 미만으로 국립중앙의료원 직원이 되었을 때 2개월 이내 신청을 받아 20년이 될 때까지 이를 유지할 수 있도록 했다. 노동조합이 제기한 공공의료 강화, 시민사회와 노동계의 운영 참여, 신분 변동에 따른 불이익을 최소화할 수 있도록 한 것이다. 2008년 12월부터 2달여에 거친 노동조합의 활동 결과였다.

보건복지가족위원회 법안소위는 2009년 2월 10일, 12일 두 차례 열렸다. 노동조합은 법안소위에 앞서 공청회를 통한 시민사회와 현장 의견 수렴, 공공의료전문대학원대학교 설립, 필수 공공의료 사업에 대한 지원, 시민사회 및 노동계의 이사회 참여, 국립의료원 직원의 고용안정, 공공의료관리본부 신설 등에 대하여 보건복지노동조합협의회 명의의 의견서를 만들어 국회의원실을 순회했다.

해당 사안들은 보건복지가족위원회 법안소위에서 치열한 논의가 있었지만, '장기 등 이식 및 응급의료에 관한 각종 사업의 지원' 등 공공의료 강화를 위한 극히 일부분만 반영됐다. 법안 심의 과정에서 부대 의견으로 명시하지 않았지만, 공공의료대학원대학교 설립에 대한 장기적 필요성을 여야와 정부 관계자들이 인정하기도 했다. 그러나 공공의료대학원대학교 설립은 설립은 2022년 현재까지 아무런 진척이 없다. 차이는 있지만 2020년 의사들의 집단행동까지 이어졌던 필수 의료를 담당할 국립공공의료대학 설립 논쟁과도 맞물려 있어 보인다.

양승조 의원의 안은 국립중앙의료원을 공무원 체계로 유지하되 소재지를 연기·공주 지역 행정중심복합도시로 이전하는 것이 주된 골자다. 이는 행정중심복합도시에 국공립의료기관을 설치하도록 노력한다는 부대 의견으로 첨부됐다.

심재철, 손숙미, 전혜숙, 양승조 의원이 발의한 법안은 병합 심리돼 단일안으로 2009년 2월 20일 상임위를 통과했다. 이어 2월 27일 법제사법위원회를 거쳐 국회 본회의에서 의결됐다.

"보건의료노조는 친절한 안내자였어요. 하나하나 꼼꼼히 챙겨 믿음이 갔습니다. 이전까지 국회에 대한 정책 활동이 없었는데 지원이 없었다면 어려웠을 것입니다. 다만, 부담도 있었어요. 저희는 보건의료노조에 조합비를 내지 않는데 이렇게 지원을 받아도 되나 하는 생각을 그때

참 많이 했습니다."

보건의료노조와 첫 만남 이후 속도감 있게 진행된 여러 활동에 대한 김은희의 회고다.

3. 오래된 숙제

일하는 사람에게 고용과 임금 그리고 노동조건은 절대적 과제다. 법인화 법안 통과 이후 노동조합은 당연하게 노동조건을 규정하는 보수, 인사 직제 규정에 주목했다.

우선 조금이라도 나은 보수와 직제의 규정을 만들기 위해 법인화된 선행 사례를 알아보기로 했다. 제일 먼저 연락이 닿은 곳이 철도노조였다. 2009년 3월 13일 국립의료원 연구동에서 해고자 신분이었던 김영훈 철도노조 지도위원으로부터 "법인화 전환과 우리의 자세, 철도청 사례를 통해선 본 체제 전환 전과 후"라는 주제의 교육이 있었다. 교육은 간호사 낮번 근무자 퇴근과 상시 근무자 퇴근에 맞춰 두 차례로 나누어 진행했다. 김영훈은 준비된 강사였다. 조합원들은 청량한 그의 한마디 한마디에 빠져들었다. 교육이 끝나고도 조합원들은 그를 놓지 않았다. 일문일답의 시간이 길게 이어졌다.

"그는 소탈했어요. 동대문역사문화공원역으로 마중 나가서 모시고 오는데 자신의 일상을 서글서글하게 털어놓는 거예요. 어, 처음 보는 사람에게 이게 뭐지 생각했는데, 점점 거리낌 없는 모습에 담대하다는 느낌이 들었어요. 그 후 몇 번 더 만났는데 그분의 조언은 쏙쏙 들어왔어요. 체계적이었고 비전 제시가 확실했어요. 신뢰감을 확실히 주었지요." 한정호 국립의료원 공무원노조 사무국장의 머릿속에 남은 김영훈의 모습이다.

김 지도위원의 교육 후 조합원들은 구체적인 대안이 필요함을 절실하게 느꼈다. 바로 소개받은 곳이 한국노동사회연구소다. 2009년 4월 24일 한국노동사회연구소 관계자와 바람직한 보수, 직제 규정에 대해 간담회를 열어 소주제 연구계획서를 요청하기도 했다. 계획서는 제출됐지만, 연구는 진행되지 못했다. 비용 부담이 컸기 때문이다.

이후 국립의료원 공무원노조는 수시로 보건의료노조 정책실과 기존 국립대병원, 국립암센터 등의 직제, 보수 규정을 비교하며 노동조건 저하 없는 제도 마련에 대한 대응책을 모색했다.

대응책 마련 과정에서 임금, 직제 등에 대한 타 사업장의 사례도 공유했다. 2009년 7월 9일 이용길 수석부위원장이 나섰다. 그는 지방의료원의 임금체계를 바로 잡기 위하여 고민하고 있었다. 교육은 공무원 임금체계와 서울대병원을 포함한 국립대병원, 공사 임금체계의 특징과 장단점 등을 비교하는 방식으로 진행됐다. 그가 강조한 것은 현 공무원 임금체계를 지키라는 것이다. 다만 성과급과 같은 독소조항을 삭제하는 것이 중요하다고 당부했다. 이후에도 임금체계에 대한 노동조합의 대안을 만드는 노력은 다양하게 계속됐다.

한편, 보건복지가족부가 (주)갈렙앤컴퍼니에 국립의료원 법인화 이후 운영 방안에 대한 연구용역을 발주한 것으로 알려지자 노동조합에서는 이에 대한 모니터링을 계속했다. 노동조합이 연구용역 가운데 가장 주목한 것은 인사제도였다. 법인화되는 국립중앙의료원이 도입하려는 인사제도는 팀제 중심의 신인사제도로 알려졌다. 신인사제도는 소위 능력 위주로 인사체계를 바꾸겠다는 것이다. 그러나 직장에서 어려운 시기에 묵묵히 본연의 책무를 수행해오던 직원들로서는 마치 토사구팽당하는 꼴이라 여겨지고 있었다. 노동조합 간부들은 2009년 8월 19일 갈렙앤컴퍼니 측을 만나 신인사제도 반대 의견을 강력히 개진했다.

또한, 국립의료원 공무원노조에서는 법인화 법률 제정 과정에서 진행된 정책 개입 활동과 같이 국회를 적극적으로 활용했다. 핵심은 국립중앙의료원 설립추진위원회와 실무추진단에 시민사회단체와 함께 참가하는 것이다. 물론 거부됐다. 이후 노동조합은 국회를 통하여 설립추진위원회와 실무추진단의 회의록을 요청하고 국정감사 등에 대응하는 방식으로 전환해 공공의료 강화와 노동조건 개선에 주력했다.

공공의료 강화와 관련해 국립의료원 공무원노조는 건양대에서 충남대로 옮긴 김철웅 교수의 도움을 받았다. 몇 차례의 간담회가 이어졌고 간담회의 결과는 곧바로 정책의견서로 작성하여 국회 등에 전달했다. 또한, 김 교수의 칼럼 기고문 "지방의료원 민영화의 폐해와 공공성 추구의 길"을 돌려 읽으며 법인화의 미래를 가늠해 보았다.

2009년 9월경 국립중앙의료원 설립과 운영에 관한 기본 사항에 관한 시행령 등이 입법 예고됐다. 보건의료노조는 공무원 유지 희망자와 법인 전환에 따른 신분 변동자의 노동조건 저하 금지 등과 관련한 의견서를 9월 30일 제출했다. 보건복지가족부는 개진한 의견 가운데 "파견받은 공무원에게 정당한 이유 없이 차별적 처우를 하여서는 아니 된다"라는 선언적 문구만 반영한다고 답변했다.

4. 쓸쓸함을 마중하며

2009년 10월 9일, 오후 2시경에 끝나는 낮번 근무자들이 업무를 마치고 삼삼오오 깊어가는 가을 햇살을 받으며 승용차에 올랐다. 수련회에 나선 것이다. 장소는 공릉천이 휘돌고 노고산이 감싸고 있는 일영 그린랜드다. 공릉천을 가로지른 온능교를 건너자 어느덧 어스름이 내리며 엷은 안개가 계곡 위로 번져왔다. 초가을이지만 산 밑의 찬 기운이 안개에 젖어가는 몸을 감쌌다. 계곡을 휘도는 여릿한 물줄기가 맑게 귓가에 머물다 어느덧 시리게 몸을 파고들었다.

이제 6개월 후면 십수 년, 길게는 근 30년을 가깝게 함께한 동료들과 뿔뿔이 흩어져야 하는 운명을 공유한 그들은 서로 살가웠다. 그 살가움 때문일까 예상을 뛰어넘는 100여 명의 조합원이 모였다.

조합원들의 살가움과는 달리 김은희는 머리가 복잡했다. 김은희는 특정 부서에서 노동조합 활동을 곱지 않게 보고 은근한 압력까지 넣으며 위축시키고 있어 예민한 상태였다. 때마침 해당 부서 조합원으로부터 검사장비가 멀쩡한데 시약 단가가 두 배나 비싼 새 장비를 사들였다

는 이야기를 들었다. 그리고 해당 부서의 책임자가 외국 여행까지 다녀왔다는 것을 확인했다. 이를 이상하게 여긴 김은희는 며칠 동안의 조사 끝에 리베이트를 확신하고 수련회 출발 직전 원장에게 알렸다. 수련회 내내 원장으로부터 걸려온 전화 때문에 핸드폰을 붙잡고 있어야 했다. 원장은 리베이트를 받았다는 것을 누구에게 알렸는지, 어떻게 처리해야 하는지 묻고 또 물어왔다.

불확실한 미래를 위로하고 희망을 열자며 수련회장으로 찾아온 이들이 있었다. 바로 보건의료노조 나순자 위원장, 철도노조 김영훈 지도위원, 행정부공무원노조 간부들이었다. 조합원들은 방문자들을 환호하며 박수로 맞이했다. 신분 변화에 따른 걱정을 안고 있는 조합원들에게 연대의 마음을 전하기 위해 찾아온 방문자들이 가슴을 뜨겁게 한 것이다. 그 뜨거움은 자신의 시린 가슴을 녹이는 소리가 되어 연회장을 흔들었다.

찾아온 이들도 소개를 받으며 큰 박수 소리가 가슴에 닿은 듯 엷게 상기돼 연단에 올랐다. 당연히 발언마다 힘이 묻어났다. 나 위원장은 법인화 이후 공공의료의 중추 기관으로서 역할을 높이기 위한 정책 사업에 보건의료노조가 나서겠다고 강조했다. 이어 고용안정을 위해서도 그동안 제 기능을 못 한, 공공의료 국가 중심기관의 역할을 다할 수 있도록 정부의 제도 마련과 재정지원을 끌어내겠다고 약속했다. 불안감을 씻어낸 듯 다시 조합원들의 박수 소리가 커졌다. 김 지도위원도 법인화 과정에서 발생하는 신분 변동에 따른 대응 활동을 소개하며 조합원들이 할 수 있다는 의지가 중요함을 힘주어 말하며 응원했다.

김영훈은 2010년 민주노총 위원장을 맡고서도 국립의료원 출신들과 좋은 인연을 이어갔다. 공무원으로 남은 김은희는 행정부공무원노조 보건복지부지부를 이끌어가는 데 많은 도움을 받았다고 회고하고 있다.

시나브로 밤이 깊어갔다. 몇몇 조합원이 화로에 불을 피우고 고기를 구웠다. 다른 조합원들은 상차림을 했다. 뒤풀이 마당에서 김은희는 한 사람 한 사람 호명하여 법인화를 앞둔 소회를 나누도록 함으로써 서로 보듬도록 이끌었다. 무르익는 뒤풀이 분위기를 더욱 뜨겁게 달군 조합원이 있다. 바로 영상의학과 김광일이다. 그는 능숙한 만돌린 연주를 뽐내며 몇 곡의 노래로 뒤풀이를 절정으로 끌어올려 조합원들을 하나로 이끌었다.

조금씩 취기가 오른 조합원이 늘어갔다. 어떤 조합원은 밖으로 나와 뜰에서 차가운 밤공기에 취기를 씻었다. 여리게 들려오는 물소리를 쫓아 계곡으로 내려가는 이들도 있었다. 거푸거푸 얼굴을 씻는 차가움이 들려왔다.

날이 밝았다. 이른 아침 녘 공릉천에서 올라온 엷은 안개에 햇무리가 은은히 번졌다. 이내 안개가 걷히자 주변 풍경이 해맑게 살아났다. 조합원들은 몇몇씩 길가에 피어오른 코스모스를 배경으로 사진을 찍으며 추억을 담았다. 미처 취기가 가시지 않은 조합원들도 있었다. 라면으로 속풀이를 하고 약간은 불그레 부은 얼굴로 조합원들은 귀갓길에 올랐다. 그 뒤에서 철 이르게 나뭇잎이 하나둘 떨어졌다.

김은희가 원장에게 알린 리베이트는 보건복지가족부의 감사를 통해 2010년 3월 중순 세상에 알려졌다. 이 사건은 당시까지 리베이트를 준 사람만 처벌했던 법률을 주고받은 모두를 처벌하는 '쌍벌제'로 개성하는 계기가 됐다. 물론 의사 단체는 반대했다.

5. 상실, 그리고 내일

국립중앙의료원 법인화 원년, 2010년 새해가 밝았다. 노동조합은 앞선 법인화 대응 경험을 계속 찾았다. 2010년 2월 18일, 조합원 30여 명이 국립의료원에서 접근성이 편한 혜화동 '토즈'의 스터디 룸에 모였다. 이 자리에는 보건의료노조 광주전남지역본부 최권종 본부장이 나섰다. 최 본부장은 94년 전남대병원 법인화 과정에서 발생했던 문제와 노조

의 대응을 주제로 교육했다. 참가자들 가운데에는 수간호사가 많았다. 일부 병원에서 수간호사가 관리자로서 조합원이 될 수 없다는 말을 듣고 있어 수간호사의 조합 활동에 관하여 질문이 쏟아졌다. 그들은 사용자와의 협약에 의한 제약이 있을 수 있지만, 아무런 협약이 없음으로 누구나 노동조합에 가입할 수 있다는 설명에 안도했다.

2010년 2월 말에 이르자 국립의료원 공무원에 대한 민간 신분 전환 압박은 한층 거세졌다. 한 사람 한 사람 민간 신분 전환 희망자가 늘어만 갔다. 많은 민간 신분 전환 직원들이 공무원노조를 이끌어왔던 김은희 위원장을 바라봤다. 함께 민간 신분으로 전환하여 노동조합을 지켰으면 하는 바람이 컸기 때문이다. 그러나 그녀는 공무원 신분을 유지하며 버텼다.

민간 신분 전환 압박에 김은희는 일과가 끝나면 습관처럼 병원 맞은편 광희동 외진 골목에 있는 'LP時代 음악의 숲'을 찾곤 했다. 흐릿한 조명 밑 지하 계단을 내려가면 중년의 부부가 단골인 그녀를 반갑게 맞이했다. 'LP時代 음악의 숲'은 작은 주방을 제외하곤 사방 벽장에 1만여 장 가까운 엘피판이 가지런히 꽂혀 있었다. '7080 대학가 음악다방' 그대로의 분위기였다. 그녀는 깊숙한 가장자리 테이블에 몸을 맡겼다. 자리에 앉으며 맥주 한 병에 파헬벨(Pachelbel)의 〈캐논(canon)〉과 멜라니 사프카(Melanie Safka)의 〈세상에서 가장 슬픈 일(the saddest thing)〉을 신청했다. 그리고 노래가 끝날 때까지 눈을 감았다.

설립추진단은 법인화 법률 발의부터 국립중앙의료원 출범 직전까지 사사건건 정부 정책에 문제를 제기하는 김은희가 껄끄러웠을 것이다. 그녀의 존재는 민간 신분 전환자를 늘려야 하는 설립추진단에 부담일 수밖에 없었다. 결국, 그녀는 3월 2일 자로 국립공주병원으로 발령됐다. 그녀는 일주일 정도의 정리 시간을 갖고 공주로 삶터를 옮겨야 했다.

"저는 공무원 신분 유지에 연연하지는 않았어요. 다만, 법인화 직전일인 4월 1일 자 발령을 요청해놓은 상태였지요. 그리고 전환 여부는 그때 결정할 수 있다고 판단했어요. 이유는 최대한 늦춰야 민간 신분 전환에 유리한 조건을 내밀 것으로 생각했기 때문이에요. 그런데 덜컥 3월 2일 자 발령이 난 거예요. 그때는 한번 발령 나면 민간 신분으로 전환할 수 없다고 생각했어요. 받아들일 수밖에 없었던 거죠. 공주로 떠나기 전 조합원들에게 무언가 남기고 싶었어요. 계속 하나로 뭉쳐 혼란을 헤쳐나가기를 바랐던 것이죠. 그래서 제가 저의 환송회를 요청했어요."

3월 4일 일과를 마친 조합원들이 본관에서 연구동 9층 강당으로 안개비를 헤치며 속속 모여들었다. 김은희를 떠나보내는 자리에 120명의 조합원이 참가했다.

"국립의료원의 법인화라는 지금 상황에서 모두가 안녕하신지 정말 궁금합니다. 예상은 했지만, 너무도 많은 일이 벌어지고 있습니다. 십수 년을 한솥밥 먹었던 우리가, 권리를 함께 지키겠다고 발 벗고 나섰던 동지들이 우리의 곁을 떠나가고 있습니다. 이제는 남아 있는 우리 모두 하나가 될 때입니다. 그래야만 떠나는 분들도 마음이 가벼울 것입니다. 위원장님을 보내드리는 자리가 노동조합을 지키겠다고 약속하는 자리가 되길 희망합니다."

사회를 맡은 정현옥 기획재정부장의 떨리는 목소리가 장내에 무겁게 내려앉았다. 눈시울이 붉어지는 이들도 있었다. 김은희의 역할을 대신할 이기숙은 앞으로 헤쳐나가야 할 길을 생각하며 입술이 말라갔다. 이어 정 부장은 "법인화가 다가오면서 어수선하기도 하고 공무원으로 남을까 갈등도 많이 했습니다. 다가오는 현실에 일손이 잡히지 않습니다. 그래서 마음의 여유가 점점 사라지는 것 같습니다. 이제 옆에 있는 한 사람이 너무도 소중하다는 것을 문득 깨닫기도 합니다. 앞으로는 원내에서 마주칠 때 따뜻한 위로와 격려의 인사를 나누었으면 합니다"라며 근무 부서별로 참가한 조합원을 소개해나갔다.

소개 때마다 큰 박수 소리가 터졌다. 동병상련, 서로를 위로한 것이다. 소개가 끝나자 영상이 떴다. 차현숙 기획재정국장이 만든 영상에는 1년 6개월 동안 국립의료원 공무원노조가 법인화에 대응해온 과정이 고스란히 담겨 있었다.

지난 1년 6개월의 활동 과정에서 보건의료노조와는 뗄 수 없는 관계로 자리를 잡았다. 환송회에는 나순자 위원장도 함께했다. 사회자는 "국회에서, 대정부 교섭에서 우리가 길을 찾지 못했을 때 우리가 어려움에 처해 있을 때 언제나 큰 우산이 되어주었습니다"라며 고마움을 물씬 담아 나 위원장을 맞이했다.

이날 나 위원장의 인사말 주제는 "노동자와 노동조합"이었다. 나 위원장은 법인화 이후 곧바로 보건의료노조로의 가입을 강조했다. 인사를 마치자 사회자는 "어떤 어려움도 두려움도 사라지는 말씀"이라며 조합원들의 희망을 전했다.

이어 재직자를 대표하여 임남희 복지부장의 송별사와 김은희 위원장의 당부 말이 이어졌다. 참석자들은 "함께했던 직장 생활, 함께 울고 웃었던 조합 활동이 눈에 밟혀 떠나보내고 싶지 않습니다. 하지만, 오늘의 회한과 아쉬움이 내일의 희망과 기쁨으로 돌아올 것이라 믿습니다"라는 사회자의 말을 새기며 아쉬움을 뒤로했다. 꽃다발 증정과 긴 뒤풀이가 이어졌다. 안개비 속에 꽃샘바람이 차갑게 파고들었다.

함께 노동조합을 지키며 김은희의 든든한 버팀목 역할을 하던 한정호 사무국장도 같은 날 국립부곡병원으로 발령이 났다. 김은희, 한정호의 발령 이후 하나둘 민간 신분 전환자가 늘어갔다.

김은희는 공주로 떠난 후에도 행정부공무원노동조합 보건복지가족부지부의 대표 자격으로 여러 차례 복지부 등을 방문하여 국립의료원 공무원 신분 유지자의 권익 유지를 위한 활동을 계속했다.

6. 새로운 시작, 쉽게 오지 않은 봄

황인덕, 그는 국립중앙의료원 조직화의 산파 역할을 했다. 그가 보건의료노조 조직국장으로서 국립중앙의료원 조직화 사업에 뛰어든 것은 2월 18일 혜화에서 열린 조합원 교육부터다. 처음 그는 김은희의 활동을 보면서 국립의료원공무원노조를 승계하여 순조롭게 노동조합을 설립할 수 있겠다고 생각했다. 그런데 김은희가 공무원 유지를 버티다 돌연 떠난 것이다.

김은희는 공주로 발령받고 이기숙 사무총장에게 국립의료원공무원노조 대표 역할을 요청했다. 이기숙에게 김은희의 빈자리는 컸다. 이기숙은 김은희 없이 과연 할 수 있을까 가슴이 울렁대기까지 했다. 황 국장은 이기숙의 흔들림을 놓치지 않았다. 환송회를 마치고 밤늦게까지 이어진 뒤풀이는 이기숙을 세우는 자리가 됐다. 불과 한 달도 안 남은 법인화 이후에 설립해야 할 노동조합의 대표를 찾은 것이다.

2010년 정부는 선진화라는 이름으로 공기업 직원들의 노동조건을 옥죄었다. 민간 신분으로 전환되면 곧바로 자신들에게 닥칠 문제였다. 그 불안감을 나누려는 듯 조합 간부들은 날마다 일과가 끝나면 연구동 5층에 있는 두 평 크기의 노동조합 사무실에 모였다. 공기업 선진화 정책에 대한 대응도 미리 모색했다. 3월 2일 당시 공기업 선진화 정책에 따라 근로복지공단과 통합을 예정하고 있던 산재의료원의 최숙현 수석부지부장을 초대하여 대응 방안을 찾았다. 최 수석부지부장은 공공병원 노동자들이 왜 노동조합을 통하여 잘못된 정부 정책과 맞서야 하는지 특유의 우렁우렁한 목소리로 설명하면서 보건의료노조를 꼭 붙들어야 한다고 힘주었다. 간담회에는 15명이나 되는 수간호사가 함께했다. 한두 명을 제외하고 거의 다 참가한 것이다. 책임자로서 먼저 불확실한 미래에 대응할 방안을 찾아야 한다는 데서 오는 갈증 때문이다. 수간호사들이 일사불란하게 움직이게 된 데에는 일명 '수친회' 모임을 화, 목요일 일과 후 꾸준히 진행했기 때문이다. 수간호사 바로 아래 연차 책임간호사들도 스태프 모임을 운영했다.

3월이 되자 황인덕 국장은 아예 국립의료원공무원노조 사무실로 출퇴근했다. 일희일비하는 조합 간부들과 하루라도 같이하지 않으면 불안했기 때문이다.

"국립의료원 공무원노조로 출근했는데 점심시간과 일과 후에 직원들이 많이 찾아왔어요. 찾아오는 직원마다 공무원으로 남을까 아니면 민간 신분으로 국립중앙의료원에 남을까 갈등이 많았지요. 자기 내면의 갈등이기도 했고 서로 이야기를 주고받으며 상대방에게 갈등을 옮기기도 했어요. 저는 이 갈등을 최소화해야 한다고 생각했어요. 남는 사람이나 떠나는 사람이나 서로 이해받고 각자의 판단이 존중받을 수 있도록 이끄는 것이 중요했어요. 또 민간 신분 전환자는 법인화 이후 노동조건에 관심이 많았어요. 제한된 정보로 이 문제를 해결하기엔 매우 벅찼습니다."

황인덕의 회고다.

봄은 쉽게 오지 않았다. 2010년 3월 서울은 진눈깨비와 황사, 엷은 안개가 잦았다. 황 국장은 보통 하루를 점심 간부회의, 일과 후 조합원 간담회로 보냈다. 회의와 간담회에서는 주로 설립추진단 진행 상황 점검과 국회 협조, 조합원 모임 운영 등을 논의했다. 조합원 모임 운영 방안으로 제기된 것은 수간호사, 책임간호사를 넘어 중간층 평간호사 모임을 만드는 일이었다. 그만큼 중간층 간호사들의 참여가 저조했기 때문이다. 또한, 의료기사 가운데 간부를 발굴하는 일도 중요하게 제기됐다. 의료기사 대부분은 공무원 유지를 택했다. 민간 전환 희망자가 많지 않아 그만큼 간부 발굴이 어려웠다. 모임에 함께한 간호사들은 다음 날 출근하면 일과 중에도 마주치는 평간호사와 의료기사마다 노동조합 사무실 방문을 계속 권유했다. 황 국장은 사무실에서 방문자에게 상황을 설명하고 법인화 이후 노동조합 가입을 권유했다. 그러나 누구도 선선히 나서지 않았다. 모임 때마다 서로 독려했지만, 모두 힘들어했다.

민간 신분 전환자에게 계속된 최대 관심은 직제와 임금체계였다. 그러나 설립추진단에서는 이에 대하여 명확하게 설명하지 않았다. 직원들 사이에 불안한 소문만 무성할 뿐이었다.

국립의료원공무원노조가 3월 초 병원 내부에 게시한 성명서 일부다.

국립의료원의 법인화는 투명하게 진행되어야 한다. 밀실에서 진행되는 법인화는 모든 구성원의 동의를 구하기 어려울 것이다. 20여 일밖에 안 남은 상황에서 최소한의 근로조건, 직제, 호봉 등이 정해지지 않은 상태로 누가 의욕적으로 일할 수 있겠는가? 법인화로 갈지 공무원으로 남아 있을지를 결정 못 하고 하루에 수십 번 고민하는 실정이다. 이는 국립의료원의 발전 저해 요인으로 작용하고, 더 나아가 불신과 반목을 초래할 것이다.

또한, 3월 8일 오후 3시에는 실질적인 법인화의 틀을 만드는 법인화 추진위원회가 열린다. 추진위원회는 국립의료원을 운영하는 근거가 되는 정관, 이사회 구성 등에 관해 결정할 것이다. 노동조합에서는 추진위원회 참관을 요구하였지만, 유감스럽게도 불허되었다. 노사 상생은 노사가 함께할 때만 가능하다.

한편, 노동조합에서는 국립의료원 내외부에 현수막 게시를 통하여 요구를 보다 선명하게 알렸다. "국립중앙의료원 법인화는 투명한 정보 공개, 폭넓은 의견 수렴으로 공공의료 강화와 노동기본권이 존중될 수 있도록 하여야 합니다"라는 현수막을 국립의료원 경계 담장에 걸었다. 연구동 외벽에는 대형 현수막을 걸었다. "새롭게 출발하는 국립중앙의료원, 노조 참여 보장하라!"라는 문구가 5층 노동조합 사무실에서 1층

까지 내리뻗었다. 연구동 현수막은 짓궂은 날씨의 거친 바람에 울어대며 건물 외벽을 수시로 때렸다. 간부들은 그 소리를 묵묵히 어루만졌다. 의례적이지만 노사는 현수막 자진 철거를 둘러싸고 공문 공방이 있었다. 의료원에서는 현수막 게시가 사전 협의가 없었음을 제기했으며 노동조합에서는 조합원 전용 게시판 미설치를 문제 삼았다.

2010년 3월 9일 온종일 엷은 안개에 진눈깨비가 내렸다. 황인덕 국장은 민간 신분 전환자의 불안에 감염된 듯 우울했다. 일과를 마치고 안개속에 내리는 진눈깨비를 맞으며 고즈넉하고 낡은 병원 건물을 걸어 나왔다. 몇 걸음 앞에서 우뚝 솟은 '두타몰'과 '밀리오레'의 휘황한 네온사인이 눈부시게 번쩍였다.

두타몰과 밀리오레 등 고층 빌딩이 속속 들어서고 동대문운동장이 동대문역사문화공원으로 탈바꿈하면서 서울시는 주변 지역을 첨단 디자인시티로 개발해나갈 계획이었다. 그 한가운데 낡은 건물 몇 동으로 이루어진 국립의료원은 이전하여 그 자리에 성형외과를 중심으로 한 '뷰티 콤플렉스'와 기타 의료시설, 관광호텔을 짓기로 한 것이다. 문제는 대안 부지였다. 주민들의 반발로 공사가 지연되고 있는 서울시 외곽의 원지동 서울추모공원 옆으로 이전설이 제기됐다. 장례 시설 건립에 따른 주민 반발을 줄인다는 계산이 깔려 있었다.

국립중앙의료원의 매각 이전은 법인화 이후 본격적으로 추진됐다. 법인화를 앞둔 2010년 2월 22일 강재규 국립의료원 원장과 오세훈 서울시장이 체결한 '서울추모공원 부지 내 국립의료원 신축·이전에 관한 협약'에 따른 것이다. 2011년 8월에는 보건복지부가 매각 계획안을 기획재정부에 제출하여 승인받을 계획이었다. 이러한 움직임에 보건의료노조는 2011년 8월 노동·시민사회단체, 정당들과 함께 '국립중앙의료원 매각·축소이전 반대 대책위원회'를 결성하여 강력히 반발했다.

"2011년 한국보건산업진흥원 연구결과에 따르면 현재 국립중앙의료원 이전 부지인 서초구 원지동 부지의 적정 병원 연면적은 1만6614~1만9936평으로 475~570병상이 수용 가능한 것으로 나타났고 도심지 병원 형태를 취하더라도 약 4500~1만3000평이 부족한 것으로 나타났다. 더불어 서초구 원지동 부지의 입지조건상 고속도로에 인접해 소음이 심한 점, 도로에서 가시성이 떨어지는 점, 도로 형태가 복잡해 의료원 진출입로 용도로서 불리한 점, 환자 접근성이나 대중교통 접근성이 현저히 떨어지는 점, 시설유지관리비 등 운영비가 과다 상승하는 점, 증축 및 여유 부지 협소로 성장과 변화에 불리한 점 등 국립중앙의료원의 역

할 수행 부지로 매우 부적합한 것으로 나타났다"라고 2011년 8월 18일 한미정 보건의료노조 서울본부장은 대책위원회 출범 기자회견을 통해 밝혔다.[5]

또한, 대책위는 보건복지부 앞 1인 시위와 서울시가 주최하는 '국립중앙의료원 이전 관련 주민설명회' 개최에 앞서 집회를 열었다. 2010년 4월 2일 설립된 보건의료노조 국립중앙의료원지부는 2011년 단체교섭과 연계하여 파업까지 예고했다. 2014년에는 국회가 165억 원의 이전 예산을 확정했다. 그렇지만 국립중앙의료원 매각 이전 문제는 쉽게 결론 나지 않았다. 이전 반대는 노동, 시민사회뿐만 아니라 서울시 중구, 종로구 등 자치단체까지 가세했다. 또한 2개 구를 포함하여 성동구, 동대문구, 성북구의회 등 5개 구의회도 공동성명서를 통해 이전을 반대했다.

---

5 "국립중앙의료원 매각·축소이전 반대 대책위원회 발족", 2011. 8. 24. ⟨https://bogun.nodong. org/xe/khmwu_5_7/172822⟩

끊임없이 문제가 제기된 것은 바로 '공공의료 역할을 계속할 수 있는 가'였다. 국립의료원은 적정 진료를 통해 타 의료기관보다 진료비가 상대적으로 낮다는 것이 보통의 생각이다. 저소득층뿐 아니라 노숙자, 미혼모, 새터민 등 사회적 약자는 물론 외국인노동자들도 많이 찾고 있다. 대중교통을 이용해야 하는 이들에게는 무엇보다 접근성이 중요하다. 그런데 외곽으로 이전하게 되면 당연히 이용하기 어렵게 된다. 공공의료 축소가 불을 보듯 뻔한 것이다. 이전 논의는 지지부진 계속됐다. 끊임없이 제기된 원지동 이전은 2019년 9월 국립중앙의료원이 나서서 중단을 선언한다. 이에 서울시는 반발했다. 계획대로 하겠다는 것이다. 국립중앙의료원 이전은 2021년에 들어 마침표를 찍었다. 현재의 위치에서 을지로5가 방향으로 길 하나 건너 미군 공병단 기지로 이전을 확정한 것이다.

"2011년 5월인가 한번 가보자고 해서 소풍 가듯이 원지동에 갔어요. 그런데 병원 예정지 앞으로 영구차들이 들락거리는 거예요. 아니 입원환자들이 그 모습을 보고 무슨 생각을 하겠어요? 말이 안 되는 상황이잖아요. 당연히 여기는 안 된다고 했지요. 그리고 부지도 너무 좁았어요. 박재갑 원장도 노동조합을 돕겠다고 했어요. 그런데 아무런 조치가 없었어요. 맹탕이었죠."

법인화 이후 보건의료노조 국립중앙의료원 초대 지부장을 맡은 김문자의 회고다.

국립의료원으로 매일 출근하며 황 국장은 이기숙과 함께할 노동조합 간부 발굴에 주력했다. 수간호사와 책임간호사들은 어느 정도 갖췄기에 아래 연차를 묶을 간부 발굴이 중요했다. 떠나간 김은희가 추천한 손화정을 몇 번이고 만나 설득하려 했으나 그녀는 번번이 약속을 어기며 나서지 않았다. 간부들도 더는 그녀에게 미련을 갖지 말자며 만류했다.

일과가 끝나고 모이는 7~8명의 수간호사 또는 책임간호사들의 계속된 관심사는 법인화 이후의 직제와 임금체계였다. 이기숙은 설립추진단에 자료를 요구했지만, 번번이 거절당했다. 계속 국회를 통하여 자료를 확보해야 했다.

3월 16일 국립중앙의료원 초대 원장으로 박재갑 교수가 내정됐다는 보도가 나왔다. 그는 2000년 개원한 국립암센터의 초대 원장 이력이 있다. 초대 원장 당시 병원 노동계에서는 적폐로 여겨지는 성과연봉제를 만들고 비정규직을 양산했으며 센터별 운영으로 직원들 사이 일상적 교류를 최소화해 노동조합 설립을 어렵게 했다는 평이 있었다. 그만큼 노동조건이 안 좋다는 것이다. 노동조합이 없었던 국립암센터에는 2000년 개원 때 국립의료원에서 이직한 동료들이 있어 어느 정도 노동조건을 파악하고 있는 상태였다. 박재갑 원장 내정에 민간 신분 전환자는 더더욱 직제와 임금체계에 관한 관심이 높을 수밖에 없었다.

박재갑 원장 내정 소식이 있었던 당일 이기숙은 이홍순 진료부장을 면담했다. 원장 내정을 확인하고 병원 이전 가시화 등에 관한 여러 가지 정보를 들을 수 있었다. 원지동 이전으로 근무지가 생활권에서 멀어지고 직원들이 겪을 혼란을 생각하니 앞이 깜깜했다.

이기숙을 중심으로 국립중앙의료원 노동조합 설립 추진은 숨 가쁘게 진행됐다. 연일 회의를 열어 노동조합 간부를 맡아달라 설득하고 운영

규정을 정비하고 설립총회와 출범식 프로그램을 준비했다. 준비된 시나리오에는 이기숙이 지부장으로 당선되었을 때 발언할 당선 소감까지 세밀하게 짜여 있었다.

겉으로 내색은 하지 않았지만, 이기숙은 매일같이 시원하게 답을 찾을 수 없는 과제들이 버거웠다. 그 버거움으로 건강에 적신호가 왔다.

"잠을 제대로 자지 못하고 눈가에 경련이 일고 머리가 한 움큼씩 빠지는 날이 계속됐어요. 이대로는 살 수 없다고 생각했어요."

결국, 이기숙은 공무원 신분 유지를 선택했다. 이기숙은 법인 출범 직전인 4월 1일 국립나주병원으로 발령이 났다.

황 국장도 하루하루가 만만치 않았다. 일과를 마치면 휘황한 디자인시티 개발지 뒤로 길 건너 광희동 오래된 골목길에 즐비한 낮은 선술집으로 무겁게 발을 옮기는 날이 잦아졌다.

4월 2일 황사에 서늘한 봄날이다. 오전 9시 30분 박재갑 원장은 연구동 9층 강당에서 전재희 보건복지부 장관을 포함한 내외빈과 함께 국립중앙의료원 출범식을 가졌다.

"국립중앙의료원을 제가 2000년부터 2006년까지 초대 및 2대 원장으로 근무하였던 국립암센터와 비교하여 보면 우리 의료원은 국립암센터보다 병상당 약 사분의 일 정도의 수입을 올리고 있으면서도 우리들의 보수 및 근무조건은 국립암센터와 거의 같습니다. 현재의 상식으로 생각해보면 우리 의료원은 도저히 살아나기 힘든 구조입니다. 국민들이 땀 흘려 벌어서 낸 많은 세금이 우리 의료원의 운영에 사용되고 있습니다. 회사로 말하자면 오래전에 부도가 난 상황이고, 환자로 말하자면 인공호흡기에 의존하여 영양주사도 제대로 맞지 못하고 근근이 연명하고 있는 중환자입니다."

박재갑 원장 취임사 일부다.

점심시간 노동조합 사무실에 예닐곱의 조합 간부들이 모였다. 이기숙을 대신할 대표를 미리 정해야 했다. 그런데 대표는 아무도 맡지 않으려 했다. 5시 30분 예정했던 설립총회를 못 할 수도 있는 상황이었다. 황 국장은 나 위원장에게 상황을 설명하고 도움을 요청했다. 나 위원장은 간부들 가운데 최연장자인 김문자를 지목했다. 설립총회까지만 임시로 최연장자가 대표를 맡아달라는 것이다. 김문자는 설립총회와 6일로 예정된 출범식까지만 대표를 하겠다고 선언하고 다른 간부들의 다짐을 받았다. 몇 개월 전부터 준비해온 설립총회를 무산시키지 않고 연장자로서 자신이 할 바를 감당한 것이다.

오후 5시 30분, 법인 출범식이 진행됐던 연구동 9층 강당에 직원들이 속속 모였다. 바로 전국보건의료산업노동조합 국립중앙의료원지부 설립총회를 하기 위해서였다. 서로를 반기며 웅성거리는 분위기 속에서 조합 간부들은 참석자 서명을 받고 김밥과 기념품을 정돈하여 나눠 주고 마이크와 연단을 점검하며 회의 준비에 바빴다.

"국립의료원노동조합은 법인화 과정을 겪으면서 모든 조합원의 목소리를 대변하고자 노력하였습니다. 하지만, 지난 1년간 노사가 논의하였던 법인화의 과정들이 물거품이 되고, 지난 한 달 동안 노동조합이 배제된 상태에 원점에서 다시 논의되는 것들을 보면서 수많은 갈등을 했고, 다시 한번 노동조합의 필요성을 절감하는 계기가 되었습니다. 이제 우

리는 국립중앙의료원의 법인화에 맞게 전국보건의료산업노동조합 국립중앙의료원지부로 새롭고 힘차게 출발하고자 합니다." 정현옥의 낭랑한 목소리에 떨림이 묻어났다.

"법인화라는 전혀 경험하지 못했던 일들이 벌어지면서 한식구처럼 지냈던 동료들은 경상도로 전라도로 충청도로 뿔뿔이 흩어졌습니다. 마음이 많이 아팠습니다. 공무원노조를 이끌었던 집행부도 모두 떠났습니다. 집행부 없는 노조는 선장 없는 배처럼 흔들리기도 했고 임시 집행부를 맡은 분들도 법인화 과정에 너무나 많은 노력을 했습니다. 오늘의 이 자리는 이분들이 만들었다고 생각합니다. 모두에게 감사드립니다."

김문자의 당선 소감이다.

7. 새벽 어스름의 시간

국립중앙의료원의 새 출발에 다시 한번 갈채를 보낸다. 새 출발을 계기로 공공
의료 중심기관으로서 우뚝 서서, 국가 전체의 공공의료를 확충 발전하는 계기가
되기를 기대한다. 아울러 국립중앙의료원의 새 출발을 위하여 그동안 땀 흘려왔던
우리 조합원을 비롯한 모든 임직원이 노사관계 안정화를 바탕으로 화합된 분위기
속에서 '직원 만족, 환자 만족, 좋은 병원 만들기'에 더욱 매진할 수 있기를 기대한
다.

국립중앙의료원 출범과 노동조합 설립에 따른 보건의료노조 성명서
일부다. 설립총회와 함께한 나순자 위원장의 축사이기도 하다. 설립총
회에는 나 위원장을 비롯하여 정해선 미조직위원장 등 보건의료노조
간부들이 대거 참석했다.

4월 6일 국립중앙의료원지부는 노동조합 출범식을 열어 대내외에 존
재감을 드러냈다. 출범식은 150여 명의 노동조합 가입자 대부분을 포함
하여 200여 명이 참석할 정도로 성대했다. 출범식 사회를 맡은 정현옥
사무장은 출범식까지만 책임을 지겠다는 김문자의 다짐이 뇌리에 스쳤
다. 노동조합을 굳건히 하기 위해서는 김문자는 누구보다도 필요한 존
재였다.

"나이는 숫자에 불과하다, 어려움도 함께하면 기쁨으로 바뀐다는 믿
음으로 지부장의 역할을 맡았습니다."

김문자를 소개하는 목소리에 또박또박 힘이 들어갔다. 어려운 결단이었음을 새기듯 박수 소리가 우레와 같았다.

"국립중앙의료원은 새로운 출발을 하면서 많은 어려움을 겪었습니다. 한솥밥을 먹으며 십수 년 같이 일했던 사람들을 떠나보냈습니다. 마음이 아팠습니다. 공무원 신분을 하루아침에 버린다는 것, 당해본 사람만이 알 것입니다. 공무원으로 잔류할까? 법인으로 넘어갈까? 마음에서는 매일 법인화 지원서를 썼다 지웠다 했던 것이 이제는 과거의 일이 되었습니다. 아쉬움이 많이 남습니다. 이제 어제의 아픔과 상처들이 내일을 위한 밑거름이라 위안도 해봅니다. 새로운 국립중앙의료원의 힘찬 출발은 서로 존중하는 노사문화, 노동기본권이 존중되는 노사문화가 정착될 때 가능할 것입니다. 노동조합도 언제나 열린 자세로 노사문제를 풀어가도록 노력하겠습니다. 또한, 우리들의 근로조건이 저하되지 않도록 노동기본권이 보장될 수 있도록 여기 계신 여러분들과 함께 노력하겠습니다."

김문자가 법인화 과정에서의 아픔을 위로하고 앞으로의 다짐을 밝힌 대회사의 일부다.

나순자 위원장과 한미정 본부장도 함께 고무되어 격려했다. 당연히 박재갑 원장도 초대했다. 그러나 그는 일정이 있어 아쉽다며 이홍순 부원장을 대신 내보냈다. 대독한 축사는 건조했다.

출범식의 꽃은 깃발 전달이었다. 나순자 위원장은 황인덕 국장이 힘차게 흔들며 건네는 깃발을 움켜쥐었다. 나 위원장은 바로 넘겨주는 것이 못내 아쉬운 듯 다시 한번 힘차게 흔들고서는 김문자에게 전달했다.

다시 떠나갈 듯한 박수와 함성이 길게 이어졌다. 서울본부 소속의 다른 지부에서도 대거 참석해 격려금을 전달하며 축하를 이어갔다.

떠난 이들을 초대하는 것도 잊지 않았다.

"한 그루의 나무가 그 푸르름과 아름다운 열매를 맺을 수 있음은 그에게 작은 뿌리의 희생과 봉사가 있었음처럼 1년 반 동안 국립의료원공무원노조를 이끌어오신 위원장님께 그 고맙고 수고로움을 오래도록 간직하고자 이 패를 드립니다."

김은희에게 전달된 감사패의 문구다. 그리고 오래도록 밤이 깊어갔다.

김문자는 자신에게 자신을 포함한 모두에게 다짐했듯이 출범식 후 지부장을 사퇴했다. 이제 지부를 끌어가야 하는 직무대행 몫은 장복순 부지부장이 됐다. 황인덕 국장은 직무대행이 아닌 지부장으로서 장복순이 역할 하기를 기대했다. 그녀도 수긍하는 듯했다. 서둘러 확정하기 위해서는 투표가 필요했다. 그러나 절차가 문제였다. 공고 기간, 입후보 기간 등 규정을 준수하려면 빨라도 열흘의 시간이 필요했다.

열흘은 길었다. 처음 지부장을 맡는데 긍정적이었던 장복순이 생각을 더 해보겠다고 차일피일 결정을 미뤘다. 집에서 의논도 필요하다고 했다. 끝내 남편의 반대에 부닥치자 포기했다. 대표자의 공석이 길어지게 됐다. 황 국장은 지부장 외에도 젊은 간부 발굴에 매진했다. 그러나 수간호사와 책임간호사 중심의 간부들과 세대 차, 노동조합 활동에 대한 막연한 두려움, 활동에 따른 개인 생활 위축, 학업 등 다양한 이유를 내세워 누구도 선뜻 나서지 않았다. 노동조합을 설립했지만, 활동 간부

부족으로 힘겨운 날들이 계속되었다.

그즈음 박재갑 원장은 의식 함양과 새로운 직무교육을 한다며 1, 3주 월요일 출근을 1시간이나 앞당겼다. 조기 출근에 따른 수당은 없었다. 또한, 개인별 직무기술서를 작성하여 제출하면 면담을 통해 4월 21일까지 연봉성과급계약서를 쓰겠다고 밀어붙였다. 그리고 연봉성과급은 계속 비중을 높이겠다는 계획을 발표했다. 노동조합은 박 원장이 연봉성과급제를 추진할 수 있음을 알고 출범 직전인 4월 1일 보건복지부와 면담을 통해 호봉급제로 설계되었음을 확인한 상황이었다. 국립중앙의료원 이사회는 4월 2일 출범 당일 보수 규정을 통해 호봉급제를 통과시켰다. 그런데도 박 원장은 어떻게든 연봉성과급제 형태로 임금체계를 바꾸려 한 것이다. 연봉제 외에도 강압적인 행정이 많았다. 당연히 직원들의 불만이 고조됐다.

"박재갑 원장은 조금 유별했어요. 취임하자마자 직원들의 건강을 챙긴다며 전 직원에게 두 켤레씩 검정 운동화를 지급하고 무조건 출퇴근할 때 신으라는 거예요. 여의사를 비롯해 반발하는 직원들이 당연히 있었지요. 그러나 막무가내였어요. 그 신발 신고 남산 걷기 대회도 열었어요. 스칸디아반도클럽 로우(row)하우스 앞에서 운동화 들고 사진도 찍었어요. 퍼포먼스가 참 많았지요."

당시 조합원의 말이다.

대부분 그렇듯이 국립중앙의료원 사용자들도 노동조합을 자신들의 업무 추진에 걸림돌로 여기고 노동조건을 일방적으로 결정했다. 노동조합의 저항도 계속됐다. 먼저 조합원들의 목소리를 하나로 묶는 것이 중요했다.

4월 19일 노동조합은 일과를 마치고 가까운 장충동 국립극장까지 걷기 대회를 했다. 그러나 참가자는 소수에 그쳤다. 흐린 날이었다. 4월 21일에는 이석행 전 민주노총 위원장을 초대하여 조합원 교육을 진행했다. '노동자와 노동조합'이라는 주제로 진행된 교육에는 80여 명이 함께했다. 참가가 저조했던 걷기 대회를 교훈으로 간부들이 적극적으로 독려하여 기대 이상으로 모인 것이다. 교육 후 현안 질의에서 참석한 조합원들은 연봉계약서 작성을 개인에게 맡기지 말고 어떻게 할 것인지 노동조합이 방침을 결정해야 한다고 이구동성이었다. 교육이 노동조합 중심으로 단결해야 함을 일깨운 것이다.

교육 후 간부 회의가 열렸다. 그리고 연봉계약서 체결 반대 전 직원 서명을 결정했다. 또한, 노동조합 공문으로 연봉제 반대를 분명히 밝히기로 했다. 끝으로 나순자 위원장과 박재갑 원장의 긴급 면담 요청을 결정했다. 문제는 공문에 있어야 할 국립중앙의료원지부의 대표자 이름이었다.

김문자는 지부장 사퇴를 선언하고 천직처럼 여겼던 분만, 신생아실에서 수간호사로 일하고 있었다. 연봉제가 불거지자 간부들은 그녀를 다시 찾았다. 연봉제 반대 공문을 보내야 하는데, 지부장 이름이 필요하다는 것이다. 필요한 일이고 할 사람은 없고 난감했다. 설립총회 때처럼 이번만이라고 생각하고 이름을 내주었다. 이름을 내주자 공문으로 이름이 나갔으니 이제는 계속해야 한다고 간부들이 매달렸다.

"저는 지부가 결성되면 저의 소임이 다 끝난 것으로 생각했습니다.

하지만, 현실은 그렇지 않았습니다. 직무기술서, 연봉계약서 작성 등 조합원과 관련된 현안들이 터지면서, 조합원 여러분의 의견을 듣고 사용자들을 만나서 문제 해결을 해야 하는 등 심적으로 많이 힘이 들었습니다. 사실 몸이 안 좋은 상태에서 지부장을 더 하기가 어렵다고 판단했습니다. 그래서 고민 끝에 사퇴를 결심하고 지부 간부들과 회의를 하여 보궐선거 공고를 붙였습니다. 19, 20, 21일이 지부장 선거 날입니다. 하지만 지부장 후보자가 나오지를 않아 어떻게 해야 할지 고민입니다."

4월 21일 이석행 전 민주노총 위원장 조합원 교육에 앞서 김문자가 한 인사말 부분이다. 결국, 김문자는 다시 지부장을 맡았다.

"처음 노동조합 시작할 때 너무 무서워서 밤에 잠을 못 잤어요. 살도 2킬로나 빠지고. 집에서는 그런 걸 왜 하나? 당장 가서 안 한다고 그래라, 야단도 맞았어요. 그래서 제가 사퇴했잖아요. 그런데 갑자기 연봉제가 발표되면서 제 이름으로 공문을 보내야 한다고 해서 어쩔 수 없게 된 거예요. 엄청난 사명감으로 한 게 아니에요. 솔직한 얘기로 조합원들이 지부장을 해달라고 해서 난 못 한다. 너희들 어떻게 나한테 그럴 수 있니? 나를 사지에 몰아넣고 너희는 홀가분해질 수 있냐는 말도 했었어요. 힘들었지요. 힘들었지만 연장자가 해야 한다고 하니 어쩔 수 없었지요."

김문자의 회고다

4월 23일 나순자 위원장과 박재갑 원장이 만났다. 박재갑 원장은 자신이 금연 전도사로 우리 사회에 유익한 역할을 하고 있으며 금연운동을 함께한 이석행 민주노총 전 위원장과도 좋은 사이라며 너스레를 떨었다. 나순자 위원장은 취임 축하와 함께 국립중앙의료원이 공공의료 국가 중앙의료기관으로서 역할을 다할 수 있도록 노력할 것을 요청하며 노동조합이 힘껏 응원하겠다고 강조했다. 이어 나 위원장은 현재 추진하고 있는 연봉계약서 폐기를 요청했다. 박 원장은 급여를 주는데 받았다는 계약서가 있어야 하지 않느냐고 되물었다. 이에 노동조합은 연봉제가 아닌 급여 지급을 확인하는 문서라면 수용할 수 있음을 알렸다. 급여 지급 확인, 노동조합은 그 순간 정확한 문서의 이름을 갖고 있지는 않았다. 잠시 생각 끝에 정리한 것이 '보수지급확인서'다. "보수지급확인서?" 박 원장이 한발 물러섰다. 박 원장은 세부적인 문구는 실무에서 정리하여 보고할 것을 지시하며 만남은 일단락되었다. 그 후 노사는 몇 차례 문구를 주고받으며 '보수지급확인서'라는 다른 사업장에서는 보지 못한 문서를 만들었다. 문서 명칭의 문제가 아니라 그 이면은 박 원장이 추진하려던 연봉제를 막은 것이다.

"춘래불사춘(春來不似春)이라던가요. 봄은 왔는데 봄 같지가 않은 봄입니다. 법인화 이후의 우리 마음도 비슷하지 않나 싶습니다. 어수선할 때 조합원의 입장에서 노동조합이 제 역할을 다해야 하는데 그러지 못하고 제자리걸음만 했습니다. 지부장으로서 죄송하다는 말씀드립니다. 또한, 지부장 사퇴를 하겠다며 조합원들에게 혼선을 끼쳐 죄송합니다. 몸은 예전 같지 않지만, 지부장으로서 역할에 최선을 다하도록 하겠습니다. 조합원 여러분이 함께해주실 것을 믿겠습니다. (…) (박재갑 원장을 만나) 노동조합이 있는 곳에서 연봉계약서를 체결하자는 것은 서로가 싸우자는 이야기밖에 안 된다고 했습니다. 병원에서 원한다면 보수

지급확인서는 써줄 수 있다고 이야기했고, 우리는 내용을 정리하여 병원에 보수지급확인서를 면담 후에 바로 보내주었습니다. 다시 한번 말씀드리지만, 노동조합이 있는 곳에서 보수지급확인서 같은 것을 쓰지 않습니다. 임금과 관련된 내용은 노사 단체교섭에서 논의될 사항입니다. 우리 노동조합은 의료원장님의 뜻을 존중하고, 병원의 발전에 함께하자는 뜻에서 양보했던 것입니다."

4월 29일 김문자는 조합원 모임에서 그동안의 경과를 보고했다.

이후 박 원장은 국립중앙의료원 내 모든 행사에 김문자를 불러냈다. 자신의 옆자리에 앉히기 위한 것이다. 커팅 행사 등에 나란히 가위를 쥐고 사진 한 장 남기는 것을 잊지 않았다.

8. 길을 열다

연봉계약서가 폐기되고 '보수지급확인서'로 대체되면서 노동조합에 대한 기대는 사뭇 높아졌다. 노동조합도 지부장이 복귀하면서 한층 활동이 활발해졌다. 현안을 정리하고, 미흡하지만 간부 체계가 갖춰지면서 곧바로 노동조건을 결정하는 단체교섭 준비에 들어갔다. 간부 워크숍, 단체교섭 요구안 조합원 설명회, 의견 수렴 등 매일매일 숨 가쁜 일정이 이어졌다.

부칙을 포함하여 100여 개 조항이 넘는 단체교섭 요구안을 확정하기 위해서는 무엇보다 조합 간부들의 이해가 필요했다. 요구안을 만드는 일은 한두 시간 회의로 끝낼 수 없었다. 황인덕 국장은 5월 14일 일과를 마친 간부들과 대방동 서울여성플라자에서 1박 2일의 밤샘 회의를 통해 요구안을 확정하고 조합원들에게 공개했다. 그리고 5월 25일 공문을 통해 나순자 위원장을 대표로 한 첫 단체교섭 상견례 개최를 6월 3일로 요청했다.

단체교섭 요청에 사용자는 선선히 응하지 않았다. 첫 단체교섭 상견례를 위한 노무 담당 정재훈과 사전 실무협의를 진행했다. 정재훈은 박 원장이 병원의 모든 문제를 부원장에게 맡겼기 때문에 단체교섭에는 일절 나올 수 없다고 통보했다. 그리고 보건의료노조 본조나 본부 없이 국립중앙의료원 노사 자체만으로 진행하겠다는 주장을 폈다. 뒤늦게 알게 되었지만 이미 지부 간부들에게 자체적으로 단체교섭을 진행하자고 계속 압박하고 있었다.

법인화 2개월, 국립중앙의료원 내부는 조용하지 않았다. 행정 서류가 많아져 업무가 많다, 원장이 매일 성과 타령이다, 불만이 높아갔다. 거기에 부원장이 가중되는 일에 힘들어한다는 소문도 들려왔다. 박 원장은 자신에게 협조를 안 하면 미련 없이 떠나겠다는 으름장을 놓곤 했다. 직원 다수는 능력 있는 박 원장이 있어야 그나마 국립중앙의료원이 살아날 수 있다고 생각하고 있었다. 모든 것이 뒤숭숭했다.

어수선한 분위기로 가슴앓이하는 조합원들을 조금이나마 위로하고 다가올 단체교섭에서도 분발할 것을 결의하는 자리가 필요했다. 6월 11일, 여름으로 접어드는 흐린 날씨였다. 공무원 시절에 갔던, 공릉천이 두르고 있는 일영 그린랜드를 다시 찾았다. 조합원 워크숍을 연 것이다. 저녁 어스름 녘, 안개가 자욱했다. 밤번, 낮번 근무를 마친 조합원 120여 명이 속속 모였다.

다음 날 아침 마치는 바쁜 일정으로 수련회는 숨 가쁘게 흘러갔다. 김문자 지부장, 나순자 위원장, 한미정 본부장의 인사말이 끝나고 복지국가소사이어티 이상구 박사의 "국립중앙의료원의 법인화 이후 나아갈 길"을 주제로 교육이 이어졌다. 공공의료, 국립중앙의료원의 발전 방향을 다시 새긴 것이다. 그리고 김병수 보건의료노조 문화국장의 공동체 놀이가 진행됐다. 김 국장의 느릿느릿 구수하다 싶은 목소리에 편안하게 놀이를 즐기며 조합원들이 하나가 되는 밤이었다. 창밖에는 주룩주룩 비가 내렸다. 답답했던 마음이 씻겨 내리는 듯했다.

단체교섭이 계속 지연되자 조합 간부들 사이에는 보건의료노조 본조, 본부 없이 자체적으로 진행하자는 의견이 많아졌다. 논의 끝에 첫 단체교섭은 노사의 공식 대표인 위원장과 원장이 하되 이후 위임하여 자체 진행하는 것으로 결정했다. 그리고 첫 단체교섭에서 원장이 힘을 갖고 국립중앙의료원을 운영할 수 있도록 노동조합이 돕는다는 취지의 인사를 하자는 것까지 빈틈없이 점검했다.

그러나 6월 15일에 열린 첫 단체교섭 상견례는 사전 실무협의에서 정재훈이 밝혔듯 보건의료노조 본조, 본부 없이 국립중앙의료원 자체 노사만으로 진행됐다. 그 자리에 박 원장은 나오지 않았다. 의료원 측은 박 원장이 참석할 수 없다며 버텼고 노동조합에서는 마냥 단체교섭이 늘어지는 것에 부담이 있었다.

"저는 국립중앙의료원지부 지부장으로서 의료원의 의견을 존중하여 나순자 위원장님으로부터 6월 말까지 자체적으로 교섭을 하겠다고 요청하였습니다. 이에 나순자 위원장님은 원만한 교섭이 진행될 수 있다면 그렇게 하시되, 6월 이후에는 원활한 교섭을 위해서 본조가 참석하겠다고 말씀하셨습니다. 앞으로 본교섭에 들어가면 많은 이견이 있을 것으로 생각됩니다. 이러한 이견들은 국립중앙의료원의 발전을 위한 생각의 차이라고 생각할 것입니다."

첫 단체교섭에 나선 김문자 지부장의 인사말 일부다.

김문자 지부장과 이홍순 부원장이 노사 대표로 진행된 교섭은 교섭 원칙과 요구안을 전달하고 일단락됐다.

단체교섭은 더디게 진행됐다. 사용자들은 가능한 교섭을 피했다. 한편에서는 박 원장 체제가 자리를 잡아갔다. 1인 상명하복, 박 원장 체제에 대한 평가다. 노동조합 힘 빼기도 계속됐다. 국립중앙의료원에는 오래된 기능직 노조가 별도로 있고, 보건의료노조에 전체 직원의 과반수가 가입돼 있지 않았다. 사용자 측은 이 점을 파고들어 6월 중순쯤 직장협의회 즉 노사협의회를 들고나왔다. 노사 현안을 협의회에서 논의하겠다는 것이었다. 직장협의회 설치 문제는 단체교섭의 쟁점이 됐다. 노동조합의 거듭된 반대에 7월 초 결국 철회했다. 그러나 8월 중순 노동부의 지적 사항이라며 '국립중앙의료원 직장발전협의회' 운영 규정을 제정하고 일방적으로 밀어붙였다.

박 원장 체계가 잡혀가면서 6월 25일 노동조합은 또 한 번 복지국가소사이어티 이상구 박사를 찾았다. 주제는 '국립중앙의료원의 법인화 이후의 과제와 노동조합의 역할'이었다. 박 원장의 성과주의 경영에 대한 답을 찾고자 고민한 만남이었다.

각종 현안 대응, 단체교섭 준비 등으로 노동조합 업무가 계속 늘어났다. 마땅히 전념할 사람이 필요했다. 그 때문에 단체교섭 상견례부터 줄기차게 요구한 것이 노동조합 전임이다. 사용자는 급여를 받지 않는 무급 전임을 꺼내 들었다. 노동조합 내부의 문제도 있었다. 조산사 자격을 갖고 20여 년 분만실에 근무하며 수간호사 역할을 하는 김문자는 전임 후에 돌아갈 자리가 없어질 수 있다는 염려가 컸다. 그 때문에 한사코 전임을 꺼린 것이다. 그녀는 사용자 측이 전임을 준다면 수간호사보다 전임 후 돌아갈 수 있는 자리가 많을 책임간호사가 하는 게 좋겠다고 생각했다. 신생 노조로서 조합 활동 경험이 적은 조합 간부들은 굳이 전임까지 해야 하는가 반문을 제기하기도 했다. 전임에 대한 갑론을박이 계속됐다. 논란이 계속되는 사이 사용자는 무급을 철회하고 7월 1일부터 단체교섭을 위한 전임 1명을 인정했다. 그러나 아무도 전임에 나서지 않았다.

6월 15일 상견례가 열린 단체교섭은 이후 실무교섭이라는 이름으로 국립중앙의료원 자체로 진행됐다. 황 국장은 정현옥과 차현숙 단체교섭부장을 중심으로 교섭단을 꾸렸다. 상대적으로 실무에 능했기 때문이다. 실무교섭 때마다 직전, 직후 대책회의를 계속했다. 해당 교섭에서 지켜야 하는 것과 지난 교섭에서 사용자 측 제안에 대한 대안을 만들기 위함이었다. 대책회의에는 황 국장뿐만 아니라 한미정 본부장, 정재수 서울본부 교육부장 등이 함께해 힘을 실었다. 그렇게 한 달을 보냈지만 거의 진척되는 사항이 없었다. 교섭에 참여한 간부들은 더딘 진행에 조급해했다. 황 국장은 첫 단체교섭이니만큼 시간이 걸릴 수밖에 없음을 계속 설명했다. 그러나 간부들의 귀에는 닿지 않는 듯했다. 황 국장은 간부들을 위로하기 위하여 나순자 위원장을 초대했다. 7월 22일 나 위원장이 국립중앙의료원노조 사무실을 방문했다. 간부들과 점심을 함께하며 숱한 난관을 헤쳐온 일들을 상기하며 국립중앙의료원에 대해서도 계속 보고받고 있는데 잘될 것이라며 낙관했다. 긍정에 감염된 듯 간부들의 얼굴이 환했다.

그즈음 기능직 국립의료원노조가 사용자를 고발했다는 소리가 들려왔다. 이유는 법인 전환 이후 임금·단체협상이 진전되지 않아 교섭이 중단됐고 근로기준법과 단체협약도 위반했다는 것이다. 고발 내용에는 보건의료노조와의 단체교섭이 불법 노조와의 교섭이라는 주장도 포함되었다는 소문도 들려왔다. 그러나 기능직 노조는 파견된 공무원을 포함한 노조이며, 보건의료노조 국립중앙의료원지부는 법인화 이후 민간 신분 전환자로 구성된 노동조합이므로 문제 되지 않는다는 것이 정론이다. 사실, 보건의료노조는 국립중앙의료원지부 설립 과정에서 기능직 가운데 민간 신분 전환자와의 가입을 염두에 두었다. 국립중앙의료원 설립을 앞두고 3월 하순 황 국장은 정해선 미조직위원장과 함께 기능직 노조 간부와 만났다. 그러나 가입을 거부했다. 수십 년 노동조합을 유지하며 나름 쌓아놓았던 자산 때문일 것이라는 추측이 컸다.

7월 30일은 법인화 100일째였다. 노동조합은 100일 동안 어수선한 분위기에서 고생해온 조합원과 직원들에게 작은 떡 돌리기로 위로하는 행사를 했다. 하나하나 꼼꼼한 활동에 노동조합 가입이 계속 늘어갔다.

더디게 진행되는 단체교섭의 돌파구를 열고자 8월 18일 한미정 본부장이 나섰다. 한 본부장은 서상곤 국립중앙의료원 행정처장을 만나 8월 말까지 마무리할 것을 요청하며 마무리되지 않는다면 9월부터 본조, 본부가 직접 참여하겠다는 방침을 전했다. 사용자 측은 교섭이 아니라 간사 협의를 통하여 최대한 조정할 수 있음을 밝혔다. 노동조합에서는 간사 협의에 황 국장이 참여할 것임을 알리고 행정처장 면담을 끝냈다.

행정처장 만남 이후 황 국장을 중심으로 한 간사 협의가 빠르게 진행됐다. 황 국장, 정현옥 그리고 사용자 측의 노무 담당 정재훈은 8월 23일부터 9월 2일까지 총 네 차례의 협의를 통하여 대부분의 단체협약 문구를 정리했다. 남은 쟁점은 근로시간면제 등 전임과 관련된 것뿐이었다.

단체협약의 마지막 가르마를 타기 위하여 이번에는 유지현 노동조합 사무처장이 9월 9일 서상곤 처장을 만나 다시 빠른 마무리를 촉구했다. 유 처장의 촉구 이후 황 국장 등은 15일 5차 간사 협의를 열어 모든 단체협약 사항에 대하여 정리했다. 정리된 단체협약은 노사 양측의 내부 검토를 거쳐 9월 24일 잠정 합의에 이르렀다.

잠정 합의에 대해 황 국장은 세 차례의 조합원 설명회를 진행했다. 설명회의 반응은 대체로 무난했다. 이제 정식 조인만 하면 된다. 그런데 사용자 측이 차일피일 회피했다. 이에 한미정 본부장은 10월 5일 서상곤 행정처장을 만나 조인식 일자 확정을 요구하며 합의에 따라 김문자 지부장이 10월 11일부터 전임 활동을 시작할 것임을 통보했다.

계속된 정식 조인 촉구에도 사용자는 의료원장의 일정과 기능직 기업노조와 교섭이 진행됨을 이유로 미온적이었다. 그런데 이유는 다른 곳에 있었다. 박재갑 원장이 몽니를 부린다는 소문이 돌았다. 박 원장은 자신이 장관급이라며 조인식에 나설 수 없다고 했다는 것이다. 어처구니가 없었지만, 조인식 지연에 부담을 느낀 간부들은 의료원장 없이 조인식 진행을 요청했다.

10월 18일 한미정 본부장과 이홍순 진료부원장이 노사 대표로 조인식을 진행했다. 2008년 11월 24일 김은희 국립의료원공무원노조 위원장과의 첫 만남에서 시작된 국립중앙의료원 노동조합 신규 조직화 사업이 막을 내린 것이다.

후기

김문자, 그녀는 2010년 10월 11일부터 2014년 12월 31일 정년퇴직 때까지 4년여 넘게 노동조합 전임자로 일했다. 사실 그녀는 조산사로서, 간호사로서 정년을 맞고 싶었다. 그런데 꼭 필요한 노동조합 전임에 아무도 나서지 않았다. 그런데 누군가는 해야 할 일, 김문자는 그 길을 걸었다.

"2010년도부터 2014년까지 5년을 노동조합 활동을 했어요. 그 5년 동안을 나름대로 돌아보니까 제가 많이 넓어졌어요. 이전에는 집, 병원,

마트, 백화점, 이게 나의 행동반경이었어요. 그런데 노동조합을 하면서 정말 내가 보지 못했던 다른 세상을 본 거예요. 세상을 새롭게 보게 되었어요. 저는 전임으로 나와서 처음에는 뭘 해야 하는지 손에 잡히지 않았어요. 그런데 전임으로 나오니 간부들이 이제 노동조합 관심이 예전만 못하더라고요. 그래서 매일 출근하며 병동을 돌면서 문제점을 묻고 간호부장, 기조실장, 부원장과 이야기를 나눴지요. 그리고 사무실로 갔어요. 그게 일과였어요. 제가 매일 찾아오니까 조합원들이 든든하고 자부심을 느낀다고 하더라고요. 그리고 제가 노동조합이 무얼 해야 하는지 잘 모르니까 다른 지부에서 하는 것 보고 많이 따라 했지요. 다른 지부장님들도 많아 도와주었어요. 보건의료노조 중앙 간부들에게 감사드려요. 2010년 법인화부터 단체교섭이 끝날 때까지 저희는 징신이 없어서 왈가불가하고 우왕좌왕했었잖아요. 그 와중에 보건의료노조 간부들은 항상 듣기만 하면서 본인들의 얘기는 절대 안 하며 돕기만 하는 거예요. 그래서 사람들이 참 괜찮다는 좋은 인상을 받았어요. 든든했지요. 전임 생활 중 속이 많이 상한 일도 있었어요. 수간호사 한두 분이 제가 지부장을 하기 위해 조합원으로 끌어들이고 탈퇴를 안 받아준다는 거예요. 화가 많이 났지만, 그 자리에서는 설득했지요. 수간호사가 탈퇴하면 밑에 있는 간호사들이 다 빠져나가 노동조합이 무너진다고. 그분들이 자리를 뜨고 서러움이 너무 복받쳐 펑펑 울었어요. 내가 이 일을 왜 하나 자괴감이 많이 들었지요."

김문자의 회고다.

박재갑, 그는 2011년 8월 30일 사직서를 제출한다. 표면적 사유는 8

월 29일 마지막 조정 회의를 앞두고 파업 전야제를 병원 뜰에서 진행하며 병원 구내에서 확성기를 켜놓고 노동가요를 불렀다는 것 때문이다. 그러나 조합 간부들 사이에서는 법인화 이후 제대로 못 하여 곧 다가올 국정감사가 부담됐을 거라는 추측도 많았다. 여하튼 갑작스러운 사직에 동요하는 이들도 있었지만, 노동조합은 의연했다. 보건복지부는 9월 14일 사직서를 수리했다.

2021년 4월 현재 국립중앙의료원은 코로나19 재난 상황의 최전선에서 국가 중앙의료기관으로서 부여된 사명을 온 힘을 다하여 수행하고 있다. 현재 국립중앙의료원지부는 가입대상 1000여 명 가운데 860여 명이 가입해 안수경 지부장과 노동 존중의 미래를 만들어가고 있다.

에필로그

황인덕

"속 많이 썩었습니다."

국립중앙의료원 노동조합 설립에 대한 그의 첫마디다.

"2010년 3월 하루가 멀다고 국립중앙의료원으로 달려갔습니다. 아주 사소한 것에도 조합원들은 민감했습니다. 같이 회의하면서 제기한 문제를 풀고 뒤돌아서면 또 다른 문제가 있었습니다. 회사가 탄압하면 거기에 맞서는 것은 어쩌면 쉬울 수 있습니다. 그런데 우리 내부에서 주체를 만드는 것은 다른 문제입니다. 아무도 나서려 하지 않고 있는데 사람을 만드는 일은 다릅니다. 이제 됐다 싶으면 다음 날 마음이 바뀌어 쭈뼛쭈뼛 나타납니다. 조합 간부는 못 하겠다는 것이지요. 그리고 사람들 사이에 갈등이 있습니다. 저는 당사자 스스로가 갈등을 풀어야 한다고 생각했습니다. 조합 간부들은 노동조합으로 인하여 불이익을 당할까 하는 두려움이 여전했습니다. 제가 이끈다고는 하지만 결과는 그들이 감당하는 것이기에 저 역시 갈등이 있을 때가 많았습니다. 갈등을 극복할 수 있도록 마음 지지가 꼭 있어야 합니다. 노동조합을 만드는 것은 기존 노동조합 활동과는 전혀 다릅니다. 저는 노동조합을 만드는 것은 진보적이나 보수적으로 접근해야 한다고 생각합니다. 노동조합을 만드는 것은 진보적 생각과 보수적 접근의 괴리에서 새롭게 시작하는 창조적 활동입니다. 기존의 형식이 아니라 내용을 담는 것입니다. 때로 극과 극, 유(有) 또는 무(無)와 마주칩니다. 그 사이에 모든 것이 녹아나야 합니다. 때, 타이밍이 중요합니다. 기존 활동 방식으로 이해하려 하지 않아야 합니다."

김문자

"노동조합이 없어지면 병원이 마음대로 우리를 좌지우지할지 모른다는 막연한 불안감을 느끼고 모였어요. 모였는데 믿었던 사람들이 다 떠나갔어요. 누군가는 다시 앞으로 나와야 하는데 아무도 나서지 않는 거예요. 제일 연장자로서 해야 할 일이라 하니 얼굴 잠시 내밀었다가 조산

사이며 간호사로 일하던 분만, 신생아실에서 계속 근무하겠다는 생각
이었어요."

어떻게 노동조합을 시작했는가 하는 물음에 대한 답이다.

"해야 할 일"이라는 말이 뇌리에 남는다. 해야 할 일을 하는 사람, 지
극히 평범한 말이지만 누구나 다 그렇지 않다.

"아들딸 다 외국으로 유학 가고 남편 혼자 남길 수 없었어요." 그녀가
민간 신분으로 전환한 이유다. 순리를 따랐다는 것이다.

"누가 나에게 이 길을 가라 하지 않았네… 그러나 한 걸음 또 한 걸음
어느새…." 노랫말이 머리에 스친다. 그녀는 자신의 선택이 정의로움에
서 비롯됐다고 했다. 그런데 노동조합을 한다고 해서 다 정의롭지는 않
다고 일침을 놓았다.

"해야 할 일"이라는 말을 새겨본다. 그 "해야 할 일", 자기 몫의 순리가
무엇인가? 자꾸 곱씹어진다.

김은희

"누가 이렇게 말하더군요. 노조는 꼭 필요하다. 왜냐면 나는 이렇게
살고 있지만 내 자식에게 이런 세상을 물려줄 수 없기 때문이다. 저는
이 말에 공감하고 있습니다. 실제로 빈부격차가 많은 나라를 보면 노조
가 없습니다. 너무 늦게 깨달았습니다."

그저 그렇게 들을 수 있는 말이다. 그런데 너무 늦게 깨달았다는 말
이 발목을 휘감는다. 그러곤, 너무 늦은 일은 없어 그때가 시작이야, 시

작은 때론 두렵지, 두려운 길이 어쩌면 설렐 수도 있잖아. 생각해봤다.

"생각하면 노조가 있기 전 국립의료원과 다른 국립병원들은 섬 같았습니다. 그 안에서 갇혀 다른 세상을 보지 못한 것이지요. 노조 활동을 하면서 다른 세상을 보았습니다. 세상을 새롭게 보았지요."

"저는 공무원 신분을 유지하며 국립서울병원에서도 노조를 만들었어요. 얼마 후에 어느 조합원이 이렇게 말하는 거예요. 국립서울병원의 역사는 노동조합 설립 전후로 분명히 나눌 수 있다고. 그 말이 무슨 뜻이겠습니까? 노동조합이 노동자를 세상의 주인으로 자신을 당당하게 살아갈 수 있도록 했다는 것이지요."

"보람 있었고 즐거운 추억이었습니다."

김은희의 말이다.

주요 경과

2008년 5월 국립의료원 공무원노조 설립

2008년 7월 25일 국립의료원 공무원노조 출범식

2008년 9월 25일 '국립의료원의 바람직한 발전을 위한 전문가 토론회'(심재철 의원 주최)

2008년 11월 24일 보건의료노조와 첫 상담

2008년 11월 25일 국립의료원 공무원노조 성명 발표—"국립의료원, 졸속 법인화 추진에 반대하고 공공의료 전문가와 관련 당사자, 그리고 실제 업무를 담당하는 노동자의 대표로서 노동조합의 의견을 수렴, 발전 전략 수립을 촉구한다!"

2009년 3월 2일 '국립중앙의료원의 설립 및 운영에 관한 법률' 국회 의결

2009년 10월 9~10일 국립의료원 공무원노조 수련회(일영 그린랜드)

2010년 1월 18일 국립의료원 공무원 잔류 희망자 전국 각지로 발령 시작

2010년 2월 16일 성명서 발표—"여성의 약점을 악용한 거듭되는 인사 횡포 중단하라!"

2010년 4월 1일 국립중앙의료원 출범 및 보건의료노조 국립중앙의료원지부 설립 총회

2010년 4월 6일 보건의료노조 국립중앙의료원지부 출범식

2010년 6월 11~12일 보건의료노조 국립중앙의료원지부 조합원 워크숍

2010년 6월 15일 첫 단체교섭

2010년 10월 18일 단체협약 조인식

2011년 8월 18일 국립중앙의료원 매각·축소이전 반대 기자회견

4부

터전을 만들다

동남권원자력의학원

강창곤 보건의료노조 한국원자력의학원지부 수석부지부장

민병훈 보건의료노조 부산지역본부 조직부장

박찬일 동남권원자력의학원 의학원장

원경환 보건의료노조 부산지역본부 조직부장

원영진 보건의료노조 조직부장

윤영규 보건의료노조 부산지역본부 본부장

정해선 보건의료노조 미조직위원장

진남희 보건의료노조 한국원자력의학원지부 지부장

황인덕 보건의료노조 조직국장

✚

1. 다가올 위기를 넘어

낡은 세피아 승용차가 45번 고속도로 문경새재터널을 막 빠져나왔다. 산 중턱과 산 중턱을 이은 도로의 곡곡마다 바람이 거셌다. 핸들에선 차체의 흔들림이 느껴졌다. 본능적으로 핸들을 부여잡은 손아귀에 힘이 들어갔다. 조금 천천히 달려야겠다고 생각했는데, 몸이 굳어졌는지 액셀러레이터를 밟은 발에 힘이 들어갔다. 움찔 놀라 2차로로 차선을 변경했다. 1차로에 뒤따르던 대형 버스가 지나가는가 싶더니 다시 차체가 흔들렸다.

2011년 9월 28일 오후 4시경, 황인덕 보건의료노조 조직국장, 진남희 보건의료노조 한국원자력의학원지부 지부장, 강창곤 보건의료노조 한국원자력의학원지부 수석부지부장이 서울 공릉동 한국원자력의학원

(이하 '서울 본원')에서 동남권원자력의학원(이하 '동남권')으로 내려가는 길이었다. 동남권에 노동조합을 뿌리내리게 하기 위하여 1년여 동안 거의 매주 적게는 1박 2일, 많게는 3박 4일을 반복하고 있는 일이다.

동남권으로 이동은 열차나 고속버스보다 주로 승용차를 이용했다. 장거리지만 승용차를 이용한 것에는 나름의 이유가 있다. 노동조합 간부들은 동남권에 도착하면 주로 현장 순회와 직원 간담회를 했다. 그런데 간담회는 퇴근 후 저녁 시간에 병원에서 꽤 거리가 있는 가든 식당에서 주로 진행됐다. 동남권에서 식당까지 이동하는 기동성이 필요했기 때문이다. 간담회 장소로 먼 거리의 가든 식당을 이용한 것은 병원 주변에 마땅한 장소가 없을 뿐 아니라, 직원들이 노동조합 간부를 만나는 것을 혹시나 다른 사람이 볼 수 있다고 염려했기 때문이다. 또한, 한적한 곳에서 대접받는다고 느끼게 하려는 의도도 있었다.

"승용차를 이용하면 워낙 긴 거리여서 중간에 운전자를 바꿉니다. 한번은 제가 조수석에서 졸다 잠결에 졸음운전을 한다고 생각했었나 봐요. 순간 움찔 놀라 브레이크를 밟는 것처럼 발을 움직이고 몸을 앞으로 기울이며 핸들을 부여잡는 모습으로 깨어났어요. 옆에서 운전하던 강창곤 수석이 깜짝 놀라 웬일이냐고 묻더라고요."

동남권 조직화 사업에 함께했던 원영진 보건의료노조 조직부장의 말이다.

"저는 당시 노동조합 활동만 하는 전임이 아니었어요. 영상의학과 야간 전담이었는데 하루건너 하루 일을 했지요. 다음 날 저녁 다시 일해야 하는데 1박 2일 일정은 가히 살인적입니다. 물론 연차나 공가를 받는 날도 있었어요. 야간 일 끝나고 아침에 동남권으로 출발했는데 잠을 자야 해서 같이 내려가는 분들에게 제 승용차를 맡겼지요. 물론 장거리이기 때문에 중간에 깨어 제가 운전을 하기도 했어요. 사고 위험도 많았지요. 동남권에서 서울로 올라오는 길이었어요. 동해고속도로에서 막 빠져나와 울산고속도로로 접어드는데 대형 화물차와 충돌할 뻔한 거예요. 제가 운전했는데 아찔했지요. 어느 날은 폭설이 내리기도 했어요, 동남권에서 올라와 서울 본원 주차장으로 들어가는데 차 번호를 인식하지 못하는 거예요. 내려서 봤더니 번호판이 눈에 얼어붙어 가려져 있었어요. 얼마나 위험한 길이었겠어요. 그런 일들이 몇 번이나 있었나 몰라요."

"지금은 폐지된 노선 같은데 서울 남부터미널에서 기장을 거쳐 부산으로 내려가는 심야 시외버스가 있었어요. 가끔 이용했는데 새벽 5시경에 도착하면 바로 터미널 근처 목욕탕으로 갔지요. 씻어야 하잖아요. 그리고 아침 출근 선전을 했어요. 그런데 그 목욕탕이 칠팔십 년대식으로 후줄근했던 것이 인상에 남아요. 가끔은 해운대 한화콘도를 이용했는데요. 서울 본원에서 직원 복지를 위해 콘도를 확보하여 이용하게 하는데 개인별로 일수 제한이 있어요. 당연히 저희 것은 소진됐고, 노동조합 간부들과 여러 직원의 이용권을 빌렸지요. 그런 날이면 해운대의 휘황한 야경에 젖어 들곤 했어요."

강창곤의 말이다.

"맞아요. 뭐랄까, 기장에서 숙소를 구하는 건 왠지 부담됐어요. 숙박을 위해 부산까지 간 경우가 많았지요. 그래도 한화콘도가 제일 나았던 기억이 나네요."

원영진의 말이다.

천 리 길, 몇 번의 사고 위험까지 느끼며 2010년 3월부터 시작된 동남권 조직화는 어느 만큼 가닥이 잡혀갔다. 그러나 여전히 내부의 간부를 확보하지 못한 상황이었다.

서울 본원 노동조합이 동남권 조직화 사업에 뛰어든 이유는 명백했다. 다름 아닌 급변하는 의료 환경 때문이다. 한국원자력의학원은 1973년 개원 이후 국내 암전문병원으로서 독보적인 역할을 맡아왔었다. 그런데 2000년 국립암센터가 개원하고 현대, 삼성 등 재벌 병원과 서울대, 세브란스병원이 뒤질세라 암 전문 치료에 뛰어들었다. 여기에 국립대, 사립대 병원이 속속 전문 암센터를 설립하면서 한국원자력의학원은 환자가 급감했다. 이는 뚜렷한 지표로 나타났다. 위암, 간암, 대장암 각각의 수술 건수를 2005년과 2009년을 비교해 보면 7위에서 14위, 9위에서 12위, 6위에서 21위로 밀려나 있었다.[1]

이러한 가운데 사용자는 2009년 한국생산성본부에, 2010년 민간 컨설팅업체 '갈렙앤컴퍼니'에 각각 발전 방향과 경영개선에 관한 연구용역을 맡겼다. 노동조합은 사용자가 의뢰한 연구용역이 자칫 고용불안과 노동조건 저하로 결론 날 수 있다는 위기감이 있었다. 이에 연구용역에 대한 지속적인 모니터링을 통해 의견을 개진해나갔다. 또한, 별도로 건양대학교 나백주 교수와 함께 공공병원 기능을 중심으로 원자력의학

---

1   갈렙앤컴퍼니 「한국원자력의학원 경영개선 컨설팅 최종보고회」, 11쪽 인용.

원 발전 방향에 관한 연구를 진행하기도 했다.

그런데 최첨단 암 치료기인 중입자가속기[2]의 도입을 예정한 동남권
개원은 새로운 기회가 될 수 있었다. 정부는 무려 3만여 평의 대지가 필
요한 중입자가속기를 2016년 3월까지 설치할 계획으로 부지를 확보한
상황이었다. 동남권이 주목받을 수밖에 없는 이유였다. 중입자가속기
가 설치되면 암 치료에 있어 서울 본원보다 동남권 역할이 커질 수밖에
없는 환경이다. 경영 악화로 구조조정 등 위협이 있을 수 있는 서울 본
원의 현실에서 동남권과 공생하는 구조를 만드는 것이 절실했다. 바로
동남권 노동자의 목소리로 가까운 미래에 닥칠 수 있는 위기에 대비할
것을 염두에 둔 것이다.

늦게 출발한 탓인지 오후 7시가 다 되어 동남권 노동조합 사무실에
도착했다. 노동조합 사무실이라 하지만 휑한 공간에 덩그러니 놓인 책
상 2개와 내외 벽면에 몇 장의 포스터가 붙어 있을 뿐이었다. 가방을 내
려놓고 먼저 직원들의 애로 사항을 듣기 위해 설치한 '소리함'을 열었
다. 몇 장의 메모가 있다. 이전까지 '혹시나' 열었는데 '역시나' 비어 있던
것이 차츰 반응이 있다 싶어 여독에 처졌던 몸에 살며시 생기가 도는 듯
도 했다.

---

2 '중입자가속기'는 전하를 띠고 있는 입자(전자 양성자 중이온 등)를 전자기장을 이용해 가속한
뒤 표적입자에 충돌시킨 후 일어나는 반응을 연구하는 장치이다. 의료용 가속기에서 표적입자는
암세포, 중입자가속기는 탄소나 헬륨 등 무거운 원소를 빛의 속도로 올리고 이때 발생하는 에너지
빔을 암세포에 쵀어 치료한다. 현재까지 중입자가속기는 설치되지 않았다. 2019년 과학기술정보
통신부는 동남권원자력의학원이 아닌 서울대병원을 부산시 기장군 중입자가속기 구축 사업 주관
기관으로 선정했다. 중입자치료센터는 2025년부터 운영할 예정이다.

간단히 식사를 마치고 휴식을 취하다 서울에서 만들어 온 소식지를 들고 일손이 느슨해질 새벽녘 병동을 순회했다. 병동 순회, 1년여를 반복한 일이라 낯설지는 않았지만, 동남권에 근무하지 않는 탓인지 몸에 달라붙는 느낌도 아니다. 웃는 표정으로 직원들에게 소식지를 전달하며 일하는 데 문제없느냐 묻고 노동조합 가입을 권유했다. 혹시나 업무에 방해될까 항상 쏜살처럼 말을 건네고 옆으로 이동했다.

"지난주처럼 21일(수) 새벽에도 병동 야간순회를 이어갔다. 눈 마주칠 새도 없는 주간과 저녁 근무보다 조금의 짬이라도 있을까 싶어 강행하고 있는 야간순회. 하지만 병동의 특성상 짬이 있을 리 없다. 새벽 서너 시쯤임에도 쉴 틈 없이 바쁘게 업무가 돌아가고 있었다." 노동조합에서 2011년 9월 22일 발행한 소식지 『동·남·권 & 서·울 원자력은 하나』 37호에 실린 내용이다.

"현장을 순회하면 딱 완전히 집중하거나 몰입하는 분위기는 아니었지만 뭐가 어떻게 돼가는가, 그래도 좀 궁금해하거나 이런 느낌 있잖아요. 궁금한 것도 있고 일도 해야 하고. 하여튼 좀 어정쩡한 그런 느낌."

현장 순회 분위기에 대한 윤영규 보건의료노조 부산지역본부장의 회고다.

쉴 틈 없이 일하면서 노동조합에 가입하자는 권유를 어떻게 받아들일까? 신규 입사자는 대부분이 아무런 반응이 없다. 그래도 경력자의 눈빛은 조금 달랐다. 특히 노동조합이 있던 곳에서 직장을 옮겨온 경우는 무언가 궁금해하는 듯 보였다. 대부분 묵묵부답이지만 혹여 누구라도 소식지를 받아들고 가볍게 눈인사라도 하면 입꼬리가 스르르 올라갔다. 말이라도 붙여오면 헛되지 않았다는 생각에 동공까지 커지는 느낌이다. 그때는 쏜살같은 말을 차분히 낮춰 동료들과 함께 식사 한번 하자, 소식지의 전화번호로 연락 달라는 말을 잊지 않는다.

"강창곤이 순회할 때는 남달랐어요. 그는 처음 보는 사람도 마치 오래전부터 알고 있었던 것처럼 약간의 너스레를 섞어 친화력을 보이곤 했어요. 두 번이라도 마주친 사람에게는 마치 절친했던 사이였던 것처럼 인사를 했지요. 그 힘이 컸을 거예요."

원영진의 말이다.

순회를 마치고 천근만근 무거워진 눈꺼풀을 사무실에서 쪽잠으로 풀어냈다. 곧 여원잠을 털고 다시 점심 식사를 준비하여 노동조합 가입 여부와 관계없이 직원 간담회를 이어갔다. 그렇게 2박 3일을 반복하고 허겁지겁 서울에 올라왔다.

거센 바람 속 편도 천 리 길의 짧고도 긴 시간, 노독(路毒)에 지친 누군가의 몸에서 독백이 묻어났다.

"동남권에서 느꼈는데 우리가 하는 일은 도로를 달리는 것과 너무 달라. 도로에서는 액셀러레이터를 밟으면 밟는 대로 빠르게 목적지에 도착할 수 있잖아. 그런데 노동조합을 만드는 일은 액셀러레이터를 밟을 수 있는 도로를 달리는 것이 아니야. 구불구불 울퉁불퉁한 길이지. 제자리일 때가 많잖아!"

2. 머나먼 길

부산의 외지라 할 수 있는 기장 장안에 세워진 동남권은 2010년 7월 개원했다. 동남권의 외관은 한국건축문화대상 우수상을 받을 정도로 유려하다. 그러나 주변은 다른 건물이 거의 없이 횅하다. 뒤로는 야트막한 야산에 앞으로는 외곽 도로를 건너 작은 개천을 끼고 펼쳐진 비산비야의 벌판이 언제 있을지 모를 개발을 앞두고 수선할 따름이다. 외지에 동남권이 세워진 것은 원전 때문이다. 인근 고리원자력발전소에 대한 주민 민원에 첨단 암 치료 의료기관을 설립해 일자리를 만들어 해소하겠다는 것이다. 또한, 원전 주변 저선량 방사선이 지역 주민의 건강에 미치는 영향 연구 등 방사선의학과 암 치료 선도 병원으로 발전해나가겠다는 취지를 담고 있다.

서울 본원 노동조합은 동남권 개원 준비 단계부터 노동조합을 뿌리내리겠다는 계획을 세우고 있었다. 2010년 3월 중순 서울 본원 노동조합 간부들은 우선 연고자 찾기 계획을 세웠다. 서울 본원에서 동남권으로 전출됐거나 서울 본원을 사직하고 지역 연고를 쫓아 동남권에 재입사한 직원을 찾은 것이다. 또한, 부산·울산 지역 보건의료노조 소속 조합원 가운데 이직한 경우를 수소문했다.

연고자 찾기로 노동조합 뿌리내리기는 쉽지 않았다. 우선 개원 준비를 위해 파견 나온 행정직은 노동조합에 관심이 없거나 오히려 관리자 입장으로 호의적이 아니었다. 의료기사나 수간호사들 가운데는 일부 호의를 보이기도 했으나 보직을 맡고 있어 노골적으로 자신을 드러내기 어려워했다. 물론 남의 눈길을 피하며 도움을 주는 이도 있었다. 그러나 드러내놓고는 아무도 조합 간부들을 만나려 하지 않았다.

"지역 연고가 있는 파견이나 스카우트된 행정직들 가운데에는 지역 유지의 자녀들도 있었어요. 대부분 노동조합에 반감이 컸지요. 그리고 진남희 지부장의 고향이 전라도인데 호남 사투리를 쓰잖아요. 좋게 보겠어요? 서울 말투도 문제였어요. 서울 말투는 가볍고 경상도 말투는 억양이 세잖아요. 이질감을 느낄 수 있겠지요. 지역 정서가 많이 작용했던 것 같아요. 저는 프로야구 두산 팬인데요. 다 알다시피 부산은 롯데 열광 팬이잖아요. 이대호 선수에 관하여 연구까지 했다니까요. 말 한마디라도 더 붙여야 하잖아요."

강찬곤의 말이다.

"지역 정서, 서울 말씨 이런 것은 아니었던 것 같아요. 내가 처음 느낀 것은 서울은 기울어져가고 앞으로는 중입자가속기가 들어오는 동남권이 원자력의학원이 중심이 될 텐데 우리끼리 잘해야 한다, 우리끼리 뭉쳐야 한다, 서울하고 우리는 하나가 아니다, 서울하곤 다르다, 뭐 그런 것이 있었던 것 같아요. 병원에서도 초창기에 우리끼리 잘하자고 잔뜩 불어넣었겠지요. 그래서 서울에서 내려오는 것에 대한 일종의 경계심이 있었던 것 같아요."

지역 정서는 오해일 수 있다는 윤영규의 말이다.

갖은 노력에도 점차 연고자 찾기로는 노동조합을 뿌리내리기 어렵다고 판단했다. 다른 방법은 무엇일까? 진남희는 고민했다. 노동조합이 사용자로부터 인정받고 있다는 존재감을 드러낼 필요가 있었다. 이에 진남희는 7월 16일 열리는 개원식에 노동조합 대표로서 참석하겠다고 통보하고 자리 배치를 요구했다. 무엇 때문에 개원식에 참석하려 하는지 가늠하고 있는 사용자가 선선히 받아들일 리 만무했다. 거절당한 것이다.

사실 서울 본원 노동조합은 2009년 단체교섭에서 동남권원자력의학원이 개원한다면 서울 본원 단체협약을 적용하자고 요구했다. 사용자는 이를 거부하다가 철회했다. 철회는 했지만, 사실 단체협약 적용을 받아들인 것은 아니었다. 노동조합의 반발을 피하기 위한 임시방편이었을 뿐이다.

서울 본원의 단체협약을 동남권에 적용한다면 곧바로 노동조합 활동을 할 수 있기에 법률 검토를 진행했다. 한 사람이라도 조합에 가입했을 때, 조합원이 전혀 없을 때 등 여러 경우를 검토했지만, 어느 하나 명확하지 않았다. 방법은 동남권 직원 스스로가 노동조합에 가입하여 자신을 드러내는 것뿐이었다.

법률 권한과 관계없이 진남희는 동남권에 집요하게 노동조합 인정을 요구했다. 8월 말에는 동남권을 방문하여 박찬일 의학원장을 만나 노사협의회 구성에 반대하고 노동조합 사무실을 요구했다. 덧붙여 노동조합 사무실을 제공하지 않는다면 임시 천막 사무실을 설치하겠다고 통보했다. 또한, 진남희는 윤영규 본부장을 만나 동남권 상황을 설명하고 도움을 요청했다.

"동남권은 부산대병원과 더불어 부산본부가 노동조합을 만들기 위하여 중요하게 고민했던 사업장이었어요. 자연스럽게 서울 본원 노동조

합과 논의가 시작됐지요. 함께 회의하고 현장 순회를 했어요. 부산본부
는 주로 항의 방문과 단체교섭에서 역할을 많이 했지요. 현장 순회는 진
남희 지부장 등 서울 본원에서 주로 했어요. 물론 저도 현장 순회를 이
따금 했지요. 저는 주로 영상의학과를 많이 찾았어요. 아는 직원들이
있어서요. 제가 방사선사인데, 정확하지는 않지만 90년대까지 부산에
는 방사선학과가 지산보건전문대학, 지금의 부산가톨릭대학교밖에 없
었어요. 그러다 보니 연차가 좀 되는 방사선사는 한 다리 건너 다 아는
사이였어요. 재정 지원도 고민했고, 사무실 지킴이 같은 부분도 부산본
부가 맡았습니다."

동남권 노동조합 뿌리내리기에 부산본부가 맡았던 역할에 대한 윤영
규의 말이다.

보건의료노조 중앙 역시 동남권 조직화에 함께했다. 정해선 보건의
료노조 미조직위원장과 중앙 간부, 지부 간부들은 2010년 7월 말부터
수시로 회의를 열어 조직화 활동 경과를 공유하고 제기되는 문제를 토
론하며 이후 활동 계획을 수립했다.

한편 서울 본원 노동조합은 10월 13일 임시대의원회를 열어 노동조
합 사무실을 동남권에도 둘 수 있으며 직원들이 가입할 수 있도록 지부
운영 규정을 개정했다. 대의원회는 동남권 노동조합 뿌리내리기에 대
한 조합원들의 반발을 달래기 위하여 계획되었다. 조합원들은 노동조
합 사무실에 있어야 할 지부장이 매번 자리를 비우니 각종 애로 사항에
대처가 늦어진다는 불만이 있었다. 또한, 자신들이 낸 조합비를 왜 다른
곳을 조직하려 사용하는가? 볼멘소리도 많았다. 이에 진남희는 정해선

에게 동남권 노동조합 뿌리내리기가 왜 필요한지 교육을 요청했다. 정해선의 교육이 있고 난 뒤 진남희는 특유의 돌파력으로 결의를 끌어냈다. 결의는 있었지만, 부정적인 의견이 온전히 사그라진 것은 아니다.

임시대의원회 이후 진남희는 거의 매주 동남권을 방문해 조직화 사업에 매진했다. 동남권에서 주로 하는 일은 『동·남·권 & 서·울 원자력은 하나』라는 소식지를 만들어 직원을 만나는 현장 순회다. 순회 때 마주치는 직원들의 분위기는 나쁘지 않았지만 그렇다고 노동조합에 가입하지도 않았다. 대개 1박 2일을 전쟁같이 보내고 서울로 올라오는 길은 허탈했다.

동남권에 노동조합을 뿌리내리려는 활동에 사용자는 서울 본원의 단체협약이 적용되지 않는다며 조합 활동을 할 수 없다는 압박을 계속했다.

"동남권 방문 초기에는 보안 요원들이 우릴 잡상인 취급하듯 했어요. 현장 순회 때나 식당 앞까지 따라와 허락받지 않았다며 나가라는 거예요. 그러거나 말거나 저희는 계속 순회했어요. 11월 초에는 직원 체육대회가 열렸는데 소식지와 음료를 들고 찾아가기도 했지요. 그렇게 기회가 있을 때마다 찾아다녔습니다."

강창곤의 말이다.

그러나 순회와 가입 권유 활동만으로 직원들은 노동조합에 가입하지 않았다. 직원들과 더욱 긴 시간의 만남이 필요했다. 그런데 직원들은 서울 본원 노동조합 간부를 만나려 하지 않았다. 노동조합 간부를 만난다고 해도 아무런 불이익이 없다는 것을 보여줘야 했다.

이에 동남권 의학원장과 조직화에 따른 합의서를 추진했다. "첫째, 분원 안정화를 위하여 노사가 노력한다. 둘째, 서울 본원과 분원의 인사, 급여 제도, 근로조건이 상이하고 지리적, 재정적 어려움을 고려하여 서울 본원 단체협약의 공통 적용 또는 분리 적용에 대하여 2012년까지 논의하여 결정한다. 셋째, 단체협약 적용 문제가 결정되기 이전에도 분원의 근무 여건 개선, 사기 진작을 위한 임금, 근로조건 제도개선 필요 시 노사협의하여 시행한다"는 것이 주요 골자다.

합의는 이루어지지 않았다. 보직자들이 "동남권을 서울 본원에 내맡기는 것이다"라며 강력히 반발하고 있다는 이유였다. 한편 서울 본원 노동조합 간부 출신으로 의료기사직 선임인 남문엽은 동남권 자체의 노동조합을 만들어야 한다며 사내 전자문서를 게시하기도 했다.

6개월여 시간이 그렇게 흘러 2010년 한 해가 저물었다. 서울 공릉동에서 부산 기장까지의 머나먼 길이 아득히 지워졌다.

3. 일점을 찾아

2011년 새해가 밝았다. 무언가 획기적인 돌파구를 내지 않는 한 동남권에 노동조합을 뿌리내리기 어려울 듯 보였다. 진남희는 1월 6일, 1박 2일 일정으로 서울 본원 임시대의원회를 동남권에서 열고, 자신은 삭발 단식으로 강력한 조직화 사업을 진행한다고 통보했다.

임시대의원회를 동남권 내에서 열지는 못했지만 진남희의 통보는 어느 정도 효과가 있었다. 부산 송도해수욕장에서 진행된 임시대의원회에 박찬일 의학원장이 방문한 것이다. 박 원장은 진남희를 단독으로 만나 노동조합의 입장을 알고 있다며 다만 순회 때 다른 마찰이 없었으면 한다는 부탁으로 마무리했다.

1월 6일 서울은 영하 10도 안팎의 매서운 날씨였다. 부산 송도해수욕장에 도착하니 어느 정도 추위가 누그러졌다. 구름 한 점, 바람도 없는 맑은 날이었다. 늦은 오후의 햇살이 따뜻이 몸을 감싸주었다.

40여 명이 참가한 임시대의원회의 주제는 동남권 조직화였다. 여전히 동남권 노동조합 조직화를 떨떠름하게 생각하는 대의원들이 있었다. 진남희는 동남권 노동조합 뿌리내리기 사업의 중요성을 힘주어 설명했다. 불어닥치고 있는 위기를 돌파하고 미래를 준비하기 위한 놓칠 수 없는 과제라는 것이다. 그렇게 밤늦도록 토론을 이어갔다.

밤늦은 토론에 엷은 신열이 이는 듯했다. 하나둘 어두운 백사장으로 걸어 나왔다. 별이 쏟아져 내리고 멀리 등댓불이 깜박였다. 맑은 파도 소리가 귓가에 차갑게 닿았다.

다음 날 대의원들은 동남권 순회에 들어갔다. 대의원들은 순회를 위해 '우리는 하나다'라는 주제로 율동까지 준비했다. 그런데 동남권의 분위기는 사뭇 가라앉아 있었다. 중환자실 간호사 한 명이 교통사고로 사망하여 발인이 있었기 때문이다. 현장 분위기에 율동은 생략하고 말소리도 한껏 낮췄다. 그렇게 조심스레 현장을 순회하고 1박 2일 일정을 마무리했다. 40여 명이나 되는 대의원이 현장을 순회한 것 자체가 힘이었다.

갖은 노력에도 동남권 조직화의 계기는 쉽게 열리지 않았다. 동남권 사용자들도 서울 본원 노동조합의 순회를 보고만 있지 않았다. 1월 8일 직장협의회 근로자위원 선출 공고를 낸 것이다. 동남권은 2010년 8월에도 직장협의회 위원 선출을 예고했다가 철회했었다. 그런데 노동조합 활동이 활발해지자 재공고한 것이다. 그러나 1월 14일이 후보 등록 기간이었음도 입후보자가 부족해 다시 등록 기간을 열흘 연기했다. 그러다 다시 2월 21일까지 1개월이 넘게 연기됐다. 2월 28일 발표된 투표 결과도 초라했다. 사용자가 주도한 투표임에도 투표율 60%에 밑돌 정도로 저조했다. 5개 선거구에서 총 6명을 뽑아야 하는데 의료기사, 행정직에서는 당선자가 없었다. 미선출 선거구는 재공고했다. 직장협의회 근로자위원 선출 과정에서 노동조합은 "단결권, 단체교섭권, 단체행동권이 보장되지 않는 직장협의회는 총알 없는 총에 불과합니다"라는 소식지 『동·남·권 & 서·울 원자력은 하나』 1호를 펴내어 노동조합으로의 단결을 호소했다.

사실, 노동조합 뿌리내리기 움직임에 사용자는 직장협의회를 만병통치약처럼 들고나오는 것이 다반사다. 동남권도 예외가 아니었다. 물론 법률에 따라 30인 이상 사업장에서는 반드시 구성하게 되어 있으며 노동부도 이를 감독하고 있다. 동남권 사용자도 직장협의회 근로자위원을 내세워 노동조합 활동을 위축시킬 의도를 가졌을 것이다. 그러나 주요 의견 집단인 의료기사와 행정직에서 입후보자를 낙선시킴으로써 직장협의회에 대한 반감만 확인한 꼴이 됐다. 사실, 노동조합과 비교하면 직장협의회는 무디다. 의견만 듣지 어느 것 하나 뾰족한 해결책은 내놓은 경우가 없기 때문이다. 주요 의견 집단에서 이를 간파한 것이다.

직장협의회를 통한 노동조합 무력화가 힘을 받지 못했지만, 무언가 상황 반전이 필요했다. 1월 12일 중앙과 부산본부, 서울 본원 지부가 대책 회의를 했다. 회의의 주된 주제는 보건의료노조에 속해 있는 부산 지역의 고신대병원, 침례병원, 부산백병원 등에서 동남권으로 직장을 옮긴 직원을 찾는 것이다. 또한, 출신별로 이전 직장과 비교하여 어떤 불만 사항이 있는가에 대해서도 자세히 분석했다. 아울러 간호부 보직자의 출신 병원을 꼼꼼히 챙겼다. 바로 부산 지역 보건의료노조 간부들에게 분석 결과를 제공하여 도움을 받기 위함이었다.

"고신대병원 간호사들이 동남권에 많이 갔어요. 주로 수간호사나 간호과장을 맡았기 때문에 백홈만 보건의료노조 고신대병원 지부장이 찾아가 이런저런 병원 사정을 파악하고 노동조합 가입을 독려하기도 했어요."

"저는 지역이다 보니까 가교 역할을 했어요. 영상의학과에 이상호라고 대학 후배가 있는데 두어 번 연락이 왔었어요. 집이 양산이어서 퇴근길에 진남희 지부장과 동래에서 만났지요. 노동조합에 대한 고민을 털어놓기도 하고 내부 상황을 이야기해주어 초기에 힘이 됐어요. 육아 문제 등으로 나서지는 못했지만, 그래도 단체교섭 때에는 직종 대표로서 몫을 해냈지요."

다시 시작된 지인 찾기에 대한 윤영규의 회고다

대책 회의 후 이튿날은 여느 때처럼 현장을 순회하며 왜 노사협의회가 아닌 노동조합을 설립해야 하는지 설명을 계속했다. 수간호사와 간담회도 따로 진행했다. 순회를 통해 동남권 직원들은 서서히 서울 본원보다 임금과 노동조건이 안 좋다는 것을 알아가고 있었다. 특히 노동조합 경험이 있는 수간호사들이 노동조합 활동에 호응을 보였다.

"정확히 기억이 나지는 않지만, 임금이 서울과 비교하여 15%에서 17%~18% 정도 낮았던 것 같아요. 이 차이를 없애는 일이 중요했지요."

노동조건에 대한 윤영규의 기억이다.

서울 본원 노동조합이 동남권 조직화 과정에서 가장 큰 장애로 느끼는 것은 재정이었다. 서울 공릉에서 부산 기장까지의 이동 비용, 순회 때마다 챙겨야 하는 먹거리, 부서별로 식사 자리를 만드는 비용까지 감당이 쉽지 않았다. 게다가 몇 번이나 회의를 통해 결의를 이끌었지만, 서울 본원 노동조합의 조합비를 사용하는 것에 여전히 불만을 품은 대의원도 있었다. 1월 17일 나순자 위원장은 서울 본원 노동조합 간부들과 간담회를 했다. 연례적으로 진행된 간담회는 한 해 노동조합의 사업 계획을 설명하고 의견을 듣는 자리였다. 그러나 간부들은 동남권 노동조합 뿌리내리기 사업이 끝날 때까지 중앙의 재정지원에 관심이 많았다. 간부들의 재정지원 요청에 나 위원장은 선선히 간부들의 요청을 받아들이고 전폭적 지원을 약속했다.

전폭적인 지원 약속에도 재정 사용에 따른 논란이 있기도 했다.

"동남권 조직화 사업은 재정이 많이 들어갔습니다. 교통비야 그렇다고 치고 직원들 간담회를 하기 위해서는 조금은 대접받는다고 느끼게 하는 게 필요하잖아요? 이것도 지역의 정서 차이인지 모르겠는데 대접

받고 싶어하는 문화도 있었던 것 같아요. 또 노출도 염려됐어요. 선술집 같은 곳은 모두 개방됐잖아요. 당연히 방이 있는 한적한 가든을 찾았지요. 기억나는 집으로 '흙시루'라는 한정식집이 있는데 음식값이 좀 비쌌어요. 그렇게 돈을 사용하고 올라오면 왜 이렇게 비용이 많이 들었냐는 말이 있기도 했어요. 한번은 모 임원이 저를 따로 불러 이야기하다 그만 울기도 했습니다. 그분도 누군가로부터 지적을 받았겠지요. 아무튼, 가성비가 낮을 수도 있고 높을 수도 있는 것이 조직화 사업입니다. 사업장마다 다 다르지요."

황인덕의 말이다.

"지부에서도 재정 문제는 큰 부담이었어요. 대의원회에서 특별 결의를 했지만, 대의원들의 문제 제기가 끊이지 않았지요. 이 때문에 특판도 많이 했습니다. 당시 서울 본원 사용자에게 보낸 공문을 보면 여느 해보다 유난히 특판 장소 협조 요청이 많았습니다."

강창곤의 말이다.

4. 발화

1월 19일 구름 한 점 없는 맑은 날이다. 얼굴에 와닿는 차가운 공기가 오히려 상쾌했다. 아침 일찍 서울에서 출발한 황인덕, 진남희, 강창곤은 숨 가쁜 하루를 보냈다. 오후 4시경 도착하여 현장을 순회하며 노동조합 가입을 독려했다. 이어 강창곤은 기장에 남아 퇴근하는 영상의학과 직원과 별도의 식사 자리를 밤늦도록 이어갔다. 황인덕과 진남희는 부산 범일동의 지역본부를 찾아 윤영규를 비롯한 부산 지역 다른 병원 노동조합 간부들과 간담회를 진행했다. 그동안의 경과를 소개하고 부산 지역 간부들의 적극적인 활동을 다짐받은 것이다. 물론 밤늦도록 뒤풀이가 이어졌다. 다음 날 역시 순회를 지속하며 본격적으로 노동조합 가입원서 배포했다. 아울러 병원장과 간호부장을 면담하여 조직화에 방해되는 일을 만들지 않도록 요청했다. 이후 대책 회의를 통해 부산 지역 간부들의 현장 순회 계획을 세우고 노동조건 실태조사 설문지를 작성했다. 빛이 보였던 1박 2일은 그렇게 지나갔다.

그즈음 노동조합이 주목한 것은 출근길 교통사고로 사망한 중환자실 간호사의 산재 인정이었다. 사용자 측을 만나 산재 처리를 촉구한 것이다. 물론 고인에 대해 도리를 갖추며 지켜보는 직원들의 우호적 반응을 이끌겠다는 배경도 있었다. 산재는 인정됐다. 자가용 등으로 출퇴근 사고에 대한 산재 인정은 2016년 9월 29일 시행됐다. 시행 이전이었지만 세밀한 법리를 갖고 업무와의 연관성을 밝힌 노동조합의 문제 제기가 영향을 끼친 것으로 보인다.

가입원서 배포가 시작되면서 회의를 통하여 실제 가입자를 늘리기 위하여 노동조합 대세론을 펼치는 것으로 의견을 모았다. 병원 사업장 특성상 부서 소속을 뛰어넘어 타 부서 직원과 일상을 나누기는 쉽지 않다. 이러한 환경을 배경으로 가입자의 이름을 밝히지 않고 모 부서에서 몇 명이 가입했다고 소문을 퍼트린 것이다. 이에 실제 가입자가 있기도 했다.

그즈음 부산본부 소속 간부들의 지원 활동이 잇달았다. 연고자들을 개별 접촉하며 노동조합 가입을 권유한 것이다. 또한, 병동 내 병원별 출신 인맥 지도를 만들고 선임 기사와의 만남이 추진됐다. 하나둘 노동조합 가입이 시작됐다. 이를 이어받아 동남권에서 노동조합이 대세가 되었다는 홍보를 계속했다. 소식지에는 서울 본원에는 있고 동남권에는 없는 열악한 노동조건을 부각했다. 상대적으로 낮은 임금과 노동조건을 개선하려면 노동조합에 가입이 필요하다는 것을 알린 것이다. 가입자가 생기면서 노동조합은 다시 동남권 노동조합 사무실을 요구했다. 아울러 단체교섭 요구안 마련을 위한 조합원 의견 수렴도 병행됐다. 1월까지 계획했던 일이 어느 정도 마무리된 것이다.

2월에 들어서면서 동남권 사용자와 노동조합의 힘겨루기가 본격화됐다. 2월 1일 동남권 사용자는 노동조합에서 발행한 『서울엔 있고 동남권엔 없다』라는 소식지를 트집 잡았다. 노동조합은 1월 27일 소식지를 통하여 서울 본원에 있는 복지카드와 자녀학자금이 동남권에는 없다고 밝혔었다. 그런데 동남권은 이미 연봉에 포함되어 있다며 사실을 왜곡했다고 강변했다. 아울러 동남권이 별개의 사업장이며 서울 본원 노동조합 간부들의 근무시간 중 노동조합 활동은 정당성이 없다는 주장을 펼쳤다. 그리고 앞으로 조합 활동은 동남권 직원에 한정하여 인정하겠다고 밝혔다. 동남권 직원들이 노동조합 가입 여부를 드러내지 않는 상황을 알고 있는 사용자가 이를 악용하여 얼토당토않게 2월 1일 내부전산망에 공지한 것이다. 관련 내용은 하루 앞선 1월 31일 퇴근 시간이 다 되어 노동조합에 공문으로 보내왔다. 설 연휴 직전이었다.

노동조합은 즉각 반박 공문을 보내고 설 연휴가 지난 2월 8일부터 3박 4일의 일정으로 이를 바로잡기 위한 활동을 진행했다. 반박 소식지를 만들어 현장 순회를 계속했으며 박찬일 의학원장을 항의 방문했다. 2월 9일 진행된 항의 방문에는 윤영규를 비롯하여 진남희, 강창곤, 황인덕, 원경환 보건의료노조 부산본부 조직부장이 함께했다. 노동조합에서는 내부전산망에 공지한 사측의 입장이 사실을 왜곡했다며 수정을 요구했다. 이에 의학원장은 일부 오해의 소지가 있는 부분이 있으나 이미 시간이 많이 지났고 다시 수정하면 논란만 늘어날 수 있어 삭제하겠다고 버텼다.

노동조합은 삭제만 하고 아무런 조처를 하지 않는다면 이미 공지한 내용이 기정사실처럼 여겨질 수 있다고 판단했다. 이에 수정만이 문제를 해결할 수 있다는 주장을 굽히지 않았다. 면담이 길어지면서 의학원장은 일이 있다며 자리를 뜨는 일도 반복됐다.

"의학원장은 손님이 있다며 자리를 떴다가 다시 돌아오는가 싶더니 기장읍에 또 일이 있다는 거예요. 바쁘다며 이야기를 건성건성 넘기잖아요. 그래서 약속이 있는 거 어쩌냐? 기다리겠다. 갔다 오라 했어요. 다시 왔지요. 그 후 이제부터 이야기를 제대로 하자고 면담을 이어갔어요."

중요 대목마다 면담을 진행한 윤영규의 말이다.

의학원장이 자리를 비운 사이 동남권은 내부 간부 회의를 열어 노동조합 요구를 수용할 수 없다고 빗장을 걸었다. 물러설 수 없는 일이었다. 오후 3시에 시작된 면담과 대기가 밤 10시가 다 되어갔다. 마침내 의학원장이 한발 물러섰다. 입장을 다시 내겠다며 구체적인 문구는 노사 실무협의를 통해 조율하자고 제안한 것이다. 다시 문구 조정 마라톤 협의가 진행됐다. 자정이 넘어 새벽 2시가 되어서야 합의 문구가 만들어졌다. 합의 문구에 대해 동남권 보직자들이 반발했으나 원안대로 내부전산망에 게시됐다.

게시된 합의 문구는 다음과 같다.

1. 동남권원자력의학원과 한국원자력의학원은 하나의 법인 및 하나의 이사회로 구성되어 있으나, 본원인 한국원자력의학원과 동남권원자력의학원은 지리적으로 원거리에 위치해 있으며, 인사·급여 제도, 근로조건 등에 대하여 별도의 규정을 적용하고 있습니다. '별개의 사업장'이란 의미는 동남권원자력의학원이 동일 법인 내 기관임을 부정하는 의미가 아닌 제도상·위치상의 이유로 운영상 독립권이 부여되었다는 것을 의미합니다.

2. '외부 인사'란 표현은 동남권원자력의학원에 직접 근무하는 직원은 아님을 표현한 것입니다.

3. 또한, 동남권원자력의학원에서의 한국원자력의학원지부 원내 조합 활동의 정당성에 대한 해석은 노사 간 이견이 있어 논란의 여지가 있습니다.

합의 문구는 별것 아닌 듯하다. 그런데 여러 가지 뜻이 담겨 있다. 가장 중요한 것은 서울 본원과 동남권이 동일 법인 사업장, 즉 별개의 사업장이 아니라는 것이다. 동남권이 주장했던 별개의 사업장이 잘못된 주장임을 확인한 것이다. 그리고 서울 본원 노동조합이 동남권에서 활동하는 것은 법 위반을 단정할 수 없고 노사의 의견이 다르다는 것뿐이다. 의견이 다를 뿐 서울 본원의 산업별 노조 활동을 막을 수 없음을 인정한 셈이다.

2월 10일 서울 본원 노동조합 간부 10여 명은 송도에서 수련회를 진행했다. 싸늘하지만 쾌청했던 서울 날씨와 달리 부산은 진눈깨비가 내렸다. 저녁녘 해변에는 엷은 안개가 피어올랐다. 황인덕, 진남희, 강창곤은 기장에서 건너와 간부들과 밤을 함께했다. 그들은 지난밤 새벽 2시까지 자구 하나를 놓고 예민해진 마음을 해변을 걸으며 파도에 맡긴 채 깊은 밤까지 풀어냈다.

다음 날 서울 본원 노동조합 간부 10여 명은 동남권을 순회했다. 노동조합 가입 활동의 정당성을 확인하고 대세임을 보여주기 위함이다. 황인덕, 진남희, 강창곤이 '레모나 C'와 함께 소식지를 건네고 인근에선 간부들이 '함께하자' 손 팻말을 들고 분위기를 돋우었다. 그렇게 3박 4일이 흘러갔다.

노동조합은 보직자들의 성향과 내부의 동향 파악도 게을리하지 않았다. 서울 본원이라 칭한 한국원자력의학원은 정부출연연구기관이다. 동남권은 분원이다. 내부 조직도를 보면 의학원장이 연구센터와 병원을 관장하고 있다. 굳이 서열을 말하자면 연구센터가 병원의 상위에 있다. 그러나 조직과 인력은 병원이 월등히 크고 많다. 이 때문인지 의학원장과 병원장의 드러나지 않는 미묘한 갈등이 있을 수가 있다. 동남권도 크게 다르지 않으리라 판단했다. 이에 1월 25일 백흠만이 같은 병원 출신의 전병찬 병원장을 면담하여 상황을 살폈다. 짐작대로 병원장은 모든 병원 운영에서 소외돼 있었다. 병원 운영이 진료부장 중심으로 이루어지고 있으며 병원장은 결재에서 배제됐다는 것이다. 또한, 진료부장이 노동조합을 대신할 직장협의회를 추진하고 있음을 확인하기도 했다.

진남희는 주로 의학원장과 면담을 했지만, 병원장도 이따금 만나 내부의 흐름을 파악했다. 2월 18일에는 강창곤과 더불어 병원장을 면담했다. 병원장은 6월 말로 임기가 끝나는 의학원장에 누가 선임되는가에 관심을 집중하고 있었다. 그는 노동조합이 활동 보장을 위해 자신과 미묘한 갈등을 빚고 있는 현 의학원장을 밀고 있는 것 아닌가 하는 의구심이 있었다. 그리고 자신은 첨단 사이버나이프 수술에 자신이 있는데 기회를 주지 않아 답답하다는 말까지 했다. 물론 진남희는 노동조합에서 의학원장 선임에 아무런 권한과 영향력이 없으며 특정 후보를 지원하지 않음을 분명히 했다. 그리고 노동조합을 통한 원만한 노사관계를 요청했다.

갈등 탓이었을까? 병원장은 3월 4일 해촉됐다.

5. 끝없는 줄다리기

현장 순회만으로 노동조합 가입 분위기를 끌어올리는 데는 한계가 있었다. 이에 2월 중순께부터는 부서별 집단 면담을 집중적으로 진행했다. 노동조합에 집단 가입을 유도하고 현장의 목소리를 듣기 위함이다. 직원들은 여전히 노동조합 가입을 두려워하고 있었다.

그런데 간담회를 통해 동남권 노동조합 가입 활동에 상당한 불신과 오해가 있음이 알게 됐다. 다름 아닌 서울 본원이 병동을 축소하고 위상이 낮아져 구조조정이 발생하면 동남권으로 직원을 이동시키려 한다는 것이다. 또한, 중입자가속기 도입으로 동남권의 위상이 서울 본원보다 높아지는 것을 견제하려는 속셈이 있다는 것이다.

동남권 직원의 처지에서는 그렇게 생각할 수 있겠다 싶었다. 그러나 급변하는 의료 환경에서 노동자의 목소리로 동남권과 공생하여 한국원자력의학원의 역할을 높이자는 뜻이 짓밟히는 것 같아 허탈감이 컸다.

불신과 오해는 오래가지 않았다. 거듭되는 간담회는 신뢰 회복의 발판이 됐다. 오히려 간담회 때마다 직원들의 불만이 쏟아졌다. 간담회를 거듭하며 불신과 오해의 허탈감에 젖어 있을 게 아니라 하루빨리 개선 방안을 찾아 조직화에 속도를 붙여야 한다는 절박함이 압도했다. 이에 조합원은 소수지만, 단체교섭을 추진했다. 단체교섭을 통하여 직원들의 관심도 끌어내고 조합 가입을 확대하기 위함이다. 본격적인 단체교섭에 앞서 분위기를 돋우기 위하여 우선 나순자 위원장과 박찬일 의학원장의 면담을 추진했다. 그러나 동남권은 면담을 거부했다.

나 위원장 면담 거부에 따른 항의 방문이 2월 24일 있었다. 항의 방문에는 윤영규를 비롯하여 황인덕. 진남희, 강창곤과 부산본부 소속 지부장 등이 대거 참가했다. 그러나 의학원장과 병원장은 외부 일정을 이유로 자리를 피했다. 이에 행정부장을 만나 "면담 거부는 동남권의 초기

안정화와 발전에 전혀 도움이 안 된다"며 노사관계에 심각한 문제를 초래할 수 있음을 경고했다. 또한, 다음 날에도 중앙의 임원이 직접 방문할 것임을 알렸다.

이튿날은 조은숙 보건의료노조 부위원장이 나섰다. 이번에도 의학원장과 병원장은 여전히 개인 일정을 이유로 면담에 응하지 않았다. 조은숙은 즉각 행정부장에게 의학원장과 병원장의 소재 파악을 요청했다. 그러나 당사자들은 핸드폰 전원을 꺼놓았거나 받지 않았다. 이에 조은숙은 "환자를 보는 의사가 연락이 안 된다는 것은 심각한 문제다. 응급상황이 발생하면 어떻게 대처할 것이냐?"며 꾸짖었다. 이어 면담 거부는 노사문제를 악화시키는 것임을 지적하고 2월 말까지 답변을 요청하고 자리를 정리했다.

연락 부재와 관련하여 노동조합은 3월 3일, 소식지 『동·남·권 & 서·울 원자력은 하나』를 통해 "간 큰 병원장 큰일 나겠네…"라는 제목으로 "면담 거부에 대한 보건의료노조 부위원장(조은숙)의 항의 방문이 있었던 지난주 25일(금) 참으로 어처구니없는 일이 있었다. 갑작스러운 외부 일정으로 자리를 비웠다던 병원장은 아예 연락 두절 상태였다. 비서실의 전화도 원내 전화도 보직자의 전화도 방문객의 전화도 그 어떤 전화도 받지 않는 채 꽁꽁 숨은 것이다. 병원장 이전에 환자를 진료하고 치료한다는 의사가 이렇게 연락이 끊겨서야… 환자 보호자들 불안해하지 않겠습니까?"라고 꼬집었다.

3월 2일 진남희, 강창곤은 박찬일 의학원장을 만났다. 만남에는 행정부장과 팀장이 배석했다. 진남희가 면담 거부 사유를 따져 물었다. 의학원장은 일방적으로 일정을 정하여 심리적 부담이 컸다고 해명하며 업무를 보지 않을까도 고민했다고 토로했다. 또한, 그는 조합원 실체가 불명확하다며 직종별 조합원 가입 현황을 요구했다. 진남희는 일방적 일정 통보가 아니라 공문에 면담 일정은 협의 가능이라고 밝혔다며 일축했다. 그리고 면담에 부담을 갖지 말 것을 당부했다. 아울러 조합원 공개가 오히려 내부에서 불필요한 마찰로 이어질 수 있다며, 단체교섭을 통해 노사관계 안정화가 필요하다고 강조했다.

단체교섭을 제기했지만, 사용자 측이 준비가 안 된 상황에서 무리하게 진행할 계획은 아니었다. 다만 첫 회의는 상견례만 진행하고 현안을 중심으로 실무교섭 또는 노사협의를 진행해 노동조합 확산에 유리한 환경을 만들려 한 것이다.

노동조합은 계획한 대로 3월 11일 단체교섭 상견례 개최를 공문으로 요구했다. 3월 8일 황인덕, 원영진, 진남희, 강창곤은 동남권으로 출발하며 단체교섭 상견례가 예정대로 열린다면 조직화 사업의 전환점을 만들 수 있다는 생각에 부풀었다. 쾌청한 날씨에 기분도 좋았다.

그러나 기대는 보건의료노조 중앙 사무실에서 걸려 온 전화 한 통으로 곧 사라졌다. 동남권에서 서울 사무실로 3월 10일부터 교육과학기술부의 동남권 평가가 있어 단체교섭이 어렵다는 연락이 왔다는 것이다. 그리고 언제 단체교섭 상견례를 할지는 밝히지 않았다는 것이다. 사실상 상견례를 기한 없이 미룬 것이다. 진남희는 또 다른 전화를 받았다. 2010년 8월부터 요구해 어느 정도 가닥이 잡힌 것으로 생각했던 동남권 노동조합 사무실을 제공할 수 없다는 것이다.

오후 4시경 동남권에 도착하자 윤영규와 원경환이 그들을 맞이했다. 곧바로 의학원장을 항의 방문했다. 의학원장은 서울 본원과 동남권이 합의하여 노동조합 사무실을 제공하기로 한 사실을 없었던 것으로 하려는 태도였다. 조합에서는 노사 기본 신뢰를 깨트리는 것으로 투쟁할 수밖에 없음을 통보했다. 이후 면담 참가자들은 의학원장실 앞 대기 농성을 진행했다. 농성에 들어가자 의학원장은 곧바로 내부 보직자 회의를 소집했다. 보직자들은 서울 본원 노동조합 활동에 대한 직원들의 뜻을 분명히 전하겠다며 노사 끝장 토론을 제안했다. 노동조합으로서도 마다할 일이 아니었다. 오히려 잘된 일이었다. 다음 날 끝장 토론을 진행하기로 했다.

다음 날 원영진은 다른 회의 참가를 위하여 서울로 올라가고 정해선이 끝장 토론을 위하여 긴급히 내려왔다. 끝장 토론에 노동조합에서 정해선을 비롯하여 황인덕, 윤영규, 원경환, 진남희, 강창곤이 사용자 측으로 박찬일 의학원장, 양광모 연구센터장, 신임 양승오 병원장, 진료부장, 간호부장, 행정부장, 기획부장이 참석했다.

"끝장 토론에서 양승오 병원장은 태극기에 맹세하고 출근한다고 본인이 말하더군요, 무슨 생각이 들었겠어요? 나도 모르게 참 꼬이겠네! 한숨이 나왔지요."

강창곤의 말이다.

사용자의 주장은 한결같았다. 동남권은 독자적인 성격이다. 지금은 초기 안정화가 시급하여 노사 다툼이 없어야 한다. 노동조합은 동남권 직원 스스로가 해야 하고 직원들은 독자 노조를 원한다는 것이다. 또한,

노동조합의 실체가 없다며 조합원 공개를 요구했다. 그리고 동남권이 어려우면 서울 본원에서 돈을 줄 거냐며 빈정대기도 했다.

노동조합은 법적 근거로 맞섰다. 동남권은 서울과 같은 법인으로 노동부에서도 하나의 사업장으로 보고 노동조합 활동에 전념할 전임 시간도 묶어서 준다는 것이다. 그리고 같은 사업장 내의 노동조합 활동은 정당하며 보건의료노조 소속 조합원들이 하나의 지부로 할 것인지, 분리할 것인지 선택하면 된다는 것이다. 조합원은 노사관계가 정상화될 때 공개한다고 밝혔다.

몇 차례의 정회가 이어졌다. 노동조합은 물러서지 않았다. 결국, 노동조합을 인정하고 사무실을 제공하는 것으로 결론을 내렸다. 오후 4시부터 7시까지의 토론이었다. 끝장 토론 후 노사 참석자들은 인근 식당으로 장소를 옮겨 저녁 식사를 함께했다.

"횟집에서 식사했는데, 어느 정도 먹고 나니까 의학원장이 남은 회로 직접 회덮밥을 만들어 주더라고요. 첨예하게 대립했던 토론을 화해로 전환하려는 생각이었겠지요. 한 사람 한 사람 회덮밥을 나눠 주며 이제 막 업무를 시작한 동남권은 안정화가 우선이라고 거듭 강조했어요. 물론 우리도 맞장구를 쳤습니다."

정해선의 기억이다.

진남희도 화답했다. 진남희는 한걸음 더 나아가 안정화를 위한 조속한 단체교섭 진행과 간호부 보직자와의 간담회 주선을 요청했다.

황인덕과 진남희, 강창곤은 3월 8일부터 3박 4일을 동남권에서 보내며 끝장 토론 외에도 바쁜 일정을 소화했다. 중앙, 본부, 지부 대책 회의를 하고 병원을 순회하며 직원들에게 끝장 토론을 포함하여 노사 협의 내용을 그때그때 소식지를 통하여 알려나갔다. 아울러 단체교섭 요구안 마련을 위한 설문지를 배포하고 수거했다.

"소식지는 보통 서울에서 만들어 오는데 현장에서 상황이 바뀌잖아요. 끝장 토론 같은 경우는 결론이 어떻게 날지도 모르고…. 그때까지 우리가 이용할 수 있는 컴퓨터나 사무기기가 있는 게 아니었어요. 노트북으로 작성하여 부산본부로 메일을 보내 복사를 해오기도 했지만, 유에스비(USB)에 담아 무작정 2층 행정실로 올라갔던 적도 많아요. 뭐랄까, 남의 사무실이니까 민망스럽기는 했지만, 얼굴에 드러낼 수도 없잖아요. 얼굴이 익은 직원 누군가에 출력을 부탁하고 허공에 대고 조금 큰소리로 복사 좀 하겠습니다, 말했지요."

강창곤의 말이다.

끝장 토론 후 내부의 분위기도 조금은 바뀌었다. 그동안 무관심과 냉소를 보였던 수간호사들의 태도가 변했고 이를 감지한 아래 연차의 간호사들이 단체교섭 요구안 마련을 위한 설문에 호응해왔다.

2011년 2월 중순부터 3월 말 무렵 중앙과 서울 본원 간부들은 동남권 노동조합 뿌리내리기에 집중적인 활동을 전개했다. 과정에서 숱한 어려움에 맞닥뜨릴 수밖에 없었을 것이다.

"동남권 조직화는 보통의 사례와는 달라요. 보통은 중앙과 본부의 협력으로 진행되잖아요. 사실 처음 만들어지는 지부는 중앙과 본부가 하기 나름이니까요. 그런데 동남권 조직화는 한국원자력의학원지부가 먼저 시작했고 과정도 주도했어요. 물론 중앙과 지역본부의 지원 협력이 중요했지요. 지원을 바라는 처지에서는 부족함도 많았을 거예요. 그러다 보니 중앙은 중앙대로 지역본부는 지역본부대로 지부는 지부대로 다들 힘든 구석이 있을 수밖에요. 힘든 걸 풀어주는 게 중앙의 일이잖아요. 풀어주는 최고의 방법은 들어주는 겁니다. 정확한 기억은 없지만 2011년 봄기운이 오르던 무렵이었던 같아요. 부산본부장님, 진남희 지부장님 그리고 함께했던 중앙, 지역본부, 부산 지역 사업장 간부들과 저물녘 해변에서 소주 한잔하며 서로를 격려했던 일이 몇 번 있었지요."

당시 미조직위원장으로 신규 노동조합 설립 사업을 총괄했던 정해선의 회고다.

"바람이 많이 불던 날 송정해변이 기억이 나네요. 조금 거나했던가. 밤바람에 해송들이 서걱서걱 소리를 내는데….″

함께한 민병훈 보건의료노조 부산본부 조직부장의 기억이다.

저물녘 찾아든 바다는 어떠했을까. 봄기운이 막 오르던 때였으면 시샘도 많았을 터이다. 뜻대로 되지 않는 일, 변덕 부리는 날씨, 심란함 속에 불어오는 거센 바람, 가슴에 차오르는 여리며 거친 파도 소리, 한잔 술에 불콰해진 마음의 뒤섞임까지 새로운 봄으로 가는 길목의 풍경이었을까. 정해선은 또박또박 그때를 떠올리는지 눈빛이 형형했다.

6. 터전을 만들다

터는 어떤 일의 밑바탕이다. 터를 갖는다는 것은 존재를 드러내는 것이다. 노동조합의 사무실 역시 다르지 않을 것이다.

황인덕이 다른 일로 동남권 조직화 사업에 집중하기 어렵게 돼 원영진이 본격적인 역할을 맡았다. 3월 31일 원 부장은 진남희, 강창곤과 함께 동남권에 내려와 끝장 토론 결과를 바탕으로 사무실 마련을 위한 협의에 들어갔다. 우선 동남권에서 제시한 공간을 살펴보고 여러 여건을 고려하여 적정한 위치를 정해주었다. 물론 순회와 대책 회의도 잊지 않았다.

4월 7일, 사무실 공간 배치를 마무리하려 동남권으로 향했다. 서울에 여리게 내리던 빗발은 남으로 내려갈수록 굵어졌다. 종일 빗속 운전에 온몸이 혼곤했다. 오후 5시 무렵 동남권에 도착하자마자 원영진, 진남희, 강창곤은 행정부장과 시설팀장에게 사무, 회의, 휴식 공간으로 나눈 사무실 배치도를 전달하고 빠른 기간 내에 공사를 요청했다. 그리고 연이어 의학원장을 만났다. 의학원장과는 3월 11일에 일어난 규모 8.9 일본 대지진으로 인한 후쿠시마원전 방사능 유출에 대한 심각성을 꺼내들었다. 함께 공감하며 원자력의학원이 방사능 재난 상황에 대비하는 역할이 중요하다는 이야기를 주고받았다. 환담이었다. 이후 조합원 간담회를 진행했다.

다음 날 끄느름한 아침 녘 궂은비가 계속 내렸다. 바람까지 거셌다. 서울로 오르는 길에 몸은 나른히 가라앉는 듯했다. 그러나 씨를 뿌려놓은 밭에 단비가 흠뻑 내리는 것 같아 마음은 푸근했다. 서울에 도착하니 어느덧 엷은 안개만 흐를 뿐 날은 따뜻했다. 나른했던 몸 어디선가 봄봄 봄, 꽃봉오리 터지는 소리가 울렸다.

여전히 조합원은 늘지 않았다. 문제는 간호부였다. 간호부에서는 동남권 개원 이전에 서울 본원 노동조합이 관심을 두지 않아 여러 가지 문제가 일어나고 노동조건도 크게 차이가 난다고 생각하고 있었다. 틀린 생각은 아니다. 가장 큰 문제는 임금과 직급 체계였다. 서울 본원과 달리 임금은 연봉제이며 직급 체계도 상대적으로 안 좋았다. 이대로 둔다면 서울 본원에도 영향을 미칠 수 있는 것이다. 동남권에 노동조합을 뿌리내려야 할 또 하나의 이유이기도 했다.

서울 본원이 동남권의 임금과 직급 체계를 속속들이 알기에는 여력이 없었다. 우선 2004년부터 설립을 준비한 동남권에 대한 구체적인 정보를 접할 수 없었다. 그리고 개원을 준비한 2010년에는 노동조합 집행부가 바뀌고 책임져야 할 의학원장도 교체됐다. 자체 단체교섭도 진행해야 했다. 뒤늦게 동남권 조직화에 뛰어들었는데 곳곳이 장벽이었다.

노동조합은 그 장벽을 넘으려 고민을 계속했다. 4월 12일 원영진, 진남희, 강창곤은 동남권에 내려와 간호부장, 과장 등과 저녁 식사를 함께했다. 간호부가 맞닥뜨리고 있는 숱한 문제에 노동조합의 관심을 알리고 조합원 확대에 박차를 가하기 위한 것이었다. 분위기는 화기애애했다. 그러나 이후에도 조합원은 거의 증가하지 않았다. 13일에는 이종인 서울 본원 의학원장이 취임 1주년을 맞아 동남권 직원과 간담회가 예정돼 있었다. 진남희는 이 행사에 참여해 노동조합의 존재감을 높이려 했다. 그러나 의사들의 반발이 예상된다는 행정부장의 말을 듣고 포기해야 했다. 이후 현장을 순회하고 다시 서울 길에 올랐다.

조합원 가입이 정체된 가운데 때마침 서울 본원과 동남권에 교육과학기술부의 감사가 진행됐다. 감사 준비 등으로 노동조합 사무실 공사도 늦어졌다. 동남권 의학원장의 임기도 얼마 남지 않았다. 이 때문에 공기업의 특성상 단체교섭을 추진하는 데 무리가 있었다. 2010년 10월 경부터 7개월여 달려온 천 리 길이 굽이쳤다. 조금 늦추면서 마음을 추슬러야 할 것만 같았다.

5월 초, 동남권 영상의학과로부터 뜻밖의 전화가 걸려왔다. 직원 신규 채용에 문제가 생겼으니 노동조합이 내려와 해결해달라는 것이다. 5월 12일 원영진, 진남희, 강창곤은 한 달여 만에 다시 동남권을 찾았다. 도착하자마자 곧바로 영상의학과와 간담회를 진행했다. 제기하는 문제는 고용불안이었다. 당시 영상의학과에 배정된 의료기사는 다 채워진 상태였고 의사는 부족했다. 그런데 의사를 신규 채용하면서 당사자와 함께 손발이 맞는 의료기사 2명을 추가로 데려올 수 있도록 한 것이다. 그 때문에 의료기사 정원을 2명 늘리고 추가로 채워야 할 의사 1명을 줄이려 규정을 바꾼다는 것이다. 의료기사는 늘리고 의사를 줄이면 균형이 맞지 않아 향후 구조조정을 할 수 있지 않겠느냐는 것이다. 의료기사 추가 채용은 진남희의 항의로 결국 철회했다. 간담회 후 다시 한 달여의 공백을 떨어버리려 짧게 현장을 순회했다. 강창곤은 순회 후 별도로 같은 직종의 유대감을 내세우며 영상의학과 직원들과 긴 뒤풀이를 이어갔다.

6월에 들어 숙원이었던 노동조합 사무실 공사가 마무리됐다. 노동조합 조직화의 교두보를 마련하기 위해 2010년 10월부터 요구하고 압박해온 결과다. 7개월여 동안 서울에서 천 리 길을 달려와 머무를 곳 없이 현장을 순회하고 모텔이나 찜질방을 전전했던 동남권 조직화 사업이 안정된 사무실을 기반으로 전개할 수 있게 된 것이다.

노동조합 사무실이 갖춰지면서 조직화 활동은 한층 달아올랐다. 부산본부도 이에 호응하여 매주 2~3일씩 서울 본원 간부들과 함께 현장을 순회했다. 몇 시간의 짬을 내어 진행되는 현장 순회는 잦았지만, 노동조합 사무실을 온종일 운영하는 것은 또 다른 고민이었다. 사무실은 있는데 근무자가 없으면 오히려 비난이 쏟아질 수 있기 때문이다. 물론 사무실 공사가 가시화되면서 대책을 세웠었다. 4월 15일 한용문 보건의료노조 부위원장을 중심으로 열린 대책 회의에서는 중앙 간부들이 화요일부터 금요일까지 맡되 부산본부에 신임 간부가 채용되면 추가 논의를 하는 것으로 결정했다. 그러나 서울의 중앙 간부가 화요일부터 금요일까지 동남권에 상주한다는 것이 말처럼 쉽지 않았다. 사무실 운영은 계속 고민이었다.

노동조합 사무실 운영이 본격화된 가운데 뜻밖의 문제가 생겼다. 다름 아닌 박찬일 의학원장 임기 종료에 따른 신임 의학원장 선임과 관련한 낙하산 논란이다. 노동조합은 먼저 '우린 이런 의학원장을 바란다'라는 주제로 동남권 직원의 의견을 수렴하여 6월 16일 소식지『동·남·권 & 서·울 원자력은 하나』24호를 통하여 알렸다. 그리고 연이어 6월 21일 펴낸 소식지에서는 낙하산 인사를 신랄하게 비판했다.

23일(목) 오전 7시 30분 서울 모처 호텔에서 동남권원자력의학원장 최종 선출을 위한 이사회가 열린다. 그야말로 동남권 의학원장 선출이 코앞이다. 그러나 형식만 공모제일 뿐 이미 정부(교육과학기술부 이하 '교과부')가 낙점한 내정자가 있다는 소문의 실체가 드러나고 있다. 후보추천위원회의(이하 '추천위') 후보자 심사·면접 결과 아주 근소한 점수 차로 ㅎ○○ 후보가 앞섰다는 것이 확인되었기 때문이다.

우리 기관에 대한 경험과 이해가 전무하고 어떤 연관도 없는 철저한 외부인이 개원 초기 이 중요한 시기에 낙하산 타고 내려오는 이유가 과연 무엇일까? 원자력 또는 방사선의학계에서 내세울 만한 특별한 이력이 있는 것도 아니다. 현재 근무하고 있는 ㄷ의료원에서조차도 그닥 좋은 평을 들을 수 없다. 심지어 해외 영주권자라서 이를 유지하기 위한 출국이 잦아 본연의 역할을 다할 수 있을지 의문스럽다고 할 정도다. 그런 그에게 도대체 누가 후한 점수를 줬는지 추천위의 채점 내용을 공개하라는 이유다.

하지만 굳이 채점 결과를 보지 않더라도 우린 예상할 수 있다. 서울 본원의 독립 1기를 망친 전 의학원장과 한통속이었던 ○ 추천위원의 꼼수가 작용했다는 것을. 본원 독립을 이유로 의학원장 공모제가 처음 시작되었고 형식뿐인 공모제를 통해 내정자인 전 의학원장이 낙하산 투척되었다. 44년 기관의 역사와 무관했던 전 의학원장은 오자마자 구성원들이 동의할 수 없는 비전으로 현장을 분열시켰다. 정책의 부재 및 오락가락한 정책, 잦은 조직 개편과 충견 인사, 유례없는 경영 악화, 구성원들과의 불통 등 급기야 12명의 의무직이 이탈했고 그 피해가 현재까지 계속되고 있다. 일방통행식 노사관계는 구성원들의 처우와 근무조건을 후퇴시켰다. 사상 초유의 무 단협 사태가 벌어지기도 했다. 결정적인 것은 본원의 주력 분야(방사성의약품 생산사업)를 의도적으로 죽여 경쟁 관계에 있는 민간 업체의 배만 불렸다는 사실이다. 그들이 한통속이었던 이유가 여기에 있었다. 그런데 이제 그들의 검은손이 동남권까지 뻗치고 있다. 싹을 잘라야 한다. 본원의 잃어버린 3년, 후퇴한 3년의 뼈아픈 전철을 동남권 의학원이 또 밟아서는 안 된다.

『동·남·권 & 서·울 원자력은 하나』 26호의 일부다.

이와는 별도로 보건의료노조는 같은 날 "동남권원자력의학원에 구태의연한 낙하산 인사를 반대한다!"는 성명을 내고 4만 조합원의 투쟁을 예고했다. 22일부터는 서울 본원과 동남권에서 낙하산 반대 동시 서명이 진행됐다. 직원들의 반발과 노동조합의 집단행동 예고에 23일 의학원장 선임을 위한 이사회는 무기한 연기됐다. 그리고 8월 중순에서야 신임 의학원장 2차 모집 공고를 냈다.

신임 의학원장 낙하산 인사 논란을 통해 노동조합은 동남권 직원들에게 강한 인상을 남겼다. 그 여세를 몰아 노동조합 사무실 개소식을 진행했다. 6월 28일 열린 개소식에는 조합원 및 가입 예정자 등 무려 270여 명이 참석해 성황을 이루었다. 의학원장과 연구센터장 등을 비롯한 고위 간부들도 함께했다. 노동조합에서는 한용문, 정해선, 한미정 보건의료노조 서울본부장, 윤영규 등이 총출동했다. 진남희는 인사말을 통해 "서로 다른 지역적 정서와 차이 및 차별을 극복하고 원자력의학원이라는 공통의 이름으로 함께 출발하는 더 큰 시작을 알리는 선포식"이라고 개소식의 의미를 평가했다. 또한, "이제 겨우 형식과 골격을 갖춘 동

남권 노조에 살과 내용을 충실히 채울 중심은 바로 동남권 직원"이라며
적극적인 조합 가입을 권유했다.

어려운 재정 여건 속에서 전체 직원을 챙기려 기념품으로 무릎 담요
까지 마련했다. 기념품을 건네는 진남희의 손이 마냥 뜨거웠다.

개소식에 참석 못 해 기념품을 받지 못한 직원 가운데 뒤늦게 기념품
을 챙기러 오기까지 했다. 7월 21일 당시 사무실 지킴이였던 원영진은
상담 일지를 확인하고 그때를 기억했다.

"기념품을 받으러 온 직원은 부산 지역 병원 출신의 간호사였어요. 9
년 차였는데 노동조합 경험이 있어서인지 당당했던 기억이 나요. 노동
조합도 초기에 가입했는데 연락도 없고 특별하게 하는 일을 모르겠다
며 여러 가지 이야기를 했어요. 개원 초기에는 간호부를 접대하는 데 이
용했다며 의사들이 문제라며 분개해 했어요. 또, 매달 신규 간호사가 들
어와 트레이닝을 시켜야 하는 어려움이며 쉴 수 있는 공간도 없고 탈의

실도 부족하다고 많은 문제를 제기했어요. 그리고 개원 1주년이 되었는데 병원에서 챙겨주는 것도 없다며 야속해했어요. 그리고 간호부에 신규가 많아 노동조합 생각이 없을 거라고 걱정도 하더라고요."

7. 미완 또는

노동조합 사무실 개소식 이후 간호사들의 조합 가입이 늘어갔다. 분위기는 좋아지고 있었지만, 서울 본원 노동조합의 상황은 그렇지 못했다. 서울 본원 단체교섭이 정점을 향하고 있어 동남권에 내려갈 수 있는 여건이 아니었기 때문이다. 미리 대책 회의를 통해 중앙 간부들이 사무실 운영을 맡기로 했지만, 공백이 발생할 수밖에 없는 상황이었다.

"왔다가 안 계서서 갑니다. 전화로 할 얘기는 아니라서… 종이가 없어서 적습니다… 많이 힘드네요. 노조는 언제부터 동남권 직원을 위해 일해주시나요?" 동남권 노조 사무실 앞에 어느 직원이 붙여놓은 메모다.

공백 상황을 정리하기 위해서는 대책 회의가 필요했다. 동남권원자력의학원에서 회의를 열려 했으나 참석자마다 일정이 맞지 않았다. 어쩔 수 없이 각자의 동선을 고려하여 7월 5일 오후 1시경 동남권 길목인 케이티엑스(KTX) 울산역 인근 식당에서 정해선을 중심으로 원영진, 원경환, 진남희, 강창곤, 정연준 보건의료노조 한국원자력의학원지부 사무장, 오태환 보건의료노조 한국원자력의학원지부 문화부장이 마주 앉았다. 노동조합 사무실 운영과 단체교섭 진행에 대하여 논의했다. 참석자들은 서울 본원의 단체교섭 결과가 동남권에도 상당한 영향을 미친다는 것에 의견을 같이했다. 이에 서울 본원 간부들은 단체교섭에 매진하고 중앙, 본부 간부들이 당분간 사무실 운영을 책임지는 것으로 정리했다. 회의를 마치고 진남희, 강창곤 등은 동남권을 순회하고 서울로 올라갔다.

"개소식까지 성대하게 했지만, 사무실 운영에 문제가 많았어요. 원경환 부장이 일주일에 하루 이틀 사무실을 지켰는데, 동남권에만 가면 연락이 안 되는 거예요. 노동조합 사무실이 지하 창고를 개조한 곳인데 중계기가 근처에 없어 핸드폰이 터지지 않았던 것이지요. 그것 때문에 고생했어요. 전화하려면 1층 로비까지 나와야…."

늘 웃음이 많은 민병훈의 기억이다.

"사무실이 창고를 개조한 거잖아요. 습 한데다, 공사를 한 지 얼마 되지 않아서 그런지 나무와 페인트가 섞여 냄새가 많이 났어요. 원경환 조직부장이 사무실 문을 항상 열어놓고 일했던 것 같아요. 원경환 부장에게만 사무실 지키라고 할 수 없어서 임시라도 사람을 채용할까 고민도 했었어요. 실제 채용까지는 못 했지요. 본부 재정으로는 감당이 안 될 것 같더라고요."

윤영규의 말이다.

"사무실에 누가 상주할 것인가는 논란이 있었어요. 지부에서는 동남권 조합원 가운데 상근자를 낼 수 없으니 같은 법인으로서 서울 본원 간부가 맡는 것이 타당하다는 의견이었지요. 대신 서울 본원에 공백이 생기니 동남권 노동조합이 정상화될 때까지 간사를 채용했으면 했어요. 인건비는 전면 지원을 약속한 중앙이 부담할 것을 요청했는데 사례가 없어 곤란했지요. 결국 간사 채용은 없던 것으로 정리했어요."

원영진의 말이다.

7월 15일 동남권 개원 1주년을 맞아 기념식이 열렸다. 박찬일 의학원장은 언론과의 인터뷰에서 "연구중심병원으로서 성공적인 안정화 단계에 접어들었다는 평가를 받고 있을 뿐 아니라 의학원 운영으로 인해 고용효과, 외부 지역 환자 유치 증가, 지역 환자의 역외 유출 방지 등 지역 경제의 회복에도 큰 역할을 하고 있는 것으로 나타났다"[3]고 밝혔다. 기념식에는 진남희 지부장이 참석했다. 1년 전 개원 기념식 참석을 요청했으나 거절당한 것과 비교하면 노동조합의 위상이 높아졌음을 알 수 있는 부분이다. 물론 기념식 후 현장 순회를 잊지 않았다.

중앙과 본부 간부들이 사무실 운영을 책임진다는 결정에만 마냥 맡겨둘 수만은 없었던지 진남희, 강창곤은 틈틈이 동남권을 찾았다.

"제가 그 당시 서울 본원의 실무교섭을 책임지고 있었어요. 서울 본원은 실무교섭에서 90% 정도의 가르마를 타요. 교섭을 진전시켜야 하는데 동남권에 내려왔을 때는 전화로도 교섭을 계속했어요."

강창곤의 말이다.

8월 11일 서울 본원의 임금 및 단체협약이 잠정 합의됐다. 진남희, 강창곤은 잠정 합의에 대한 조합원 설명회를 마치고 8월 18일 동남권으로

3　"동남권원자력의학원, 개원 1주년 기념 학술 심포지엄 '다채'", 뉴시스, 2011. 7. 14.〈https://n.news.naver.com/mnews/article/003/0003966061?sid=102〉

향했다. 곧바로 소식지를 만들어 서울 본원의 합의 사실을 알렸다. 소식지를 받아든 직원들은 임금 4.1% 인상을 동남권에 똑같이 적용하여 추석 전에 소급받아야 한다고 입을 모았다.

이에 노동조합은 동남권에 서울 본원의 임금인상률을 우선 적용하자고 제안했다. 그런데 의학원장 선임이 늦어지면서 직무대행을 맡은 박찬일 원장은 쉽게 결정하지 못했다. 모든 것은 신임 의학원장 선임 후 처리해야 한다는 것이다.

강창곤은 8월 31일 동남권에 내려와 원영진, 원경환, 민병훈과 임금인상률 우선 적용에 대한 대책 회의를 했지만 뾰족한 방법을 찾을 수 없었다. 물론 단체교섭은 거듭 요구했다. 그러나 동남권은 조합원을 공개하지 않았다는 이유를 들어 교섭할 수 없다는 말만 반복할 뿐이었다. 물론 더 큰 이유는 의료원장의 공백이었다. 반면에 법적 의무라며 노사협의회는 열었다. 그러나 4.1% 임금인상률 우선 적용은 이루어지지 않았다.

단체교섭이 늦어지는 가운데 노동조합은 조직 확대에 주력했다. 부서별, 근무별 퇴근 시간에 맞춰 간담회를 통해 애로 사항과 현안을 파악하는 데 힘을 쏟은 것이다. 현장으로 제기된 가장 큰 불만은 승급 관련이었다. 동남권은 서울 본원과 비교할 때 승급 관련 제도가 뒤떨어진다는 것이 노동조합의 판단이었다. 자연스럽게 서울 본원의 인사 제도를 설명하고, 노동조합을 통한 해결 방안을 찾을 것을 요청하며 조합 가입을 계속 독려했다.

더디지만 조합원은 꾸준히 늘어났다. 의학원장 선임이 지연되는 사

이 노동조합은 단체교섭 요구 초안을 만들어 조합원들에게 회람하고 의견을 수렴하여 관심을 증폭시켜나갔다. 3개월여의 공백 끝에 10월 6일 이수용 신임 원장이 선임되고 12일 취임식이 있었다. 노동조합은 신임 의학원장 선임에 맞춰 법률에 따라 단체교섭을 요구했다. 그리고 본격적인 교섭에 앞서 원영진, 진남희는 10월 19일 총무인사팀장과 임금 4.1% 소급 적용과 간호부의 최대 불만이었던 야식 문제 해결을 위한 협의를 시작했다. 야식은 유통기한이 지난 삼각김밥과 라면이 제공됐을 정도로 심각했다. 밤 근무 간호사들이 부글부글 끓는 이유였다. 임금 4.1% 인상과 야식의 질 개선 방안은 11월 1일 합의됐다.

2011년 임금 합의는 조합원들에게는 첫 결실인 셈이었다. 그런데 이때까지도 동남권 조합원 가운데 노동조합 간부로 나서는 이는 없었다. 동남권 조합원 가운데 간부가 없다는 것은 약점일 수밖에 없었다. 간부 발굴에 주력했지만, 여전히 주저하기만 했다. 고민 끝에 직종별 간담회에서 의견을 많이 제시한 조합원에게 노동조합에서 주로 사용하는 OO 부장 명칭 대신 각 직종의 메신저 역할을 요청했다. 대다수 조합원이 메신저 역할에 호응해왔다. 사실상 직종 대표의 역할을 부여해 간부 발굴의 디딤돌을 놓은 것이다.

이후 동남권 노동조합 뿌리내리기는 11월 16일 대표 교섭권을 확정하여 2012년에 들어 단체협약 체결에 매진하게 된다. 단체교섭은 서울 본원 진남희를 중심으로 새롭게 만들어진 동남권 직종별 대표가 함께 했다.

본격적인 단체교섭이 예견되면서 자연스럽게 중앙의 역할은 줄어들었다. 2010년 3월부터 시작된 조직화 사업이 2011년 11월 초 마무리된 것이다.

후기

"동남권 노동조합 뿌리내리기는 중앙이 주도한 대부분의 다른 신규 조직화 사업과 다릅니다. 서울 본원(지부)이 주도했고 중앙은 지원했을 뿐이지요. 신규 조직화 사업에 여러 형태가 있습니다. 무엇보다 친화력이 중요하지요. 당연히 중앙보다 원자력이라는 한식구라 생각하고 있을 서울 본원의 역할이 클 수밖에요. 이런 면에서 지역 정서를 함께하는 부산본부의 활동은 큰 도움이 됐습니다."

황인덕의 말이다.

"처음 부산본부 간부들은 시간이 지나면 연고자가 많아 자연스레 노동조합이 만들어질 수 있다고 생각했던 것 같아요. 그리고 당연히 부산본부 소속이 될 수밖에 없는데 서울 본원이 굳이 나설 필요 있겠냐 하는 생각도 없지 않았던 것 같아요. 쓸데없이 고생한다는 눈길이었지요. 그런데 저희가 매주 동남권에 내려가는 모습을 보고 진정성을 알게 된 거예요. 그 후로 부산본부 소속 간부들의 지원을 많이 받았습니다."

강창곤의 말이다.

동남권 노동조합 뿌리내리기 사업은 외부에서 노동조합을 만들 중심을 만들어 비밀을 유지해가며 진행하는 조직화 사업과 분명히 다르다. 중앙과 본부, 그리고 서울 본원의 노동조합 간부들이 끊임없이 현장을 순회하며 공개적으로 진행했다. 그러나 1년 6개월이라는 시간이 말해주듯 여느 사업보다 긴 여정이었다. 왜일까?

원영진의 말이다. "내부의 요구로 시작된 사업이 아니잖아요? 그러다 보니 내부가 전혀 움직이지 않았어요. 물론 의구심도 있었지요. 아니 동남권 직원도 아닌데 노동조합을 만들자는 외부 사람들이 갖는 이익은 뭐지 이렇게 생각하는 사람들이 있었던 것 같아요. 시간이 길어질 수밖에 없었어요."

동남권 조직화는 서울 본원과 동남권에서 노사관계의 주도성을 노동조합이 갖게 됐다는 의미가 있다. 물론 서울 본원과 동남권이 자칫 경쟁적 관계가 될 수 있다는 우려도 불식했다. 앞으로 서울 본원과 동남권 노동조합이 협력하여 조합원들의 노동조건을 유지 발전시키고 신경영에 의한 비정규의 양산에 적극적으로 대응해야 하는 과제가 남는다.

2011년 노동조합 활동 보고에 남은 동남권 조직화에 대한 평가다.

조직화 과정에서 동남권의 조직 체계를 어떻게 할 것인가에 대하여 깊은 고민이 없었다는 지적도 있었다. 이는 동남권 자체의 조직 체계, 즉 독자적인 지부 또는 지회를 갖추는 과정에서 갈등으로 나타나기도 했다.

2021년 5월 현재 동남권지부는 조합원 가입 대상 574명 가운데 385명이 가입하여 김향년 지부장과 더불어 노동의 희망을 만들어가고 있다.

에필로그

원영진

누군가를 만나고 헤어지는 일, 회자정리(會者定離)라 하지만 짧은 시간에 이를 반복한다면 그 사람의 결은 어떨까? 그 헤어짐마다 옹이가 하나씩 박히는 건 아닐까?

"신규 조직화 사업은 재미있어요. 그런데 결과를 생각하면 두렵습니다. 결과를 예측할 수 없기 때문이지요. 사실 이미 조직된 사업장에서 교육이나 현장 간부와 사업을 하면 관계는 남잖아요. 그런데 신규 조직화 사업은 관계를 남길 수 있을지 장담할 수 없어요."

원영진이 동남권을 통하여 바라본 신규 조직화 사업이다.

그는 2011년 거의 매주 1박 2일 또는 2박 3일을 다람쥐 쳇바퀴 돌듯 서울에서 부산 기장까지 내려와 현장을 순회하고 부서 간담회를 진행했다. 그러나 자신에게 누가 남아 있느냐고 묻는 말에 뚜렷한 답을 내놓지 못했다.

"항상 고민했던 것은 내부의 중심을 만드는 것이었어요. 중심을 만들기 위해서는 직원들과 속 깊은 이야기를 나눠야 하잖아요. 번번이 실패하다 어느 날 시설과와 간담회를 했어요. 함께한 모든 이가 이제 풀리는구나 기대했는데, 다시 원점이 되었어요. 가슴 아프고 난감했던 일도 있었어요. 전산실과 간담회를 했는데 정규직으로 계속 일할 분은 몇 분 안 되고 대부분 비정규직으로 프로그램 개발 끝나면 떠나가야 할 처지였어요. 그분들에게 아무것도 제시할 수 없어서 암담했지요. 제가 뭐라 말할 수 있겠어요?"

번번이 기대가 꺾일 때 가졌을 번민 혹은 더 낮은 자리로 향했던 눈길 속의 엷은 잔상들, 아마도 그것은 가슴 깊이 옹이로 박히는 게 아닐까? 그렇게 우리는 단련되는 건 아닐까?

강창곤
"다시 그때로 돌아가라면 못 할 것 같아요"

그가 인터뷰 끝에 무심코 한마디 했다. 그리고 허허허 웃었다.

못 할 것 같아요, 힘든 과거를 돌아볼 때 흔히 듣는 말이다.

서울에서 부산 기장까지 야간 근무를 마치고 겉잠에 취해 천 리 길을 달려와 현장 순회와 간담회 그리고 뒤풀이까지. 이른 아침에 다시 야간 근무를 위해 서울 본원으로 차를 몰아야 했던… 심지어 잡상인 취급까지 받았던 그 일. 1년여 매주 1박 2일, 2박 3일을 감수했던 그 일.

생각하면 쉽게 가늠할 수 없다.

그런데 어느 누가 선뜻 다시 할 수 있다고 말할 수 있을까?

'허허허'. 웃음은 또 무엇인가?

다시 돌아갈 수 없음에 자신도 모르게 흘러나온 헛웃음인가? 아니면 자신을 위안하는 웃음인가? "수고했어", 다독다독 자신을 어르는 것 같기도 하고, "괜찮아" 다독다독 자신을 달래는 것 같기도 하다.

옆에서 한마디 거든다. "지금 생각하면 못 한다고 하겠지요. 근데, 그때는 그때 아니겠어요?" 거든 이도 '허허허'다.

'허허허'. 이심전심인가? 아니면 우문현답인가?

그렇게 나도 허허허 했다.

+

주요 경과

+

2010년 3월 보건의료노조 부산본부, 본조와 한국원자력의학원지부에 동남권원자력의학원 4월 준공에 맞춰 전략조직화 제의

2010년 7월 16일 동남권원자력의학원 정식 개원

2010년 7월 26일 보건의료노조(본조) 한국원자력의학원지부에 동남권원자력의학원 조직화 제안

2010년 10월 7~8일 박찬일 동남권원자력의학원장 면담, 최초 순회

2010년 10월 13일 한국원자력의학원지부 임시대의원회 — 동남권원자력의학원 조직화 결의

2011년 1월 6~7일 한국원자력의학원지부 임시대의원회(부산 송도) — 대의원 및 간부 23명 동남권의학원 순회

2011년 1월 8일 동남권원자력의학원 직장협의회 근로자위원 선출 공고(입후보 저조)

2011년 2월 1일 동남권원자력의학원, '한국원자력의학원은 별개의 사업장' 입장 발표

2011년 2월 9일 노동조합의 항의로 '동일 법인 사업장'으로 수정 발표

2011년 2월 10일 한국원자력의학원 상집 간부 부산에서 수련회 후 11일 현장 순회(12명)

2011년 3월 9일 동남권원자력의학원 주요 보직자와 본조-본부-지부 간부 '끝장토론'

2011년 6월 21일 [성명서] "동남권원자력의학원에 구태의연한 낙하산 인사를 반대한다!"

2011년 6월 28일 동남권원자력의학원 내 노동조합 사무실 개소식(6월 중순 제공)

2011년 6월 30일 박찬일 동남권원자력의학원장 임기 종료(노동조합의 낙하산 반대로 후임 내정하지 못함)

2011년 10월 6일 이수용 동남권원자력의학원장 선임 — 노동조합 단체교섭 요구

2011년 11월 16일 대표교섭권 확보

2011년 11월 1일 동남권원자력의학원, 한국원자력의학원 2011년 임금 인상률 합의

2011년 11월 본조, 동남권원자력의학원 전략 조직화 사업 종료

5부

노동의 미래를 열어가다

서울시동부병원

김남돈 보건의료노조 서울시동부병원지부 지부장

이한우 보건의료노조 서울시동부병원지부 조합원

정승재 보건의료노조 서울시동부병원지부 사무장

황인덕 보건의료노조 조직국장

✚

1. 머쓱함

"쇠뿔은 단김에 빼야 합니다. 며칠 전 박원순 시장이 당선되어 정치
환경도 유리합니다. 보건의료노조는 박 시장과 후보 시절 정책협약을
맺어 공공의료 강화와 노사민정(勞使民政) 협의를 약속했습니다. 시장
이 노사민정 '서울시 보건의료위원회'를 구성한다는데 서울시동부병원
도 노동조합이 있어야 참여할 수 있지 않겠습니까? 탄압할 수 있는 환
경이 아닙니다. 내친김에 다음 주에 설립총회를 합시다. 아무 일 없을
테니 걱정하지 마세요."

"뭘 그렇게 서두르세요. 병원장 선임이 얼마 남지 않았어요. 원장 연
임 결정 코앞에 노동조합을 만들면 걸림돌이 될 수도 있어요. 한 달 내
결정된다고 하니 그때까지만 미루지요. 원장이 오해하여 괘씸하다며

괜한 탄압만 받을 수도 있잖아요?"

2011년 11월 1일 오후 6시경 김남돈을 비롯한 서울시동부병원 직원 여덟 명을 포함하여 황인덕 보건의료노조 조직국장 등과 노동조합 설립을 위하여 병원 인근 식당에 마주 앉았다. 두 번째 만남이었다. 세 명이 모인 첫 만남에서는 노동조합에 대한 설립 절차를 안내하고 인원을 갑절로 늘려 곧바로 디데이(D-day)를 잡자고 약속했었다. 그런데 함께 나온 이한우가 병원장 연임 결정이 우선이라며 노동조합 설립 연기를 주장한 것이다.

"오늘 여덟 분이나 나오셨잖아요, 시간을 끌면 비밀이 새 나가 더 어려울 수 있어요, 비밀이 새 나가면 저쪽에서도 여러 가지 이유를 들어 만류합니다. 그리고 병원장이 연임되거나 교체될 때 오히려 허술합니다. 지금이 적기입니다." 함께 나온 정승재가 맞장구를 쳤지만 이한우는 굽히지 않았다. 거듭된 서로의 주장에 조금씩 머쓱해졌다.

당사자가 못 하겠다는데 더는 채근할 수도 없는 노릇이었다. 그렇다고 바로 꼬리 내리기에도 선뜻 내키지 않았다. 그렇다고 마냥 고집부릴 일도 아니었다. 분위기를 정리한 것은 참가자 가운데 최연장자인 김남돈이었다.

"뭐 좋은 일 하자고 만났는데 너무 심각하게 생각하지 맙시다. 빠르게 만드는 것도 좋고 늦추는 것도 좋은데 기왕 마음먹었으니 너무 늦추지 말고 조금만 지켜보면 어떨까요. 한두어 주 보지요. 대신에 비밀 확실히 지키고 준비는 계속하지요."

모두가 잠잠했다.

"자, 그럼 우리도 오랜만에 소주 한잔씩 할까요? 자 먼저 한잔 받으세요."

소주잔을 받아 든 황인덕이 한마디 붙였다.

"네 그렇게 하시지요. 서두르지 않아도 되는데, 오늘 모임 이상으로 계속 뜻을 함께할 동료들을 모아주세요. 그리고 원장 선임이 얼마 남지 않았다고 하니 다음 모임에서 상황 판단을 하지요. 비밀 유지는 기본입니다."

11월 1일 두 번째 만남은 이렇게 마무리됐다.

2. 쉽게 가자, 그럴까?

서울시동부병원 직원과 만남은 뜻하지 않은 곳으로부터의 연락에서 시작됐다. 핸드폰 진동을 확인하니 서울의료원노동조합 황병철 위원장이다. 그는 서울시동부병원 근로자위원에게서 노동조합 설립 문의가 왔다는 것이다. 상담 날짜를 약속했다.

2011년 10월 19일, 오후 4시 무렵 서울의료원으로 향하는 내부순환도로는 갑갑했다. 정체된 길 위로 쏟아지는 가을 햇살에 몸이 나른히 젖었다. 엷은 졸음까지 밀려왔다. 홍지문터널에 들어서며 라이트를 켰다. 가라앉는 몸을 일으키려 손바닥으로 두두두두 핸들을 두드렸다. 순간 생각했다. 오늘 만남이 누군가에게 두두두두, 일사천리로 뻗어 가기를….

서울의료원노동조합 사무실에 들어서자 황병철이 웃음으로 맞이했다.

"서울시동부병원 노사협의회 근로자 대표에게 전화가 왔었어요. 노동조합을 만들겠다고 합니다. 오늘 보건의료노조와 함께 가겠다고 했습니다. 서울시동부병원은 서울의료원이 위탁 운영하고 있는데 우리병원보다 노동조건이 안 좋습니다. 물론 가장 큰 불만은 임금이지요. 연봉제 때문입니다. 아마도 노사협의회로는 한계를 많이 느끼고 있는것 같아요. 노동조합을 만들고 싶다고 하여 제가 보건의료노조를 소개해주겠다고 했습니다. 저는 오늘 서로 소개만 하고 빠지겠습니다. 보건의료노조에서 챙겨주세요."

곧바로 황병철을 포함한 서울의료원노동조합 간부 두 명과 서울시동부병원으로 이동했다. 인근 식당에 들어서자 김남돈을 비롯해 세 명의 서울시립동부병원 직원들이 일행을 맞았다. 만남의 주선자인 황병철이 서로 인사를 건넸다. 짧게 소개를 마치고 황병철은 "여기까지"라며 보건의료노조에서 진행할 것을 권했다.

첫 만남이 갖는 약간의 긴장 탓일까? 김남돈과 일행은 약간 상기된듯 보였다. 서로 "반갑습니다" 말이 끝나자, 김남돈이 말을 꺼냈다.

"노사협의회 근로자 대푠데요. 노사협의회 회의를 하면 매번 검토한다는 말뿐입니다. 되는 게 없어요. 그렇다고 어떻게 할 수도 없고… 제일 큰 문제는 차등연봉제입니다. 임금인상이 결정되면 근무평정을 해 5단계로 나누는데 C를 기준으로 A는 C의 2배, B는 1.4배 D는 0.6배 E는

0으로 합니다. 해마다 이렇게 하다 보니 이제는 같은 연차에 같은 일을 해도 임금 격차가 상당합니다. 병원에서는 한번 벌어진 임금, 이제 맞추기는 어렵다고만 합니다. 그래서 노동조합을 만들어야겠다고 생각했어요. 많이 도와주세요."

불과 이틀 전에 있었던 노사협의회 이야기다. 짐작해보면 노사협의회가 끝나자마자 약간은 흥분하여 서울의료원노동조합 황병철 위원장에게 전화한 듯하다. 그 전화를 황 위원장은 곧바로 보건의료노조에 전하고 약속을 잡은 것이다.

김남돈이 말문을 열자 일행들은 다소 편안해진 듯 얼굴을 폈다. 황인덕이 말을 받았다.

"노동조합 만들어 호봉제로 바꾸면 됩니다. 벌어진 격차는 시간이 좀 걸리겠지만 몇 년간 하후상박(下厚上薄) 방식으로 좁혀가면서 맞춰야 할 것 같아요. 물론 하후상박 방식에 그동안 근무평정이 좋은 사람은 불만을 가질 수도 있습니다. 그런데 평등하지 못한 것보다는 낫지 않겠어요? 사람이 하는 일인데 수식이 좀 복잡하겠지만, 못 할 게 있나요? 자세한 것은 노동조합 설립하고 임금 자료 제출받아 직접 보고 연구가 필요할 것 같아요. 노동조합 설립 어렵지 않습니다. 오늘 모이신 분들의 생각이 확고한 것 같으니 다음에 함께할 분들 한 분씩만 더 모시고 오세요. 그리고 날짜 잡으면 됩니다."

김남돈이 다시 말을 받았다.

"노동조합! 생소하기도 하고 떨리기도 합니다. 그래도 이대로 있을 수 없어 영상의학과 후배들에게는 이미 이야기해놨습니다. 고참인 제가 앞장선다고 하니까 다들 도와주겠다고 하네요. 이왕 말이 나왔으니 빠르면 빠를수록 좋을 것 같아요. 앞으로 어떻게 하면 되나요?"

"알겠습니다. 오늘 모인 분들이 다음번에 한 사람씩만 더 데리고 오세요. 저희가 설립에 필요한 것 다 준비해 올 테니 걱정 마시고 여러분은 대표자를 누가 할지 정하고 오세요. 그리고 가장 빠른 날로 디데이를 잡지요. 얼마 안 있으면 서울시장 선거가 있는데 박원순 당선이 유력하잖아요. 박원순 후보는 우리 노조와 정책협약도 맺었어요. 협약서입니다. 보세요."

상담에 나서며 서울시립병원이라는 말을 듣고 땅 짚고 헤엄치기 아닐까 기대했다. 그도 그럴 것이 당시 서울시는 무상급식 논쟁으로 오세훈 시장이 사퇴하고 10월 26일 보궐선거를 앞두고 있었다. 그런데 보건의료노조와 정책협약을 한 박원순 후보의 당선이 확실해 보인다는 여론이 있었다. 하여 상담 가는 길에 박원순 후보와 맺은 정책협약서부터 챙겼다.

정책협약, 그리고 보건의료노조가 참여하고 있는 각종 정부위원회를 소개하며 공공병원이 노동조합을 탄압할 수 없다고 계속 강조했다. 물론 명백한 사실이다. 그러나 생각에 따라서는 위세를 떤다고 느낄 수도 있었을 것 같았다. 노동조합이라면 머릿속에서 힘들다, 탄압받을 것이다만 생각하는 이들에게 그래도 힘이 있다는 것을 보여주는 것이 나을 것 같았다. 다음 약속을 잡고 긴 식사 자리가 이어졌다. 앞뒤 없이 병원 내의 각종 불합리와 열악한 노동조건에 관한 이야기를 주고받고 상담을 끝냈다.

여느 상담보다 쉽게 진행됐다. 다음에 만나 설립 날짜만 잡으면 된
다, 그렇게 생각했다.

3. 내친걸음

11월 9일 3차 상담이다. 지난 상담에서 여덟 명이나 모였으니 이번엔
더 많이 나오겠지. 몇 명이나 될까? 만남 장소 섭외를 위하여 어느 정도
나올 수 있는지 파악이 필요했다.

"네? 오늘 거의 나올 사람이 없다고요? 지난번에 한두 주 연기하면 사
람이 더 모일 거라고 했잖아요?"

"아니 그게 영상의학과 말고는 하겠다는 사람이 없네요. 다들 뒤로
빼기만 하니 허허, 지난번에 나왔던 영상의학과도 다 약속이 있다네요.
오늘은 어렵고 다시 날짜를 잡지요."

허허, 여유를 부리는 듯했지만 김남돈의 핸드폰 목소리는 말끝이 흐
려졌다.

"아니에요. 되는 사람이라도 만나야지요. 그럼 퇴근하고 6시에 지난
번 만났던 식당에서 봬요. 이따 뵙겠습니다."

상대는 절친한 사이도, 사회적 책임을 지울 수 있는 관계도 아니다.
한번 약속이 미뤄지면 다음을 기약하기 어려운 게 다반사다. 하여 약간
의 강제를 한 것이다. 만약, 상대가 강하게 뿌리친다면 멀거니 천장만

바라보는 꼴이 될 수 있다. 상담할 때마다 많이 겪었던 일이지만, 이 정
도면 되겠다 싶을 때 바짝 당기지 않으면 꺾일 때가 많다. 난생처음 본
사람들, 한두 번 만남으로는 어떤 사회의식을 가졌는지 확인할 수도 없
다. 노동조합을 만든다고 만나기는 했지만, 사회를 바라보는 눈은 보수
적인 경우도 허다했다. 이런 경우는 한번 꺾이면 십상 다시 돌아오지 않
는다. 다만, 임금에 대한 불만, 조금 더 나은 노동조건에 대한 열망을 확
인하면 된다. 그런데 혼자여서는 안 된다. 서로에게 힘을 줄 수 있는 최
소한의 인원이 중요하다. 지난번 여덟 명이 모인 것은 서울시립동부병
원 규모로 볼 때 결코 작은 인원이 아니었다. 모인 사람들 사이에 서로
가 서로에게 만남의 책임감을 느끼고 있으면 된다. 노동조합을 설립해
보겠다는 자기들만의 비밀, 비밀을 공유하고 있다는 사실, 그것이 바로
책임감일 수 있다. 그런데 이 정도의 책임감은 그리 오래가지 못할 수도
있다. 눈에서 멀어져 마음에서 멀어질 수 있고, 임금님 귀는 당나귀 귀
가 될 수도 있다. 이 때문에 지난 상담에서 설립총회를 서두른 것이다.

6시 약속 장소에 도착했다. 김남돈과 정승재 그리고 다른 직원 한 명
뿐이다. 이한우는 나오지 않았다.

"병원에서 아는 것 같아요. 다들 뒤로 빼니 어떻게 하지요?"

핸드폰 목소리처럼 역시나 김남돈은 풀이 죽어 있었다.

"너무 걱정 마세요. 설사 병원에서 안다고 해도 어떻게 할 수 있는 게
없어요. 노동조합을 만드는 것은 헌법에 보장된 권리예요. 그리고 박원
순 시장도 지지하고 있어요. 무슨 문제가 있으면 보건의료노조에서 서
울시장에게 직접 문제 제기하고 여론화할 거예요. 동부병원은 시립병

원이니 바로 무슨 조처를 할 것입니다."

"그래도 오늘 모인 인원 갖고는 어렵지 않을까요?"

"편히 식사하시고 다음번을 기약하지요. 다들 약속이 있다 하니 어쩔 수 없었던 것 같아요"

11월 16일 4차 상담을 했지만 역시나 인원은 같았다. 김남돈도 더는 못 하겠다며 다음에 기회를 만들자고 한발 물러섰다. 신규 조직을 꾸리는 데 있어서 지속적인 만남 없이 다음을 기약한다는 것은 사실상 포기하는 것과 다르지 않다. 노동조합 설립의 연기 이유였던 원장 연임도 오리무중이었다. 그도 그럴 것이 박원순 시장이 당선된 지 얼마 되지 않아 산하 기관장 인선까지는 시간이 더 필요한 상황이었다. 또한, 인선 기준도 이전 시장과는 다른 성향의 인물을 물색하는 것으로 알려졌다. 사실상 현 원장의 연임은 어려울 듯 보였다.

"지금까지 만남을 헛되게 할 수는 없어요. 시립병원이니 만들어놓으면 조합 가입은 늘어나게 되어 있습니다. 다음 주로 디데이를 잡고 최대한 모아보지요. 지금 때가 좋습니다."

"형님 그냥 지르지요, 내친걸음 되돌릴 수는 없잖아요."

함께 나온 정승재가 거들었다. 김남돈은 여전히 머뭇거렸다.

"노동조합, 좌고우면(左顧右眄)하면 안 됩니다. 승재 선생님 말대로 해봅시다. 길게 생각할 일이 아니에요. 자, 소주 한잔 받으세요."

소주잔을 받아든 김남돈이 화답한다.

"한번 해보자, 나야 뭐 나이도 먹을 만큼 먹었고 설사 안 좋게 흘러간다 해도 아쉬울 것도 없어. 다 동생들을 위해서 하는 일이니 많이만 모아."

"알았어요. 형님, 저희도 끝까지 하겠습니다."

정승재가 맞장구로 응답한다.

"자, 그럼 날짜와 장소부터 정하지요. 이런 일은 준비 시간이 길다고 좋은 것도 아니에요. 일주일 후에 진행하지요. 다음 주 수요일 23일 괜찮겠어요? 그리고 장소는 최대한 많은 사람이 모이려면 병원이 좋은데, 어떠세요?"

"아니, 병원 내 장소는 사전 허락을 받아야 하는데 소문이 퍼지고 직원들도 눈치 보느라 모이질 않을 것 같은데, 외부로 하지요?"

김남돈이 마뜩잖아했다.

"알겠어요. 근처에 사람이 모일 만한 곳이 좋지는 않은데, 지하철로 한 정거장, 청량리역 회의실은 어때요? 최대한 많은 사람이 모일 수 있도록 하세요. 다음 주 수요일 23일입니다."

4. 닻이 올랐다. 항해가 시작됐다.
물길은 여전히 굽이쳤다.

11월 23일, 오전 내내 옅게 내리던 비가 그치고 찬 바람이 불었다. 기온도 급강하하고 있었다. 지하철 역사부터 주변 곳곳에 회의실까지 찾아오는 이정표를 붙이는데 손이 얼얼했다. 얼마나 모일까? 설립총회 준비를 마치고 기다리는 짧은 시간, 머릿속은 여삼추다.

오후 6시가 되자 김남돈이 먼저 나타났다. 표정이 밝았다. 그 뒤로 정승재를 비롯해 삼삼오오 입장하며 참가 서명대에 줄이 이어졌다. 생각했던 이상이었다. 무려 23명, 설립총회는 일사천리로 진행됐다.

"초대 지부장으로 선출된 김남돈 지부장(방사선사)은 '의료 환경의 변화가 빠르게 진행되고 있지만, 동부병원은 그동안 정체됐다'며 '노동조합은 질 높은 의료를 제공해 환자가 만족할 수 있는 병원을 만들기 위하여 보건의료노조와 함께 노사민정으로 구성 예정인 서울시 보건의료위원회에 참여해 병원 발전의 청사진을 제시하고 공공의료기관으로서 역할 강화를 최우선으로 활동하겠다'라고 의지를 밝혔다. 또한 김남돈 지부장은 '우리 병원 직원들은 보수 제도 등 불합리한 환경을 바꿔야 한다는 요구를 계속해왔지만, 변화가 없었다'라며 '앞으로 신의와 성실로 노사교섭을 통하여 잘못된 것을 과감히 고쳐나갈 것임을 다짐했다'"고 보건의료노조는 24일 보도자료를 통하여 밝혔다.

설립총회에는 정해선 미조직위원장을 비롯하여 서울지역본부 경희대의료원 박낙윤, 이화의료원 임미경, 소화아동병원 김경규 지부장 등이 참가해 격려했다. 서울의료원노동조합 황병철 위원장도 함께해 축하했다.

"이제부터는 최대한 노동조합에 가입시켜야 합니다. 모든 힘을 다해 가입자를 늘려 내일 오후 3시경에 최종 가입자를 파악하고 병원과 동대문구청, 그리고 노동지청에 노동조합 설립 사실 통보하겠습니다."

다음 날 조합가입 확인 전화에 김남돈이 답했다.

"백여 명 가입했습니다."

조합가입 대상 160여 명 가운데 하루 만에 100여 명이 가입했으며 성
공한 셈이었다. 공공병원이라는 특징과 박원순 시장의 당선이 갖는 유
리한 정세가 작용한 것이다. 곧바로 병원에 통보하고 단체교섭을 요구
하는 일이 남았다.

"바로 공문으로 병원에 통보하고 병원장 면담과 단체교섭 요구하겠
습니다. 그렇게 해도 되겠지요?"

김남돈은 선뜻 대답하지 않고 머뭇거렸다.

"아니 무슨 일이 있으세요?"

"아 그게, 이한우 있잖아요. 원장 연임 문제가 있으니 설립 사실 통보
는 조금 기다리자고 해서….”

"아니, 백 명이나 가입했다면서요. 백 명이 가입했는데 병원이 모를
리도 없고, 통보 안 하는 게 오히려 이상하지 않아요? 그리고 신임 원장

이 언제 결정될지도 모르는데 아직 임기가 남아 있으니 현 원장이 책임져야 할 일은 풀 수 있도록 조금 강하게 하는 게….”

“그래도 그게….”

더는 입씨름할 일이 아니다 싶었다. 항해는 시작됐지만, 물길은 만만치 않게 굽이쳤다. 여전히 내외부 곳곳의 암초와 맞닥뜨릴 수밖에 없다 싶었다.

12월 1일 설립 사실을 110명으로 통보하고 병원장 면담 등을 요청했다.

병원장 면담은 임기 만료가 코앞이라는 이유로 이루어지지 않았다. 다만, 노사협의를 통해 조합비 공제는 시행하고 단체교섭은 신임 원장 취임 추이를 지켜보기로 했다.

12월 29일 한 해를 마감하는 작은 송년회가 있었다. 송년회는 지부 간부와 대의원을 비롯하여 간호과장 두 명이 참석했다. 간호과장까지 참석했다는 것은 관리자들도 노동조합의 필요성을 느끼고 있었음을 보여주는 대목이다. 중앙에서는 정해선과 신임 서울지역본부장으로 김숙영 당선자 등이 함께했다.

노동조합이 어느 정도 가시화되고 원장이 교체되는 공백기 동안 조합원들의 요구는 봇물 터지듯 분출했다. 무엇보다 가장 큰 불만은 연봉제 자체이기도 했으며 연봉 계약의 근간인 평가 제도에도 문제를 제기했다. 여기에 더해 동등한 업무를 수행하는데 누구는 관리직, 누구는 보조직, 누구는 정규직, 누구는 무기계약직 등으로 나누는 직제 운영에 대한 문제 제기도 잇달았다. 그 밖에 인력 부족에 의한 어려움, 휴가 규제, 야간근로 개선, 승진 적체 등 잠복해 있던 모든 것이 수면 위로 떠올랐다.

그러나 병원장의 공석에 따라 어느 하나 사용자와 협상을 통하여 해법을 찾을 수 없었다. 게다가 연봉 계약에 대한 조합원들의 행동 지침을 어떻게 정할 것인가는 논란이 있었다. 계약을 거부하자는 강경한 의견도 있었고, 현실적으로 연봉제로 전환하는 데 시간이 필요하다는 온건한 주장도 있었다. 김남돈 지부장은 논란 끝에 혼란이 크다며 심사숙고를 결정했다. 다만, 그동안 잘못 지급했던 것으로 판단되는 휴일근로수당, 야간 2교대 및 당직근무자 시간외수당에 대해서는 고용노동청에 진정을 제출했다.

병원장 공석으로 복잡한 수식과 지난한 과정이 뒤따를 수밖에 없는 임금제도 개선은 시간을 갖고 진행하되 현행법 위반이 명백해 보이는 체불임금은 시급히 시시비비를 가리겠다는 것이다. 조합원들에게 무언가 활동하고 있음을 보여줄 필요를 고려한 것이다.

이후 노동조합은 수면 위로 올라온 여러 가지 노동조건에 대하여 문제를 분석하고 소식지를 통하여 공감대를 확산하는 데 집중했다. 2012년 3월 13일 김경일 신임 원장 취임 때까지 노사관계는 사실상 진전이 없었다.

김경일 원장 취임 이후 노동조합 사무실이 제공되고 3000시간의 노동조합 전임 활동 시간을 확보했다. 노동조합 전임은 6월 1일부터 시작됐고 이후 제반 활동은 서울본부에서 주관해나갔다. 단체교섭은 6월 27일에야 상견례를 시작으로 진행돼 10월 19일 잠정 합의에 이르렀으며 조인 일정이 맞지 않아 12월 27일이 되어서야 정식 서명에 이르렀다.

노동조합 설립의 계기가 됐던 연봉제는 2012년 단체교섭에서 호봉제로 전환하기로 합의하고 2013년 내내 노사협의를 통해 임금제도를 새롭게 개편했다.

서울시동부병원 노동조합 설립은 서울시 산하 다른 공공병원에도 영향을 미쳤다. 당시 이화의료원이 위탁운영하고 있던 서남병원의 조직화는 이화의료원지부가 나섰다. 다름 아닌 이화의료원지부가 "병원 활성화를 위한 전 직원 공청회"를 추진한 것이다. 공청회는 서울동부병원지부 설립 후 일주일이 채 안 되어 서남병원 내 이화홀에서 개최할 것을 공개적으로 제안했다. 공청회에 대해 사용자는 거부했으니 이화의료원지부는 서남병원 조직화를 위하여 발행하고 있는 소식지 『희망 21』(서남소식 제9호 2011. 11. 25.)에 공청회에서 진행할 내용을 자세히 소개했다. 주요 내용은 서울시동부병원 노동조합 설립 사실과 한미정 보건의료노조 서울지역본부장이 박원순 시장과 만나 정책협약 이행을 논의하며 서남병원의 진료과 신설 등 공공의료 활성화 대책 요청 등에 관한 것이었다.

2021년 현재 서울시동부병원지부는 문혜진 지부장과 더불어 216명의 조합원이 노동의 미래를 열어가고 있다.

글쓴이의 말

처음 지난 10여 년의 조직화 사업을 기록한다고 했을 때 동료들의 의견은 분분했다.

어떤 이는 조직화 사업의 매뉴얼을 말했고, 어떤 이는 조금 더 체계적인 일지 정리가 필요하다 했다. 나는 달랐다. 읽을 만한 사람이 담긴 기록을 남기려는 생각이었다. 그러나 기록 방식에 대한 의문은 여전했다.

생각 끝에 우선 하나의 사업장을 선정하여 구상했던 방식대로 초안을 작성하여 평가를 통해 다시 논의하는 것으로 정리했다.

첫 기록은 국립중앙의료원을 택했다. 어느 정도 초안이 만들어지고 같은 방식으로 계속하는 게 유효한지 조직 내 동의를 얻는 데 꽤 시간이 걸렸다. 물론 그 동의는 어떤 의결이 필요한 동의는 아니다. 다만, 지도부의 의지를 확인하는 것이었다. 다소 시간이 필요했던 것은 각종 현안에 과거에 대한 기록이 뒷전으로 밀릴 수밖에 없었기 때문일 것이다. 기록 방식에 어느 정도 동의가 이루어지고 본격적인 작업에 들어서자 감당할 수 없는 어려움이 속출했다.

사실, 이 기록은 단순 일지 정리가 아니기에 어느 정도 상상력이 필요했다. 그러나 상상력은 메말라 있었다. 물론 필력도 따르지 않았다. 그리고 다른 업무를 병행하면서 집중력을 끌어내지 못했다. 이 모든 것이 글쓴이의 부족함 때문일 것이다.

기록 작업을 하면서 조직화 과정에서 느꼈던 아픔과 기쁨이 소름 돋듯 일곤 했다. 그 기쁨과 아픔을 온전히 담아내지는 못했을 것이다. 이제 그 느낌은 읽는 이의 몫일 것이다.

이 기록은 보건의료노조가 기획하고 보건의료노조가 이끌어간 것이다. 나는 그 기획을 따랐을 뿐이다. 기록 과정에는 많은 이들의 도움이 있었다. 그 가운데 보건의료노조 충북본부 장민경 조직국장은 특별히 언급하지 않을 수 없다. 그녀는 누구보다도 초고를 꼼꼼히 읽고 많은 조언을 주었다. 고마울 따름이다.

아쉬운 것은 기록이 몇몇 사업장에 그친 것이다. 기록한 사업장보다 기록 못 한 사업장이 더 많다. 이러한 기록 방식이 유의미하여 계속할 것인지는 보건의료노조가 판단할 몫이 됐다.

끝으로 이 기록이 노동조합 조직화를 통하여 새로운 사회를 꿈꾸는 이들에게 조금이나마 도움이 되었으면 한다.

2022년 12월

김형식 • 보건의료노조 전략조직위원

노동의 새로운 봄

보건의료노동자의 길

초판 1쇄 발행 2022년 12월 22일

기획 전국보건의료산업노동조합
글 김형식
펴낸이 황규관

펴낸곳 (주)삶창
출판등록 2010년 11월 30일 제2010-000168호
주소 04149 서울시 마포구 대흥로 84-6, 302호
전화 02-848-3097
팩스 02-848-3094
전자우편 samchang06@samchang.or.kr

ⓒ 전국보건의료산업노동조합, 2022
ISBN 978-89-6655-156-9 03300